CHANSONS
DE
CONON DE BÉTHUNE
TROUVEUR ARTÉSIEN DE LA FIN DU XIIe SIÈCLE.

ÉDITION CRITIQUE
PRÉCÉDÉE
DE LA BIOGRAPHIE DU POÈTE
PAR
AXEL WALLENSKÖLD.

HELSINGFORS
1891.

CHANSONS DE CONON DE BÉTHUNE

TROUVEUR ARTÉSIEN DE LA FIN DU XIIᵉ SIÈCLE.

ÉDITION CRITIQUE
PRÉCÉDÉE
DE LA BIOGRAPHIE DU POÈTE.

PAR

AXEL WALLENSKÖLD.

HELSINGFORS
IMPRIMERIE CENTRALE DE HELSINGFORS
1891.

PRÉFACE.

Ce n'est pas une „édition princeps" des chansons de Conon de Béthune que je donne ici. Depuis que M. Paulin Paris assigna à ce poète une place si remarquable dans son „Romancero", il n'est plus retombé dans l'oubli, et la plupart de ses chansons ont été reproduites à plusieurs reprises. En 1876, M. Aug. Scheler publia même dans ses „Trouvères belges" toutes les chansons que les manuscrits attribuent à Conon de Béthune. Si j'en donne maintenant une nouvelle édition, c'est que l'édition de M. Scheler n'est pas une édition „critique", dans le sens rigoureux du mot. D'ailleurs, en éditant précisément Conon de Béthune, je ne fais que suivre un conseil de mon honoré maître, M. Gaston Paris.

Comme j'ai pensé que mon livre, en tombant entre les mains de quelque commençant, ne perdra pas en étant quelque peu élémentaire, j'ai donné plus de place que le sujet n'en aurait exigé, à certains côtés de mon travail, notamment au côté étymologique. J'ai éprouvé moi-même, lorsque je commençai mes études romanistiques, combien on apprend vite les lois phonétiques, en comparant chaque mot que l'on rencontre avec sa source latine.

Je tiens à exprimer ici ma très grande reconnaissance envers mon cher maître, M. G. Biaudet, pour la peine qu'il s'est donnée en éloignant de mon travail ses plus choquants „suécicismes".

Helsingfors, en mars 1891.

A. W.

Liste des ouvrages cités.

Anzeiger für Kunde des teutschen Vorzeit, her. von Fr. J. Mone, Siebenter Jahrgang. Karlsruhe 1838.

Archives des missions scientifiques et littéraires, 2e série, t. V. Paris 1868; 3e série, t. I. Paris 1873. (Articles de Fr. Bonnardot et P. Meyer).

Archiv für das Studium der neueren Sprachen und Literaturen, her. von L. Herrig. Tomes XXXIV, XLII, et XLIII. Braunschweig. (Articles de J. Brakelmann et W. Grützmacher).

Bartsch (K.), Altfranzösische Romanzen und Pastourellen. Leipzig 1870.

Bartsch (K.), Chrestomathie provençale. Quatrième édition. Elberfeld 1880.

Bartsch (K.), La langue et la littérature françaises depuis le IXème siècle jusqu'au XIVème siècle, textes et glossaire, précédés d'une grammaire de l'ancien français par A. Horning. Paris 1887.

Behrens (D.), Unorganische Lautvertretung innerhalb der formaen Entwickelung des französischen Verbalstammes. Heilbronn 1882 (Bd. III, Heft 6 der *Französischen Studien* her. v. G. Körting und E. Koschwitz).

Bibliothèque de l'Ecole des Chartes, revue d'érudition consacrée spécialement à l'étude du moyen âge. Paris. Tomes XXXII, XXXVII et XL. (Articles de G. Raynaud et N. de Wailly).

Biographie nationale, publiée par l'Académie royale des sciences, des lettres et des beaux-arts de Belgique. Tome deuxième. Bruxelles 1868. (Article de J. Stecher).

Biographie Universelle ancienne et moderne. Nouvelle édition Tome IX. Paris et Leipzig 1854.

Brunot (F.), Précis de grammaire historique de la langue française. Paris 1887.

Büchon (J.-A.-C.), Recherches et matériaux pour servir à une histoire de la domination française aux XIIIe, XIVe et XVe siècles dans les provinces démembrées de l'empire grec à la suite de la quatrième croisade. I—II. Paris 1840.

Capefigue (M.), Histoire de Philippe-Auguste. Troisième édition. I. Paris 1841.

Chronique de Rains, publiée sur le manuscrit unique de la Bibliothèque du Roi, par L. Paris. Paris 1837.

Chroniques de France, selon que elles sont conservées en l'église de Saint-Denis, p. p. P. Paris, t. I, Paris 1836; t. IV, Paris 1838.

Chroniques gréco-romanes — — publiées par Ch. Hopf. Berlin 1873. (I. Robert de Clary, La prise de Constantinople).

Dareste, (M. C.), Histoire de France depuis les origines jusqu'à nos jours. Tome deuxième. Paris 1865.

Delaborde (H.-F.), Œuvres de Rigord et de Guillaume le Breton, Historiens de Philippe-Auguste, publiées pour la Société de l'Histoire de France. Tome Second. Philippide de Guillaume le Breton. Paris 1885.

Delisle (L.), Catalogue des actes de Philippe-Auguste. Paris 1856.

Demay (G.), Inventaire des sceaux de la Flandre. Tome premier. Paris 1873.

Diez (Fr.), Grammatik der romanischen Sprachen. Fünfte Auflage. Bonn 1882.

Dinaux (A.), Trouvères, jongleurs et ménestrels du Nord de la France et du Midi de la Belgique. T. I. Trouvères Cambrésiens. Paris 1836. — T. III. Trouvères Artesiens. Ib. 1843.

Du Cange (C. Dufresne), Glossarium mediae et infimae latinitatis — — cum supplementis integris monachorum ordinis S. Benedicti, D. P. Carpentarii, Adelungi, aliorum, suisque, digessit G. A. L. Henschel. Tomus quartus. Parisiis 1845.

[Du Cange], Histoire de l'empire de Constantinople sous les empereurs François. I—II. Paris 1657.

Du Chesne (A.), Histoire généalogique de la maison de Béthune — — —. Paris 1639.

Fath (Fr.), Die Lieder des Castellans von Coucy — —. Heidelberg 1885.

Feilitzen (H. v.), Li Ver del juïse, en fornfransk predikan. Upsala 1883.

Förster (W.), Cliges von Christian von Troyes, zum ersten Male herausgegeben. Halle 1884.

Förster (W.), Li Chevaliers as Devs Espees, altfranzösischer Abenteuerroman. Halle a/S. 1877.

Geijer (P. A.), Studier i fransk linguistik (Upsala Universitetets Årsskrift 1887. Filosofi, Språkvetenskap och Historiska vetenskaper. IV). Upsala 1887.

Germania, Vierteljahrsschrift für Deutsche Alterthumskunde, her. v. Fr. Pfeiffer. Achter Jahrgang. Wien 1863. (Article de K. Bartsch).

Godefroy (Fr.), Dictionnaire de l'ancienne langue française et de tous ses dialectes du XIe au XVe siècle. Tome deuxième (Casteillon—Dyvis). Paris 1883.

Grundriss der romanischen Philologie — — her. von G. Gröber. Band I. Strassburg 1886—88. (Article de H. Suchier: Die französische und provenzalische Sprache und ihre Mundarten, pp. 561—668).

Guise (J. de), Des Chroniques et Annales de Haynnau. Vol. III. Paris 1532.

Haase (H.), Das Verhalten der pikardischen und wallonischen Denkmäler des Mittelalters in Bezug auf a und e vor gedecktem n. Halis Saxonum 1880.

Hamel (A.-G. van), Li Romans de Carité et Miserere du Renclus de Moiliens, poèmes de la fin du XIIe siècle. Edition critique. I—II. Paris 1885.

Histoire littéraire de la France, ouvrage commencé par les religieux Bénédictins de la Congrégation de Saint-Maur et continué par des Membres de l'Institut. Paris. Tome XXIII (1856). (Article de P. Paris).

Hofmann (K.)—Vollmöller (K.), Der Münchener Brut. Gottfried von Monmouth in frz. Versen des XII Jahrh. aus der einzigen Münchener Handschrift zum ersten Mal herausgeg. Halle a/S. 1877.

Horning (A.), Zur Geschichte des lateinischen c vor e und i im Romanischen. Halle 1883.

Jahrbuch für romanische und englische Sprache und Literatur, her. v. Dr. L. Lemcke. Neue Folge. I Band. Leipzig 1874. (Article de W. Förster).

Jeanroy (A.), Les origines de la poésie lyrique en France au moyen-âge — —. Paris 1889.

Keller (A.), Romvart. Mannheim 1844.

Knauer (O.), Zur altfranzösischen Lautlehre. (Aus dem Programm des Nicolaigymnasiums in Leipzig). Leipzig 1876.

Körting (G.), Lateinisch-romanisches Wörterbuch. Paderborn 1890—1.

[La Borde], Essai sur la musique ancienne et moderne. Tome second. Paris 1780.

Lamberti Ardensis Ecclesiæ Presbyteri Chronicon Ghisnense et Ardense (918—1203) ad fidem octo manuscriptorum recensuit — — Dion. Car. Gothofredus, Marchio de Menilglaise. Parisiis 1855.

Larousse (P.), Grand Dictionnaire universel du XIXe siècle. Tome XII. Paris 1874; — Supplément. Paris 1878.

L'art de vérifier les dates des faits historiques, des chartes, des chroniques et autres anciens monumens — — — par des religieux Bénédictins de la Congrégation de S. Maur. Troisième édition. Paris 1783.

Las Flors del Gay Saber, estier dichas las Leys d'Amors, p. p. Gatien-Arnoult dans *Monuments de la littérature romane*, I. Paris et Toulouse, s. d.

Lebeau, Histoire du Bas-Empire. Nouvelle édition — — par M. de Saint-Martin et — M. Brosset J:ne. Tome XVII. Paris 1834.

Le Moyen Age, bulletin mensuel d'histoire et de philologie. Direction: MM. A. Marignan et M. Wilmotte. Tomes I (1888) et III (1890). Paris. (Articles de M. Wilmotte).

Leroux de Lincy (A. J. V.), Recueil de chants historiques français. Première série. Paris 1841.

Lequien (F.), Notice sur la ville de Béthune. Béthune 1838.

Lettenhove (K. de), Istore et Croniques de Flandres d'après les textes de divers manuscrits. Tome Ier. Bruxelles 1879.

Litteraturblatt für germanische und romanische Philologie, her. v. O. Behaghel und Fr. Neumann. Leipzig. XI Jahrgang (1890). (Article de W. Meyer-Lübke).

Locrius (F.), Chronicon Belgicum. Tomi tres. Atrebati 1616.

Lollis (C. de), Canzionere provenzale Codice Vaticano 3208 O. Roma 1886 (Extrait des «Atti della reale Accademia dei Lincei»).

Löseth (E.), Œuvres de Gautier d'Arras. Tome premier. Eracle. Paris 1890. — Tome Second. Ille et Galeron. Paris 1890.

Mall (E.) Der Computus des Philipp von Thaun — — mit einer Einleitung über die Sprache das Autors. Strassburg 1873.

Martenius (E.) & Durand (U.), Thesaurus novus Anecdotorum. Tomus primus. Lutetiæ Parisiorum 1717.

Marx (A.), Hülfsbüchlein für die Aussprache der lateinischen Vokale in positionslangen Silben. Zweite Auflage. Berlin 1889.

Mätzner (E.), Altfranzösische Lieder, berichtigt und erläutert, nebst einem altfranzösischen Glossar. Berlin 1853.

Mémoires de la Société de Linguistique de Paris. Tome premier. Paris 1868. (Article de P. Meyer).

Meyer (J.), Commentarii siue Annales rerum Flandricarum. Libri septendecim. Antuerpiæ 1561.

Meyer (P.), Recueil d'anciens textes bas-latins, provençaux et français. Paris 1877.

Meyer [-Lübke] (W.), Grammaire des langues romanes. Traduction française par E. Rabiet. Tome premier: Phonétique. Paris 1889—1890.

Muralt (E. de). Essai de Chronographie Byzantine 1057—1453. St.-Pétersbourg 1871.

Neumann (Fr.), Zur Laut- und Flexionslehre des Altfranzösischen. Heilbronn 1878.

Nouvelle Biographie générale depuis les temps les plus reculés jusqu'à nos jours — — — publiée par MM. Firmin Didot Frères sous la direction de M. le Dr. Hœfer. Tome cinquième. Paris 1866.

Örtenblad (O.), Etude sur le développement des voyelles labiales toniques du latin dans le vieux français du XII siècle. I. Upsala 1885.

Orth (F.), Ueber Reim und Strophenbau in der altfranzösischen Lyrik. Cassel 1882.

Outremanni (Petri d') Valentianensis e societate Iesu Constantinopolis Belgica — libri quinque. Tornaci 1643.

Paris (G.), La Littérature française au moyen âge (XIe—XIVe siècle). Paris 1888.

Paris (G.) et Pannier (L.), La Vie de Saint Alexis, textes des XIe, XIIe, XIIIe et XIVe siècles. (Septième fascicule de la *Bibliothèque de l'Ecole des Hautes Etudes)*. Paris 1872.

Paris (P.), Le Romancero français. Paris 1833.

Raynaldus (O.), Annales ecclesiastici ab anno MCXCVIII ubi Card. Baronius desinit ——. Tomus XIII. Romæ 1646.

Raynaud (G.), Bibliographie des chansonniers français des XIIIe et XIVe siècles. I—II. Paris 1884.

Recueil des Historiens des Croisades, publié par les soins de l'Académie des inscriptions et belles-lettres. Historiens Occidentaux. Paris 1859. — Historiens Grecs, Tome I. Paris 1875.

Recueil des Historiens des Gaules et de la France par M.-J.-J. Brial. Paris. Tomes XVII (1818) et XVIII (1822).

Reiffenberg (de), Chronique rimée de Philippe Mouskes. Tome II. Bruxelles 1838.

Romania, recueil trimestriel consacré à l'étude des langues et des littératures romanes, p. p. P. Meyer et G. Paris. Paris, tomes V (1876), VI (1877), IX (1880), X (1881), XVII (1888), XVIII (1889) et XIX (1890). (Articles de P. Meyer, G. Paris, G. Raynaud et M. Wilmotte).

Romanische Forschungen, Organ für romanische Sprachen und

Mittellatein, her. v. K. Vollmöller. Bd. I. Erlangen 1883. (Article de Ph. Rossmann).

Romanische Studien, her. v. Ed. Böhmer. Halle, Bd. III (1878), IV (1879—80). Bonn, Bd. V (1880). (Articles de Ed. Böhmer, A. Horning et Ed. Schwan).

Scheler (A.), Dictionnaire d'étymologie française d'après les résultats de la science moderne. Troisième édition, revue et augmentée. Bruxelles-Paris 1888.

Scheler (A.), Trouvères belges du XIIe au XIVe siècle. — — — Bruxelles 1876.

Schwan (E.), Die altfranzösischen Liederhandschriften, ihr Verhältniss, ihre Entstehung und ihre Bestimmung. Berlin. 1886.

Schwan (E.), Grammatik des Altfranzösischen (Laut- und Formenlehre). Leipzig 1888.

Siemt (O.), Ueber lateinisches c vor e und i im Pikardischen (Inaugural-Dissertation). Halle a/S. 1881.

Spies (J.), Untersuchungen über die lyrischen Trouvères belges des XII. — XIV. Jahrhunderts p. p. M. Aug. Scheler. Marburg 1884. (Bd. XVII der *Ausgaben und Abhandlungen aus dem Gebiete der romanischen Philologie*, veröffentlicht von E. Stengel).

Suchier (H.), Aucassin und Nicolete. Dritte Auflage. Paderborn 1889.

Suchier (H.), Reimpredigt. Halle 1879.

Sully (Maximilien de Béthune, duc de) Mémoires, mis en ordre: avec des Remarques par M. L. D. L. D. L. Tome premier. Londres 1747.

[Tarbé (P.)], Les chansonniers de Champagne aux XIIe et XIIIe siècles. Reims 1850.

Thomas (A.), Poésies complètes de Bertran de Born. Toulouse 1888.

Tobler (A.), Li dis dou vrai aniel. Die Parabel von dem ächten Ringe, französische Dichtung des dreizehnten Jahrhunderts, aus einer Pariser Handschrift zum ersten Male herausgegeben. Zweite Auflage. Leipzig 1884.

Tobler (A.), Vermischte Beiträge zur französischen Grammatik. Leipzig 1886.

Tobler (A.), Vom französischen Versbau alter und neuer Zeit. Zweite Auflage. Leipzig 1883.

Wackernagel (W.), Altfranzösische Lieder und Leiche. Basel 1846.

Wailly (N. de), La conquête de Constantinople par Geoffroi de Ville-Hardouin avec la continuation de Henri de Valenciennes. Paris 1872.

Wauters (A.), Table chronologique des Chartes et Diplômes imprimés concernant l'histoire de la Belgique. Tome III (1191—1225). Bruxelles 1871.

Windahl (C. A.), Li Vers de le Mort, poème artésien anonyme du milieu (?) du XIIIe siècle, publié pour la première fois d'après tous les manuscrits connus. Lund 1887.

Young (J.), Språklig undersökning af La Vie Saint Gregore, en fornfransk versifierad öfversättning af Joh. Diaconus' Vita S. Gregorii. Upsala 1888.

Zeitschrift für die österreichischen Gymnasien. Années 1874 et 1877. (Articles de W. Förster et A. Mussafia).

Zeitschrift für romanische Philologie, her. von G. Gröber. Tomes II (1878), III (1879), IV (1880), VI (1882), VII (1883), IX (1885) et XIII (1889). (Articles de K. Bartsch, A. Beyer, W. Förster, E. Freymond, G. Gröber & C. Lebinski, A. Horning, E Stengel, H. Suchier, A. Tobler et O. Ulbrich).

Zemlin (J.), Der Nachlaut i in den Dialecten Nord- und Ost-Frankreichs. Halis Saxonum 1881.

Vie de Conon de Béthune.

Le nom de Conon [1]) de Béthune n'est pas inconnu dans l'histoire, mais on n'y rencontre guère le portrait du trouveur courtois ou satirique. Sauf quelques traits insignifiants de sa vie privée, l'histoire ne fait mention que de ses qualités d'homme d'État et de guerrier. S'il n'existait pas de chansons sous son nom, personne ne saurait voir en Conon de Béthune un des premiers trouveurs français du moyen-âge [2]). Maintenant que l'on sait par ses propres œuvres qu'il l'était, on comprend aussi qu'il méritait à bon droit les épithètes de „bien éloquent"

---

[1]) Le latin Cŏnon Cŏnōnis a donné au cas-sujet *Cuene, Cuenes*, dont une des variations orthographiques les plus usitées a été *Quene, Quenes* (comme *qui* pour *cui*), au cas-régime *Conon*, souvent écrit et prononcé *Cuenon* sous l'influence du cas-sujet. Pour le choix de la forme du cas-régime *Conon*, nous renvoyons le lecteur à G. Paris, Rom. V, 115, note.

[2]) Le seul témoignage *extérieur* de sa qualité de trouveur est dans la chanson *Maugré tous sains et maugré Dieu aussi* (Raynaud 1030), attribuée à Huon d'Oisy. Nous reviendrons plus tard à cette chanson.

et de „bien enparlé" que lui donne son contemporain Villehardouin [1]).

Quoique la connaissance de la vie politique de Conon de Béthune ne jette aucune lumière sur sa carrière poétique, d'autant moins que précisément pour l'époque où il a dû composer la plupart de ses chansons, les témoignages historiques nous manquent presque entièrement, nous avons pourtant voulu faire précéder l'édition critique des chansons de notre poète de sa biographie, quelque incomplète qu'elle soit, pour ne pas séparer totalement l'homme de son œuvre. On remarquera, non sans intérêt, le singulier contraste entre le poète amoureux des chansons et l'intrépide chevalier de l'histoire.

Monseigneur Conon de Béthune appartenait à une famille illustre, descendant peut-être des anciens comtes d'Artois [2]). On considère comme le fondateur de la maison de Béthune Robert, surnommé „le Faisseux", seigneur de Béthune, de Richebourg et de Carency et avoué de l'abbaye de Saint-Vaast à Arras, mort en 1036. Cette dignité d'*avoué d'Arras* appartint toujours dès lors au chef de la famille. D'abord vint le fils de Robert I, Robert II († 1072), auquel succédèrent à tour de rôle son fils Robert III, dit le Chauve, compagnon de Godefroy de Bouillon dans la première croisade († 1101),

---

[1]) V. de Wailly, La conquête de Constantinople par G. de Ville-Hardouin 80, 123.

[2]) V. Du Chesne, Hist. gén. de la maison de Béthune 4 sq. Les indications généalogiques qui suivront sont empruntées au même ouvrage p. 74 et *passim*.

le fils de Robert III, Robert IV, dit le Gros († 1128), son fils, Guillaume I († 1144), et Robert V, dit le Roux, fils du précédent († 1191 au siège de la ville d'Acre). Conon de Béthune, notre poète, était le cinquième fils de ce Robert V par sa femme Adélide (Alix) de Saint-Pol. N'étant pas le fils aîné, il n'hérita pas des pouvoirs de son père, qui passèrent d'abord entre les mains du fils aîné, Robert (VI), et, quand celui-ci mourut sans enfants (en 1193 ou 1194), entre celles du second fils, Guillaume (II), surnommé „le Roux" († 1214), chez les descendants duquel ils restèrent. C'est de ce Guillaume que descend entre autres le célèbre ministre de Henri IV, Sully. Le troisième fils de Robert V était Baudouin, duc d'Aumale depuis 1196, mort en 1211 [1]). Le quatrième était Jean, évêque de Cambrai depuis 1200, mort en 1219 dans la guerre contre les Albigeois. Conon était, comme nous l'avons déjà dit, le cinquième fils. Venaient ensuite Anselme et Barthélemy, ce dernier appartenant à l'ordre des Frères Mineurs. Les sœurs avaient nom Clémence, Mahaut et Marguerite; Clémence et Mahaut furent mariées: celle-là à Baudouin de Bourbourg, celle-ci d'abord à Gautier de Bourbourg, puis, en secondes noces, à Huon de Houdain.

Depuis Guillaume I, grand-père de Conon, la maison de Béthune était apparentée à la maison comtale de Hainaut et de Flandre, car Guillaume avait épousé

---

[1]) D'après les „Annales Waverleiensis Monasterii" (v. Rec. des hist. des Gaules XVIII, 200), sa mort ne serait arrivée qu'en 1213, mais il y a là certainement une erreur; cf. Rec. des hist. des Gaules XVII, 692 („Ex Matthei Paris Majori Anglicana Historia").

Clémence d'Oisy, petite-fille d'Ade de Hainaut. De cette manière Conon eut pour parents, entre autres, Baudouin IX, le premier empereur français de Constantinople, et ses successeurs sur le trône byzantin [1]). Cette parenté contribua, on le comprend, à le désigner pour les hautes dignités qu'il remplit à la suite de la quatrième croisade.

On ne connaît pas la date précise de la naissance de Conon de Béthune; tout ce qu'on peut dire, c'est qu'il a dû naître vers le milieu du XIIe siècle [2]). Nous ne savons également rien de sa jeunesse, sinon qu'il eut pour „maître", comme il l'a dit lui-même (v. dans le texte la chanson V,7,3), son parent Huon d'Oisy, et nous pouvons comprendre par l'ensemble qu'il s'agit ici d'un enseignement dans l'art de „trouver" [3]). Il existe bien un conte romanesque sur les amours d'un Conon, „fils aîné" d'un seigneur de Béthune, et d'une jeune fille Berthe [4]), mais déjà cette attribution de „fils aîné" montre qu'il ne peut pas être question de notre poète. La première fois que nous rencontrons le nom de Conon de

---

[1]) V. Du Chesne, l. c. 51.

[2]) M. P. Paris (Romancero franç. 78) suppose que la naissance de Conon de Béthune eut lieu avant 1150; il se fonde sur ce que Mousket, en rappelant dans sa Chronique que Conon n'existait plus en 1224 (nous reviendrons encore à cette date), l'appelle le „vieux" Conon, mais cette conclusion est téméraire, car on peut bien voir que c'est par opposition à son fils (?), le „jeune" Conon, que le nôtre est ainsi désigné. Cf. Stecher, Biogr. nat. II, 355.

[3]) La supposition qu'il avait longtemps voyagé hors de France dans sa jeunesse (v. Nouv. Biogr. gén. t. V sous *Béthune (Quesnes ou Coesnes de)*, ne se base probablement que sur un passage mal compris de P. Paris (Romancero 80): „Quenes de Bethune vécut une grande partie de sa vie hors de son pays", c'est-à-dire: l'Artois.

[4]) V. Lequien, Not. sur la ville de Béthune 168 sq.

Béthune, c'est dans une charte de 1180 (ou 1181?), par laquelle Robert V avec ses enfants Robert, Guillaume, Baudouin, Jean et *Conon*, octroie plusieurs donations et immunités à l'abbaye de Saint-Jean-Baptiste de Choques [1]. Dans une autre charte (de 1182), Robert signa, avec le consentement de ses fils Robert, Guillaume, Baudouin et *Conon*, une donation du comte Philippe de Flandre [2]. Par une des chansons de Conon de Béthune, on voit qu'il était à la cour de France vers 1180 [3], et M. P. Paris [4] suppose avec beaucoup de vraisemblance que Conon de Béthune y vint à l'occasion du mariage de Philippe-Auguste avec Isabelle de Hainaut, lequel eut lieu en 1180. Nous voyons par la même chanson que Conon de Béthune jouissait dans son pays natal (l'Artois) ou à la cour de Flandre d'une bonne renommée de poète, puisque même la reine-mère, Alix de Champagne, et son fils, le roi Philippe-Auguste, voulurent l'entendre, et nous y apprenons en outre quelque chose qui peut jeter de la lumière sur le roman de sa vie. Str. 1, v. 7 il dit expressément que ce qui lui a causé le plus de peine, quand les Français se moquèrent de son langage artésien, c'est que ce fut en présence de „la Comtesse". Cette comtesse était probablement la comtesse de Champagne, Marie de France, veuve de Henri Ier, surnommé le Large, et fille de la célèbre Aliénor de Poitiers [5], et nous pou-

---

[1] V. Du Chesne, l. c. 132, preuves 49.
[2] V. Du Chesne, l. c. 133, preuves 49.
[3] V. la chans. III de notre texte.
[4] V. Romancero 80.
[5] V. P. Paris, Romancero, l. c.

vons donc conclure de ces paroles que, quoique bien plus âgée que lui, elle était cependant à cette époque la dame de son cœur, que c'était à elle qu'il adressait ses chansons, et que c'était peut-être ~~sans doute~~ elle qui le trahit plus tard, après l'avoir „envoyé en Syrie" [1]).

Ce voyage en Syrie, c'était la troisième croisade, à laquelle il a dû prendre part, d'après son propre témoignage [2]) et surtout d'après celui de la chanson *Maugré tous sains et maugré Dieu aussi*, écrite contre lui *après* son retour [3]). Pour qu'il ait pu être exposé au blâme exprimé dans cette chanson, il faut qu'il soit revenu de la Terre-Sainte déjà avec Philippe-Auguste (en 1191).

En 1194 (?) il figure avec ses frères Guillaume, Baudouin, Jean et un certain Henri de Bailleul, châtelain de Bourbourg, comme témoin au mariage de sa nièce Béatrice de Bourbourg, fille de sa sœur Mahaut et de Gautier de Bourbourg, avec Arnould de Guines. Il est à remarquer que, dans le récit de cet acte dans l'histoire des comtes de Guines par le prêtre Lambert, „dominus Cono" est placé immédiatement après le chef de famille Guillaume, l'avoué d'Arras (Robert était déjà mort), avant ses frères aînés Baudouin, le comte d'Aumale, et Jean [4]), d'où on pourrait conclure qu'il était déjà à cette époque considéré comme un homme d'une grande importance.

---

[1]) V. la chans. VII de notre texte, str. 2, v. 5.
[2]) V. les chansons IV et V de notre texte.
[3]) V. la reproduction donnée par M. P. Meyer, Rec. d'anciens textes 367—8.
[4]) V. Lamberti Chronicon 363 (cap. CXLIX).

Nous approchons maintenant des événements de la quatrième croisade, pendant laquelle Conon de Béthune joua un rôle si considérable. Dans Villehardouin nous lisons que, le 23 février 1200, Baudouin, comte de Flandre et de Hainaut, prit la croix à Bruges avec sa femme Marie, sœur du comte de Champagne, son frère Henri, son neveu Thierri, fils du comte Philippe de Flandre, l'avoué de Béthune, Guillaume, le frère de celui-ci, *Conon*, et une foule d'autres chevaliers [1]). Dès ce moment on a le droit de considérer Conon de Béthune, mais non son frère Guillaume, comme un des principaux chefs de l'armée des croisés [2]). Quand, au parlement de Compiègne (en 1200), les croisés résolurent de donner à une commission spéciale plein pouvoir d'arrêter en leur nom des conventions pour le transport en Palestine, Baudouin déféra pour sa part cette charge honorifique à Conon de Béthune et à Alard Maquereau [3]). Ce fut la première, mais non la dernière fonction amovible de notre poète dont l'histoire nous ait fait mention. Les négo-

---

[1]) V. de Wailly, Vill. 6—8; cf. de Lettenhove, Istore et Cron. de Flandres I, 90; Hopf. Chron. gréco-rom. 2 (Rob. de Clary). Jacques de Guise dans ses Chroniques et Annales de Haynnau III, 72 (ch. 87) et Outreman dans sa Const. Belg. 88 énumèrent parmi les croisés aussi Barthélemy, frère de Conon. J. Meyer dans ses Annales de Flandre 62 (l. VII) omet même Conon de Béthune, tout en mentionnant Barthélemy, et Locrius parle dans son Chronicon Belgicum (p. 371) du départ pour la Grèce (en 1203) de Guillaume de Béthune avec son frère Barthélemy (Conon n'est pas nommé).

[2]) V. l'énumération des chefs croisés dans le „Chronicon Anglicanum Radulfi Coggeshalae abbatis", Rec. des hist. des Gaules XVIII, 97.

[3]) V. de Wailly, Vill. 10.

ciateurs, au nombre total de six, partirent pour Venise, y arrivèrent en février 1201, conclurent en avril avec le doge Henri Dandolo le traité désiré, et retournèrent ensemble jusqu'à Plaisance, d'où quatre, dont Conon de Béthune, partirent en mission diplomatique pour Gênes et Pise avant de retourner en France [1]. Conon de Béthune a dû être le chef des négociateurs, puisque dans le traité son nom est placé à la tête de tous les six [2]. La même année, il fixa les droits de ses filles Ricalde et Aléis (filles d'ailleurs inconnues), à ce que montrent des chartes, conservées aux archives de Lille [3]. Au mois de mars de l'année suivante (1202), nous trouvons le nom de Conon de Béthune avec son sceau (personnage à genoux faisant hommage à sa dame et ayant au-dessus de sa tête le mot „merci") sous l'acceptation d'une assignation de rente à Bruay [4]. Par deux autres chartes de la même année nous voyons qu'il possédait la seigneurie de Bergues [5], ainsi que celles de Ruilly et de Chamecy [6]. Puis nous le perdons de vue jusqu'à ce que la flotte des croisés arrive à Corfou (en 1203). Là il est un de ceux qui plaident pour l'expédition à Constantinople en faveur du jeune Alexis, le prétendant au trône

---

[1] V. de Wailly, Vill. 10—20; cf. Hopf. Chron. gréco-rom. 5 (Rob. de Clary).

[2] V. le traité dans le Rec. des hist. des Gaules XVIII, 436, note.

[3] V. Stecher, Biogr. Nat. II, 362.

[4] V. Du Chesne, l. c. 160, preuves 71; Wauters, Table chron. III, 184; Demay, Inv. des sceaux I, n:o 580.

[5] V. Du Chesne, l. c. 160, preuves 71; Wauters, Table chron. III, 185.

[6] V. Du Chesne, l. c. 160, preuves 72; Delisle, Cat. des actes de Phil.-Aug. 168; Wauters, l. c. III, 195.

de l'Empire grec. [1]). Cette expédition entreprise et l'armée arrivée devant Constantinople, le vieil empereur Alexis somme, par l'intermédiaire du Lombard Niccolo Rossi, les croisés de s'éloigner de ses terres. C'est alors que Conon de Béthune, qui, selon Villehardouin [2]), „bons chevaliers et sages estoit, et bien eloquens", fut choisi par les barons français et le doge de Venise pour répondre à cette sommation. Nous ne pouvons nous dispenser de reproduire en entier le discours de Conon, qui justifie les éloges de Villehardouin. Comme celui-ci était sans doute témoin oculaire de la scène, nous pouvons croire que ce discours ne diffère pas trop de l'original.

„Bel sire, vos nos avez dit que vostre sire se mer„veille mult porquoi nostre seignor et nostre baron sont „entré en son regne ne en sa terre. En sa terre il ne „sont mie entré, quar il la tient à tort et à pechié, contre „Dieu et contre raison; ainz est son nevou qui ci siet „entre nos sor une chaiere, qui est fils de son frere l'em„pereor Sursac [3]). Mais s'il voloit à la merci son nevou „venir, et li rendoit la corone et l'empire, nos li proie„riens que il li pardonast, et li donast tant que il peust „vivre richement. Et se vos por cestui message n'i re„venez altre foiz, ne soiez si hardiz que vos plus i reve„gniez [4]).

Quand, plus tard, le jeune Alexis, placé à l'aide des croisés sur le trône grec, fit mine de ne pas tenir

---

[1]) V. Martenius & Durand, Thes. nov. Anecd. I, 784.
[2]) V. de Wailly, Vill. 80.
[3]) Le vrai nom est „Kyr-Isaac"; v. Buchon, Rech. II, 63, n. 5.
[4]) D'après de Wailly, Vill. 80.

ses promesses envers eux, et que ceux-ci résolurent de lui envoyer une députation pour lui faire connaître leur „ultimatum", Conon de Béthune fut choisi comme un des trois députés des Français, et sa renommée de „sage" et de „bien enparlé" lui valut aussi cette fois l'honneur de parler au nom des croisés. Villehardouin, député lui-même, rapporte le menaçant discours en ces termes:

„Sire, nos somes à toi venu de par les barons de „l'ost et de par le duc de Venise. Et saches tu que il „te reprovent le grant servise que il t'ont fait, con la gens „sevent et cum il est apparisant. Vos lor avez juré, vos „et vostre peres la convenance à tenir que vos lor avez „convent; et vos chartes en ont. Vos ne lor avez mie „si bien tenue com vos deussiez.

„Semont vos en ont maintes foiz, et nos vos en se-„monons, voiant toz voz barons, de par als, que vos lor „taignoiz la convenance qui est entre vos et als. Se vos „le faites, mult lor ert bel; et se vos nel faites, sachiez „que dès hore en avant il ne vos tienent ne por seignor „ne por ami; ainz porchaceront que il auront le leur en „totes les manieres que il porront. Et bien vos mandent-il „que il ne feroient ne vos ne altrui mal, tant que il „l'aussent desfié; que il ne firent onques traïson, ne en „lor terre n'est-il mie acostumé que il le facent. Vos „avez bien oï que nos vos avons dit, et vos vos conseil-„leroiz si con vos plaira." [1]).

La Chronique de Phil. Mousket (v. 20,451) [2]) nous apprend que Conon de Béthune était présent à la seconde

---

[1]) D'après de Wailly, Vill. 122—4.
[2]) V. de Reiffenberg, Chron. rimée de Phil. Mousket II, 308.

prise de Constantinople, qui eut lieu les 12 et 13 avril 1204. Sully dit même que „Antoine & *Coësne de Béthune* — — arborerent aussi les premiers l'étendard sur les murailles de Constantinople" [1]; mais ces mots sont probablement de pure fantaisie, car Antoine de Béthune est un personnage entièrement inconnu [2]. Lorsque Baudouin de Flandre fut élu empereur de Romanie, Conon devint grand-maître de la garde-robe impériale ou „protovestiaire" [3] et prit part en cette qualité au couronnement le 16 mai 1204 [4]. Il fut sans doute dès lors un des premiers hommes de Baudouin, ce que prouve déjà le fait que, quand celui-ci marcha avec l'armée contre son rival, l'empereur Murzuphle [5], il remit à Conon de Béthune la garde de Constantinople [6]. Plus tard, Boniface, marquis de Montferrat et roi de Thessalonique, qui s'était soulevé contre l'autorité de l'empereur Baudouin, ayant consenti à faire décider le point en litige par une commission spéciale, Conon fut un des membres de celle-ci, qui se composait en outre du doge de Venise, du comte Louis de Blois et du maréchal de Champagne, Villehardouin [7]. Il eut aussi, selon l'historien grec Nicétas [8],

---

[1] V. Sully, Mémoires I, 6.
[2] Capefigue (Hist. de Phil.-Aug. I, 370) mentionne, d'après la Const. Belg. de Pierre d'Outreman (l'endroit? cf. au contraire p. 88), cet Antoine parmi les croisés, tout en omettant Conon.
[3] V Du Cange, Hist. de l'emp. de Const. II, 14.
[4] V. Buchon, l. c. I, 9.
[5] Contre Joanie, roi des Bulgares, d'après Biogr. univ. IX, 44².
[6] V. de Wailly, Vill. 158; cf. aussi pp. 218, 222.
[7] V. de Wailly, Vill. 170.
[8] V. Rec. des Hist. des Crois., Hist. grecs I, 475 s.

la charge d'aller en Propontide pour presser l'envoi du bois destiné aux machines de guerre. A la nouvelle de la défaite de l'empereur Baudouin devant Andrinople, le 14 avril 1205, ce furent Conon de Béthune et le légat du pape, Pierre de Capoue, qui firent assembler les Latins pour délibérer sur le parti à prendre [1]); et comme on croyait à tort que l'empereur vivait encore caché quelque part dans une forêt, Conon alla lui-même le chercher à la tête d'une expédition [2]). La même année (1205), une partie des croisés, entre autres le frère de notre héros, l'avoué Guillaume, voulant retourner en France, Conon de Béthune est cité parmi ceux des chefs qui les prièrent instamment, mais en vain, de rester [3]). Sous la régence de Henri, frère de Baudouin, il prit part à l'expédition pour secourir la ville de Dimot (Didymotique), assiégée par les Bulgares [4]), et alla délivrer le chevalier hennuyer Renier de Trit, assiégé à Estanemac (Sténimakon), château de la Thrace [5]). Après l'avènement de Henri, Conon de Béthune prit part, en 1207, à la délivrance d'Esquise (Cyzique), assiégée par Théodore Lascaris [6]). La même année, l'empereur Henri, se rendant à une rencontre avec Boniface, roi de Thessalonique, laissa à Conon de Béthune la garde d'Andri-

---

[1]) V. „L'Estoire de Eracles Empereur" dans le Rec. des Hist. des Crois., Hist. occ. 286 s.; cf. de Lettenhove, Ist. et Cron. de Flandres I, 85.
[2]) V. Du Chesne, l. c. 162, preuves 75; de Lettenhove, l. c. I, 86.
[3]) V. de Wailly, Vill. 222—4.
[4]) V. de Wailly, Vill. 256.
[5]) V. de Wailly, Vill. 260; cf. Jacques de Guise, l. c. III, 75 (ch. 96).
[6]) V. de Wailly. Vill. 286.

nople¹), et l'on peut croire qu'il reçut plus tard cette même ville comme fief de l'empire, puisqu'on trouve dans le Martyrologe de l'Abbaye de Choques en Artois ²), le nom d'un certain Baudouin de Béthune, „roi d'Andrinople". Celui-ci pourrait bien être un fils de Conon de Béthune, fils d'ailleurs absolument inconnu, qui aurait hérité de la dignité de son père ³).

Conon de Béthune joua encore la même année (1207) un rôle considérable dans les négociations de l'empereur avec le comte de Blandrate (appelé par Villehardouin „comte des Blans-Dras"), régent du royaume de Thessalonique après la mort de Boniface (en 1207), dont le fils était mineur. Henri, auquel le comte avait refusé l'entrée de Thessalonique, y envoya en ambassade Conon de Béthune, qu'il avait toujours trouvé „sage chevalier et loial" ⁴), avec Pierre de Douai et Nicolas de Mailly. Henri de Valenciennes, dans sa chronique, nous fait assister à toutes les péripéties de cette entrevue et nous donne plusieurs discours de Conon, le chef des négociateurs ⁵). Quoiqu'il n'y ait guère d'apparence que ces discours nous soient parvenus dans leur état primitif ⁶), nous les reproduirons *in extenso* à titre de curiosité.

---

¹) V. de Wailly, Vill. 296.
²) V. Du Chesne, l. c. preuves 76.
³) V. Du Chesne, l. c. 61, 163; cf. pourtant Du Cange, Hist. de l'emp. de Const. I, 353.
⁴) V. de Wailly, Vill. 348.
⁵) V., pour toute cette entrevue, de Wailly, Vill. 350—8.
⁶) M. G. Paris a démontré (Rom. XIX, 63—72) que la chronique de Henri de Valenciennes n'est qu'un remaniement en prose d'un poème historique antérieur.

Conon de Béthune s'adresse d'abord au comte de Blandrate:

„Segnour, li empereres nos sires vos salue, et vous „fait à savoir, et jou de par lui le vos di, ke il est chi „venus a vous por droit faire et por droit prendre, si „avant comme il doit. Il n'a encore, che dist, de vous „eus homages ne sairemens; et si avés vous jà toz les „preus de le terre recheus. Li marchis [1]) fu ses hom, „si comme vous le savez bien et comme il le reconnut. „Or est trespassés de cest siecle. Dex li pardoinst ses „pechiés, et nous les nostres! De chou ke vos iestes acreu, „est-il biel à monsegneur. Or soiés, por Diu, sage et „courtois, et prenés entre vous tel consel ki tourt à l'ou-„nour de l'empereour no segneur et de vous, ensi ke vous ne soiiés decheu."

„Cuens des Blans-Dras, cuens des Blans-Dras, te „deust ore avoir nus essoignes tenu ke ne fusses alés en-„contre ton droiturier segnor, et ke tu chaiens ne l'eus-„ses herbregié et recuelli? Avoies tu paour ke il ne fust „envers toi trahitres? Or te dirai ke tu feras; fai avant „aporter le chartre ke li marchis eut de l'empereour Bau-„douin, ki faite fu par le commun assentement des haus „barons ki por cest atirement furent esleu; et quant on „aura porveu par le chartre le droit de l'enfant, tout ensi „ke li marchis ses peres ot le roialme tenu, nos sires li „empereres i vaurra si bien garder le droit de l'enfant, „ke il de riens n'en serra blasmés, ne li enfes adamagiés" [2]).

---

[1]) Boniface II de Montferrat.
[2]) D'après de Wailly, Vill. 350.

La réponse du comte étant qu'il ne voulait rien avoir à faire avec l'empereur, Conon de Béthune et les deux autres messagers s'en montrèrent tristes et courroucés. Comme il fallait absolument que l'empereur et ses gens, pour ne pas périr de faim et de froid (on était en hiver), trouvassent un gîte à Thessalonique, les négociateurs se virent forcés d'essayer d'obtenir le consentement du comte en lui faisant des offres avantageuses; mais ce fut en vain. A la fin Conon de Béthune déclara:

„Nous vos partirons trois pais, si verrons lequele „vous prenderés. Or eslisiés deux sages homes et preu- „d'omes et de boine renommée entre vous; et nous, d'autre „part, en eslirons ausi deus. Et cil quatre enquiercent „toutes les vérités; et quant il les auront enquises, si en „doinsent à cascun son droit, et cascune partie se tiegne „à chou ke il en diront. Et se vous tout chou ne volés „faire, si nous en meterons sor le dit de le court de Rome, „ou sor celi de France, ou sor le court de l'empereour „de Rome, u sour le chartre meismes. Et ensi ert faite „li atiranche entre nous, et demourrons boin amic.

„Por Diu, segnor, or vous hastés de tost respondre; „car li empereres est là hors el Corthiac[1]), ù il n'a mie „quankes il vodroit. Et bien saciés, se Dex me saut! ke „molt est grans hontes à vostre oes quant li empereres „est là hors hierbregiés par vostre defaillement. Et s'il „de mesaises moroit par aucune mesaventure, sire quens, „li pechiés en seroit vostres, et si en seriés au mains re- „tés de trahison. Ne por destreche ke vous saciés en

---

[1]) Chortaïton, près de Thessalonique.

„lui, ne le destraigniés onkes de plait; mais por Diu estrai-
„gniés vostre consel entre vous, et faites si ke li hounours
„de l'empereour i soit sauve, et ke vous n'i soiés pier-
„dant ¹)."

Le comte ne cède pourtant pas si vite, mais propose des conditions excessivement dures pour l'empereur: la cession d'une grande partie de ses domaines. Alors Conon de Béthune se met en colère et dit:

„Comment, sire cuens, n'i devons nous riens avoir?
„N'i venismes nous mie ensamble comme compaignon?
„Et i avommes autresi bien endurées les paines et les
„travaus por nostre Segnor comme vous avés. Par Diu,
„sire cuens, il ne m'est pas avis ke il ait en vostre re
„queste raison, ne ke vous mie deussiés tel cose requerre
„à bregiers. Ke vous volés avoir les chités et les cas
„tiaus, et toute le segnorie de le terre, sauf chou ke nous
„n'i partons; et si avons esté en toz les plus grans besoins
„de le conqueste tout adiès. Par me foi dont, n'i sai-jou
„autre cose, mais ke nous nos aparellons por labourer
„ensi comme vilain.

„Sire cuens, sire cuens, se nous demenommes ensi
„li un les autres et alommes rancunant, bien voi ke nous
„reperderons toute le tierre; et nous-meismes serommes
„pierdu, se nous ensi morons; car nos morrons en haine
„mortel li uns viers l'autre. Et se nous nos entreguer
„rions dont primes seront Grifon lié. Por Diu! cuens,
„che n'a mestier. Nous vous prions mierchi de par no
„segneur l'empereor, ke vous por Diu li fachiés raison.

---

¹) D'après de Wailly, Vill. 352—4.

„Et si retenés encore assez de le soie tierre. Ciertes molt
„est laide cose et vilaine ke il est de chaiens fourclos;
„et molt iest grans li mesproisons por vous et li desrai-
„sons, de che ke il onkes le fu.

„Ke vaut chou? Jou voi bien ke nos ne faisons
„riens chi. Sire cuens, or vous dirai encore ke vous fe-
„rés, se il vous plaist. Parlés encore à vostre conseil, et
„faites si, por Diu! s'il estre puet ne doit, ke ceste pais
„viegne entre nous. Car se nous metons arriere dos le
„paour de Nostre-Segneur, en tel maniere ke nos de mal
„faire ne le cremons, et nos commençommes guerre li uns
„viers l'autre, je vos di ke toute le tierre en sera pier-
„due et destruite, et i pierderons cankes nos i avommes
„conquis.

„Et s'il est ensi toutes voies ke nous nos entro-
„chions en tel maniere, dont n'i a plus mais ke nous avant
„renoions Nostre Segneur. Et mal ke mal, encore nous
„vaurroit-il mius ke nous nos enfuissons hors dou païs.
„Por Diu! sire cuens des Blans-Dras, ne suefre mie ke
„nous ensi nous destruisons par te coupe; mais pren les
„biaus offres ke nous ichi t'offrons. Et por Diu! pour
„chou, se tu sés les grans malaises ke nous soufrons là
„hors, por chou ne nous destraing mie à che ke nous
„faisons cose ki nos tourt à honte ne al descroissement
„de l'ounour de l'empire [1]."

La réponse étant de nouveau négative, Pierre de
Douai dit aussi quelques mots, et l'entretien se termine
par ces paroles de Conon de Béthune:

---

[1] D'après de Wailly, Vill. 356—8.

„Segneur, et nous retornerons dont arriere, por dire
„à mon segneur chou ke nous avons trové; et chou ke il
„nous respondera, nous le vous lairons à resavoir chaiens,
„u par nous u par autrui [1])."

En effet, Conon de Béthune et Anseau de Cayeux furent chargés par l'empereur de porter sa réponse — une concession — au comte de Blandrate [2]). Dans les pourparlers qui s'ensuivirent avec la veuve de Boniface, pour qu'elle ne donnât pas son acquiescement à l'accaparement des provinces, Conon de Béthune fut encore employé comme intermédiaire [3]). Ce fut aussi Conon de Béthune qui, en 1208, adressa au comte une réprimande, alors que celui-ci, irrité de toutes ces menées, avait adressé à l'empereur des paroles peu respectueuses en plein parlement, à Thessalonique [4]). Quand plus tard, en 1209, l'empereur eut lieu de soupçonner la loyauté du comte, il le fit surveiller par Conon de Béthune et trois autres barons, charge qui leur causa beaucoup d'embarras, comme Henri de Valenciennes nous l'apprend en détail, mais dont ils se tirèrent avec honneur [5]). Lorsque l'empereur Henri quitta Thessalonique pour faire la guerre aux Lombards, Conon de Béthune l'accompagna; et comme on allait à la ville de Cytre (Kitros) par mer, et qu'on souffrait beaucoup du froid, Conon „maudissoit durement cels ki là l'avoient mené, et disoit

---

[1]) D'après de Wailly, Vill. 358.
[2]) V. de Wailly, Vill. 362.
[3]) V. de Wailly, Vill. 366.
[4]) V. de Wailly, Vill. 370.
[5]) V. de Wailly, Vill. 376—80.

ke chil ki si grant penitanche soufreroit por Nostre-Segnour, bien aroit desiervi paradis. Et s'il orent auques grans sodées, bien les durent par droit avoir" [1]). Puis, quand l'empereur retourne à la hâte à Thessalonique, au bruit d'une révolte de ses gens, Conon de Béthune est le seul de ses hommes qui l'accompagne [2]). Plus tard, Conon prend part, et même une part très active, à la bataille du pont de Larisse [3]), et c'est lui et Anseau de Cayeux qui de leur chef essayent, mais en vain, de décider les Lombards à la paix [4]). Encore la même année (1209), Conon de Béthune fut envoyé par l'empereur, avec Pierre de Douai, pour négocier avec le „despote" d'Epire, Michalis, et les deux négociateurs remplirent leur mission avec tant d'adresse que l'empereur n'eut qu'à se féliciter de son choix [5]).

A partir de cette négociation, par laquelle finit la chronique de Henri de Valenciennes, on n'a que très peu de renseignements sur la vie de Conon de Béthune. On sait qu'en 1212 il signa, en sa qualité de sénéchal, avec le maréchal Villehardouin, Milon le Brebant et d'autres barons, une transaction entre l'Eglise de Gardiki (en Macédoine) et les Frères Hospitaliers [6]), ce qui ne l'empêcha pas de songer à ses propres affaires; car en décembre de la même année il fit don à d'anciens serviteurs d'un boisseau de froment sur ses revenus de Harcourt, par

---

[1]) V. de Wailly, Vill. 390.
[2]) V. de Wailly, Vill. 390.
[3]) V. de Wailly, Vill. 398.
[4]) V. de Wailly, Vill. 404—6.
[5]) V. de Wailly, Vill. 418—20.
[6]) V. Buchon, Rech. II, 21.

une charte portant son sceau comme „protocamérier du roi des Romains" (cinq cotices, au franc canton) [1].

Après la mort de l'empereur Henri (en 1216), Conon aurait été, au dire de plusieurs de ses biographes [2], choisi par les barons pour „bail" ou régent de l'empire, mais ce doit être une méprise; car nous n'avons rien pu trouver qui vérifie cette affirmation [3]. Après que le nouvel empereur, Pierre de Courtenay, eut été fait prisonnier par Théodore Lascaris, Conon eut, sous le règne de sa femme, l'impératrice Yolande de Flandre, comme sénéchal, le gouvernement entre ses mains [4], et, quand l'impératrice mourut, au mois d'août 1219 [5], les barons, d'après Mousket [6],

„Cargièrent la tière Quennon
De la Bietune, pour garder",

c'est-à-dire le firent „bail" ou régent de l'empire [7]. Pour être reconnu comme tel par les Vénitiens, il jura en octobre de la même année de ne point porter atteinte à leurs droits [8]. En sa qualité de régent, il parvint,

---

[1] V. Stecher, Biogr. nat. II, 365; Demay, Inv. des sceaux I, n:o 69.

[2] V. p. ex. Stecher. Biogr. nat. II, 365; Wauters, Table chron. III, p. V.

[3] Elle se base probablement sur la supposition hésitante de Du Cange, Hist. de l'emp. de Const. I, 353; II, 73.

[4] V. Du Cange, l. c. II, 73.

[5] V. L'art de vér. I, 452.

[6] V. de Reiffenberg, l. c. II, 403—4.

[7] Cf. Du Cange, l. c. I, 165; II, 73. D'après Buchon (Rech. I, 18) Conon de Béthune serait mort avant l'impératrice Yolande; cette assertion doit résulter de quelque malentendu.

[8] V. de Muralt, Chron. Byz. 326.

le 15 décembre suivant, à arrêter une convention importante entre les barons d'un côté et le clergé d'Orient, tant grec que latin, de l'autre [1]). C'est le dernier acte de sa vie que l'on connaisse. Quant à sa mort, elle paraît avoir eu lieu, ou le 17 décembre 1219, ou le même jour de l'année 1220. Cette date (17 déc.) est indiquée par le Martyrologe de Saint-Barthélemy de Béthune [2]). Quant à *l'année* même, c'est la lettre par laquelle le nouvel empereur, Robert de Courtenay, *au mois de juin 1221*, ratifie la convention du 15 décembre 1219, qui semble attester que Conon de Béthune était mort à cette époque. Robert y parle de „*bonæ memoriæ* dominum Cononem tunc bajulum Imperii" [3]), et on sait que l'épithète „bonæ memoriæ" n'était donnée *en général* [4]) qu'à des personnes défuntes. Il y a aussi un passage dans la Chronique de Mousket qui semble constater que Conon de Béthune était mort avant l'avènement du nouvel empereur, le 25 mars 1221. Comme le passage en question a donné lieu à des interprétations diverses, nous le citerons en entier [5]) pour que le lecteur puisse juger lui-même:

„L'emperères Robiers le sot, (v. 23157)
Et cil, plus tost qu'il onqes pot,
I envoia ses cevaliers

---

[1]) V. Raynaldi Ann. XIII, 313 b.
[2]) V. Du Chesne, l. c. 163, preuves 76.
[3]) V. Raynaldi Ann. l. c.
[4]) On trouve de rares exemples de „bonæ, beatæ memoriæ", employés de personnes encore vivantes; v. Du Cange, Gloss. s. v. *memoria*.
[5]) D'après M. de Reiffenberg, l. c. II, 408.

>Et des plus preus et des plus fiers, (23160)
>A l castiel que, par engagne
>Fermoient en une montagne.
>Mais par l'estorie sai de fi
>Que nos gens furent desconfi,
>Là fu mors messire Makaires, (23165)
>Uns chevaliers de grant afaire,
>Si fu mors de Freçain Bouriaus:
>Ausi fu de Marke Gobaus;
>Cevaliers et autres siergans,
>Dont l'emperères fu dolans, (23170)
>I ot ocis à grant lagan,
>Dont la tière fu pis en l'an;
>*Quar li vious Quènes estoit mors,*
>El li jovenes [1]) Quènes, li fors;
>S'iert mors Païens et Lienars, (23175)
>Et des Coumains fisent essars;
>S'iert mors Pières de Bréécuel,
>Dont el païs ot moult grant duel.
>*Moult estoit la tière aféblie,*
>*Quant Robiert ot la signourie"* (23180).

Ce passage se rapporte à l'année 1224, où eut lieu la bataille de Pémanène, dont il est question ici [2]); mais le récit de cette bataille ne s'étend pas au-delà du vers 23172: dans les vers suivants il n'est évidemment question que de l'état de l'empire au moment où „Robiert

---

[1]) Reiffenberg: *jovènes.*
[2]) V. Lebeau, Hist. du Bas-Emp. XVII, 332.

ot la signourie", c'est-à-dire à son arrivée à Constantinople, si nous interprétons bien ce passage. La seule chose qui nous fasse encore hésiter, c'est que M. Dinaux affirme dans ses „Trouvères Artésiens" que *„suivant les chroniques du Bas-Empire* (lesquelles?), Quènes de Béthune mourut très-peu de temps *après* l'arrivée à Constantinople du jeune Robert de Courtenay" (donc le 17 déc. 1221?)[1] Mais cette assertion est-elle vraiment fondée? Et si elle l'est, peut-on se fier aveuglément au témoignage de ces chroniques?

Le „jeune Conon", surnommé „le Fort", qui est mentionné, v. 23174, dans le passage cité de la chronique de Mousket, était probablement un fils de notre poète. On peut supposer, comme nous avons vu plus haut (p. 13), que celui-ci en avait un autre du nom de Baudouin. On connaît en outre les noms de deux de ses filles: Ricalde et Aléis (v. p. 8), mais de sa femme on ne sait rien. Les biens que Conon de Béthune avait en Flandre ont dû passer en héritage, non à ses enfants, mais à son neveu Robert, second fils de Guillaume II l'avoué, puisque ce Robert s'intitule „bail" et héritier de son oncle Conon dans une charte de l'année 1215[2].

Voilà tout ce que l'histoire nous apprend de notre poète, mais si ce n'est pas beaucoup, c'en est cependant

---

[1] V. Dinaux, Trouv. Art. 384, note. Cf. Lebeau, l. c. XVII, 318.
[2] V. Du Chesne, l. c. preuves 121; cf. aussi Wauters, l. c. III, 438. Du Chesne rapporte dans le texte de son livre à deux reprises (pp. 163 et 204) la même charte à l'année 1223.

assez pour montrer qu'il était, comme l'a dit Pierre d'Outreman dans sa „Constantinopolis Belgica": *vir domi militiæque nobilis, & facundus in paucis* [1]).

---

[1]) V. d'Outreman, Const. Belg. 162. Les mots cités ne sont au fond qu'une traduction libre de ceux de Villerhardouin: „bons chevaliers et sages estoit, et bien eloquens" (v. p. 9).

Chansons de Conon de Béthune.

I.

Chapitre I.er

Chansons attribuées à Conon de Béthune, et manuscrits qui les contiennent.

D'après la „Bibliographie des chansonniers français" de Raynaud [1]), il existe dans l'ancienne littérature française quatorze chansons attribuées par un ou plusieurs mss. à Monseigneur Conon de Béthune [2]).

Voici la liste de ces chansons avec les numéros d'ordre que leur donne Raynaud, et avec son orthographe:

---

[1]) V. II, 234.
[2]) Il est désigné de différentes manières par les mss: *Mesire Quenes* (12 fois), *Mesire Quenes de Betune* (5 fois), *Quenes de Betune* (5 fois), *Mesire Quenes chevalier* (2 fois), *Quenes* (2 fois), *Sire Quenes* (1 fois), *Maistres Quenes chevalier* (1 fois).

15. Chanter m'estuet, car pris m'en est courage
303. Si voirement con cele dont je chant
629. Chanson legiere a entendre
1125. Ahi, amours, con dure departie
1128. Se rage et derverie
1314. Bien me deüsse targier.
1325. Bele douce dame chiere
1420. Tant ai amé c'or me convient haïr
1574. L'autrier avint (Il avint ja) en cel autre païs
1623. L'autrier un jour après la saint Denise
1837. Mout me semont amours que je m'en voise
1859. Voloirs de faire chanson
1960. Au comencier de ma nouvele amour
2000. Amis Bertrans, dites moi le meillour.

La table des chansons qui se trouve en tête du ms. Paris, Bibl. nat. 844, indique en outre, sous le nom de *Me sire quenes*, une chanson commençant par *Av point dyver*. Cependant on ne trouve cette chanson ni dans le ms. en question, ni ailleurs. Comme la „chanson" suivante, indiquée par la table: *Dex est assis en son s.*, n'est qu'une strophe postérieure d'une autre chanson *(1125)*, on serait tenté d'expliquer *Av point dyver* de même. Nous n'avons pas réussi à retrouver la strophe.

Donc il n'y a en tout que quatorze chansons dont nous puissions entreprendre l'examen pour constater si elles sont l'œuvre de Conon de Béthune ou non [1]), mais

---

[1]) M. P. Paris émet, dans son Romancero p. 99, l'hypothèse que Conon de Béthune serait aussi l'auteur d'une chanson anonyme (n:o 1887 de Raynaud: *Nus [On] ne poroit de mauvaise raison*), dans laquelle le poète exhorte le roi (Philippe-Auguste) à ne pas quitter la Terre-Sainte avant d'avoir atteint le but de la croisade. Le fait n'est pas impossible,

de ces quatorze chansons il y en a une qui ne peut *absolument* pas être de lui, et que par conséquent nous excluons immédiatement. C'est la chanson *2000*, un jeu-parti entre deux personnes s'intitulant „Amis Bertrans" et „Sires Guichars". Cette chanson, qui ne se trouve que dans les deux mss.: Berne 389 et Oxford, Douce 308, n'est attribuée à Conon de Béthune („Cunes de betunes") que par le ms. de Berne, dans lequel la plupart des attributions d'auteurs (entre autres celle-ci) datent d'un temps postérieur au texte [1]). Cette singulière erreur d'attribution [2]) pourrait s'expliquer par le fait que la chanson *2000* est précédée de la chanson *1125*, également attribuée à Conon de Béthune par le ms. de Berne. Quant aux autres treize chansons, nous reviendrons (chap. III) à la question de leur origine.

Les mss. qui, d'après ce qui nous est connu, renferment ces treize chansons, sont au nombre de dix-sept.

Voici d'abord les quinze indiqués par M. Raynaud dans sa *Bibl. des chans. frç.* [3]) et par M. Schwan dans ses „*Altfrz. Liederhandschriften* [4]):

---

cette chanson (conservée dans les mss. fr. de la Bibl. nat. 20050 f. 117 r⁰. et 24406 f. 116 v⁰. 2) ne contenant aucune donnée radicalemen opposée à une pareille hypothèse. Il nous paraît seulement un peu douteux que Conon, qui revint avec le roi en 1191, ait parlé avec tant de chaleur pour un séjour prolongé au pays des infidèles. Aussi ne pouvons nous, sur la simple conjecture de M. P. Paris, faire entrer cette chanson dans le nombre de celles dont Conon de Béthune serait peut-être l'auteur. On pourrait, avec autant de raison, lui attribuer une foule d'autres chansons anonymes, rappelant plus ou moins celles qui lui appartiennent à juste titre.

[1]) V. Schwan, Afr. Lhs. 174.
[2]) La chanson est peut-être de Bertrand Cordiele (v. Tarbé Chans. de Champ. 36).
[3]) V. t. I, 251—2.
[4]) V. pp. 2—4.

Berne, N:o 389,	que nous appellerons d'après Schwan				C[1]
Modène, Este,	„	„	„	„	H
Oxford, Douce 308,	„	„	„	„	I
Paris, Ars. B. L. F. 5198	„	„	„		K
Paris, Bibl. nat. fr. 844,	„	„	„		M
Paris, Bibl. nat. fr. 845,	„	„	„		N
Paris, Bibl. nat. fr. 846,	„	„	„		O
Paris, Bibl. nat. fr. 847,	„	„	„		P
Paris, Bibl. nat. fr. 1591,	„	„	„		R
Paris, Bibl. nat. fr. 12615,	„	„	„		T
Paris, Bibl. nat. fr. 20050,	„	„	„		U
Paris, Bibl. nat. fr. 24406,	„	„	„		V
Paris, Bibl. nat. nouv. acq. fr. 1050,	„	„			X
Rome, Vatic. Regin. 1490,		„	„		a
Metz, Arch. de la Moselle,		„	„		e

Une description détaillée de ces mss. nous paraît ici complètement superflue, M. Raynaud en ayant donné des descriptions suffisantes dans sa Bibliographie, avec indi-

---

[1]) Il y aurait pour les désignations des mss. à choisir entre les systèmes de M. Schwan et de M. Raynaud. Nous avons préféré celui de M. Schwan, d'abord parce qu'il est graphiquement plus commode, et puis parce que M. Schwan (et c'est la raison dominante) l'a employé pour la classification des chansonniers français. En nous servant des désignations données par M. Raynaud, nous rendrions difficile toute comparaison entre les résultats obtenus par M. Schwan et ceux auxquels nous arrivons dans notre classification. Mais avec tout cela, nous avouons volontiers que le système de M. Raynaud nous paraît bien plus logique et facile à retenir. Pour ceux de nos lecteurs auxquels le système de M. Schwan ne serait pas familier, nous indiquerons ici une fois pour toutes les notations de M. Raynaud correspondant à celles de M. Schwan: C (Schwan) = B^2 (Rayn.) H=M, I=O, K=Pa, M=Pb^2 et Pb^3, N=Pb^4, O=Pb^5, P=Pb^6, R=Pb^8, T=Pb^{11}, U=Pb^{12}, V=Pb^{14}, X=Pb^{17}, a=R^1, e=III.

cation des ouvrages antérieurs contenant des renseignements sur ces mêmes mss. ¹). M. Schwan dans ses Altfr. Liederhandschr. nous décrit également tous les mss. ²). Dans l'Introduction du premier volume des „Trouvères belges", M. Scheler nous fournit aussi quelques renseignements sur une partie des ces mss. ³).

Il est à remarquer cependant que le ms. e, qui n'est qu'un fragment de deux feuilles, ayant servi de couverture intérieure à quelque ms. relié, ne contient en réalité que neuf chansons, dont une seulement en partie, et non dix, comme l'a cru d'abord M. Bonnardot ⁴) et, d'après lui, MM. Raynaud ⁵) et Schwan ⁶). L'erreur est venue de ce que M. Bonnardot avait mal tourné les deux feuilles. La „première" chanson commençant par *D'autre chose* etc. n'est en réalité que la suite de la chanson 10: *Tant ai amors servie longement* (orthographe de e), dont, selon M. Bonnardot, on n'aurait que les trois premières strophes. Le petit fragment doit donc commencer par la seconde feuille de M. Bonnardot, c'est-à-dire par la chanson 7, dont les premiers vers qui manquent se sont trouvés sur une feuille précédente. L'ordre de ces neuf chan-

---

¹) V. Raynaud, Bibl. I pp. 5 (C), 37 (H), 40 (I), 54—5 (K), 78 (M), 94—5 (N), 110—1 (O), 123 (P), 139 (R), 153 (T), 172—3 (U), 186—7 (V), 201 (X), 219 (a), 243 (III).
²) V. Schwan, Afr. Lhs. pp. 173—4 (C), 216 (H), 194 (I), 86—7 (K), 19—20 (M), 86—7 (N), 119 (O), 87 (P), 80, 159, 168 (R), 20—1 (T), 174—5 (U), 108—9 (V), 86—7 (X), 52 (a), 49—50 (e).
³) V. Scheler, Trouv. belges I, pp. XIII—XV sur U, M, T, N, K, P, O, V, X, R, a.
⁴) V. Arch. des miss. 3ᵉ sér. I, 283—4.
⁵) V. Bibl. I, 243.
⁶) V. Afr. Lhs. 49—50.

sons est conséquemment: 7, 8, 9, 10, 2, 3, 4, 5, 6, et le numéro *1067* doit être rayé de la liste des chansons données par M. Raynaud dans sa Bibliographie t. II. M. Bonnardot semble d'ailleurs avoir été trop pressé en parcourant ce petit fragment: le commencement de ses chansons 2 et 3 est parfaitement lisible, contrairement à ce qu'il en dit. Le ms. est écrit dans le dialecte de l'Ile-de-France, offrant çà et là quelques traits propres au dialecte picard *(deschent, liu, osaisse, chanchons, cuic, menchoigne*, etc. etc.). M. Bonnardot [1]) s'est donc trompé, comme l'avait déjà soupçonné M. Schwan [2]), en prétendant que le fragment est écrit dans un dialecte rappelant celui du ms. C (qui est lorrain).

Outre les quinze mss. dont nous venons de parler, il faut encore en citer deux, qui renferment chacun une seule et même chanson *(1125)*. Comme ces mss. étaient inconnus à Raynaud et à Schwan, nous les désignerons par les lettres **x** et **y**, continuant ainsi la liste de Schwan.

Le ms. **x** est (ou a été) un fragment in-4° du XIIIe siècle, ne se composant que de deux feuilles. M. Fr. Mone les détacha en 1838 d'un livre appartenant à la Bibliothèque particulière du roi à Stuttgart et provenant du couvent de Weingarten. Ce petit fragment contenait, d'après M. Mone [3]), des chansons françaises, munies de notes de musique ou (pour deux chansons) seulement de lignes de portée. Deux de ces chansons portaient la mention

---

[1]) V. Arch. des miss. 3e sér. I, 263.
[2]) V. Afr. Lhs. 50.
[3]) V. Anzeiger für Kunde des teutschen Vorzeit. Siebenter Jahrgang, 1838, col. 411.

du nom de leur auteur: *Mes sires quesnes de Betune*. M. Mone fit imprimer dans son journal les cinq premières strophes („le commencement") de l'une de ces chansons. Cette copie de Mone est tout ce que nous possédons de ce fragment, actuellement disparu. Le bibliothécaire en chef de la Bibliothèque publique de Stuttgart, M. le dr W. Heyd, a bien voulu nous faire savoir que le fragment en question ne se trouve pas dans la Bibliothèque de Stuttgart et que, par conséquent, il avait déjà disparu de la Bibl. particulière du roi, quand toute la collection de mss. de celle-ci fut transférée à la Bibl. publique. Si le fragment n'a pas été détruit, il doit se trouver entre les mains de quelque héritier de Mone.

Le ms. y est le chansonnier provençal du Vatican 3208, qui contient, aux feuilles 54—55, une suite de strophes françaises (au nombre de 10) dans une langue italianisée et très corrompue du reste. M. Grützmacher les avait déjà publiées [1]) comme une seule chanson: *Fonca nuls hom por dura de partea* etc. M. de Lollis [2]), dans sa reproduction du ms., les classe aussi sous un seul numéro: 87. Dans une critique de l'ouvrage de M. de Lollis, M. P. Meyer releva l'erreur commise [3]): les dix strophes sont les fragments de deux chansons différentes: *S'onkes nus hom pour dure departie* (Raynaud *1126*) et *Ahi, amours, com dure departie* (Raynaud *1125*). A cette dernière chanson, qui est

---

[1]) V. Herrig's Archiv XXXIV, 376.
[2]) V. Canz. prov. Cod. Vat. 3208.
[3]) V. Rom. XVII, 302—5.

précisément celle de Conon de Béthune [1]), appartiennent les quatre derniers vers de la str. III, ainsi que les str. IV et V.

Voici maintenant un tableau indiquant dans quels mss. se trouve chacune des treize chansons déjà nommées. Les subdivisions R^1 et R^2, T^1 et T^2, U^1, U^2 et U^3 indiquent, d'après la notation de M. Schwan [2]), les différents scribes. Les chiffres représentent le numéro de la feuille du ms. (pour I le numéro d'ordre des chansons), et les petits chiffres au-dessus des autres marquent, au besoin, l'ordre des chansons inscrites sur la même feuille. Les chiffres en italiques signifient que le ms. en question attribue la chanson à Conon de Béthune.

	C	H	I	K	M	N	O	P	R^1	R^2	T^1	T^2	U^1	U^2	U^3	V	X	a	e	x	y
15	—	—	—	255	80	125	—	82	*11*^{1}	—	—	124	—	105	—	—	172	—	—	—	—
303	224	27²	—	—	—	—	—	—	—	—	—	28	—	—	—	—	—	—	—	—	—
629	—	—	—	—	—	—	—	10	—	—	101	—	—	—	—	—	—	2⁴	—	—	—
1125	1	227²	—	93	46³	39	90	29	—	40	—	*100*^{1}	—	—	—	74	67	23	—	1	5⁴
1128	—	—	—	46²	—	—	—	—	—	—	—	99⁴	—	—	—	—	—	2¹	—	—	—
1314	—	—	—	398	47¹	183	18	—	—	—	—	*100*^{2}	—	96	—	—	255	—	—	—	—

---

[1]) Signalons ici un petit *lapsus calami* dans l'article de M. Meyer. Il dit (p. 305) que la première chanson *(S'onkes nus hom* etc.) est „certainement de Quene de Béthune" et que le châtelain de Couci „peut tout au plus réclamer la seconde" *(Ahi, amours* etc.). C'est le contraire qui est vrai: *Ahi, amours* etc. est de Conon (cf. P. Meyer lui-même Rom. IX, 143), *S'onkes nus hom* etc. est peut-être du Châtelain de Couci.

[2]) V. Schwan, Afr. Lhs. 21 (T), 80 (R), 175 (U). Le ms. P=P^1 (v. Schwan 87); le fait est que cette partie du ms. (fol. 1—198) semble être l'œuvre de deux copistes, dont l'un a copié les seize premières feuilles. Nos chansons proviennent toutes du second copiste.

	C	H	I	K	M	N	O	P	R¹	R²	T¹	T²	U¹	U²	U³	V	X	a	e	x	y
1325	—	—	—	—	46¹	—	—	—	—	—	—	—	99³	—	—	—	—	—	—	—	—
1420	237	—	—	—	45³	—	—	—	—	—	—	—	99²	—	—	—	—	—	—	—	—
1574	98	229	1,14	2264	45¹	109	74	152	—	—	—	—	98²	—	—	136	—	—	—	—	—
1623	123	—	—	—	47²	—	—	—	—	—	—	—	100³	—	97	—	—	—	—	2²	—
1837	—	—	—	—	45²	—	—	—	—	—	—	—	99¹	—	—	—	—	—	—	2³	—
1859	246	—	—	—	105	—	—	—	—	—	26	—	—	—	—	—	—	—	35	—	—
1960	—	—	—	215	22	104	11	135	11²	—	—	98¹	—	102	—	—	—	—	—	—	—[1]

Chapitre II.

Classification des mss. et choix des leçons.

La première condition pour pouvoir procéder à l'édition critique d'une œuvre littéraire, c'est de bien connaître la filiation des mss. qui la contiennent. Dans une infinité de cas, cette connaissance seule nous permet de juger de la valeur réelle de telle ou telle leçon, dont un simple examen du sens ne pourrait établir la justesse ou la fausseté. La filiation de nos mss. (à l'exception de **x** et de **y**) a été établie, dans ses grands traits, par M. Schwan, dans ses *Altfranzösische Liederhandschriften*; nous pourrions donc, à la rigueur, nous contenter d'assigner à **x** et à **y**, par un examen spécial, leur place dans

---

[1] Les chansons indiquées sous le nom de *Me sire quenes* par la table de M (= Mi de Schwan) sont les dix suivantes: *1837, 1420, 1325, 1128, 1125, 1623, 1314, Av point dyver, 1125 str. Dex est assis* etc. et *1574*. Cf. p. 26.

cette filiation. Nous croyons cependant qu'il est plus prudent et plus conforme à notre devoir d'éditeur de ne pas adopter sans critique la classification de M. Schwan. Nous établirons donc de notre côté, à l'aide des variantes fournies par nos treize chansons [1]), la filiation des mss. en question, et nous verrons, en effet, que le résultat auquel nous arriverons ne sera pas tout à fait conforme aux conclusions de M. Schwan, résultant principalement de recherches d'une nature différente et moins minutieuses. Pour les rapports de mss. dont les leçons de nos chansons ne nous permettront pas de juger, nous nous en tiendrons naturellement à la classification du savant allemand. Voici quelle sera notre manière de procéder. Tout groupement de mss. (nous commencerons toujours par les groupements les plus simples) sera d'abord établi par l'indication des fautes communes, après quoi nous indiquerons, sous le titre de „preuves secondaires", les leçons qui ne s'annoncent pas par leur contenu comme des fautes, mais qui appuient le groupement une fois donné [2]). La filiation générale établie, nous ferons connaître les contradictions qui s'y opposent: d'abord celles qui ne s'expliquent que par la supposition que le copiste du ms. s'est servi, pour la chanson en question, de plus d'un ms.; puis celles que nous croyons pouvoir expliquer comme les effets de rencontres fortuites.

---

[1]) Nous laisserons de côté les variantes de musique.

[2]) Le lecteur nous pardonnera bien que nous préférions maintes fois le certain à l'incertain, c'est-à-dire que nous rangions parmi les „preuves secondaires" telles qu'on pourrait *peut-être* citer comme des preuves *certaines* pour le groupement en question.

Avant d'entamer la classification des mss., nous dirons encore quelques mots de notre reproduction des leçons. Nous avons nous-même consulté avec le plus grand soin tous les mss. qui se trouvent à Paris, soit à la Bibliothèque nationale (M N O P R T U V X), soit à la Bibl. de l'Arsenal (K), et en outre le petit fragment de Metz (e). Pour le ms. de Berne (C) nous avons utilisé la copie de Brakelmann dans l'Archiv de Herrig [1]), sauf pour les deux chansons *(303* et *1125)* qui avaient été copiées et publiées antérieurement par Wackernagel [2]), et qui ne sont plus reproduites par Brakelmann. D'après la „Collation der Berner Liederhandschrift 389 von Gröber und Lebinski" [3]), nous avons pu rectifier quelques petites erreurs commises par Brakelmann et Wackernagel. Quant au ms. de Modène (H), M. B. Colfi de Modène a eu l'obligeance de nous en copier les 3 chansons attribuées à Conon de Béthune *(303, 1125* et *1574).* Dans le ms. d'Oxford (I), notre poète n'est représenté que par la chanson *1574* [4]), pour laquelle nous nous sommes servi de la copie que M. P. Meyer en a donnée dans son „Rapport sur une mission littéraire en Angleterre", publié dans les *Archives des missions* [5]). Le ms. de Rome (a) nous a été accessible dans la copie de la Bibl. de l'Arsenal (3101—2), faite sous la direction de M. de Ste-Palaye, et Keller nous

---

[1]) V. XLII, 330 *(1574),* 368 *(1623);* XLIII, 375 *(1420),* 386 *(1859).*
[2]) V. Wackernagel, Afr. Lieder u. Leiche 39 *(1125)* et 41 *(303).*
[3]) V. ZfrP. III, 39—60.
[4]) Nous ne comptons naturellement pas la chanson *2000* (v. p. 27).
[5]) V. 2ᵉ sér. t. V, 226.

fournit aussi dans son *Romvart*[1]) une copie d'après a de la chanson *1125*. Cette copie diffère dans quelques points essentiels de l'autre (I, 6 *part*, Kell. *mart*; III, 6 *uiellece*, Kell. *uiellete*; V, 1 *Nici*, Kell. *Kici*). Nous nous en tiendrons à la copie de l'Arsenal, sauf pour le dernier cas, où c'est probablement Keller qui a bien copié la majuscule, l'autre leçon étant dépourvue de sens. Le fragment de Stuttgart (x) ne nous est connu que par l'extrait fait par Mone (v. pp. 30—1). Quant au chansonnier provençal 3208 (y), nous avons pu nous servir de la copie de Grützmacher (v. p. 31).

En indiquant les leçons de ces mss., nous les donnerons toujours avec l'orthographe même du ms. en question, ou, s'il y a plusieurs mss., avec l'orthographe de celui que, pour chaque fois, nous citons en premier. Quand nous mettrons un ms. entre parenthèses, cela indiquera que nous n'en suivons pas le texte littéralement. L'ordre des strophes, dans les cas où les mss. diffèrent, est celui du texte rétabli. On trouvera dans notre ouvrage le texte de toutes les chansons auxquelles se rapporte notre classification des mss.:

303	est le numéro	II	du texte
629	„	I	„
1125	„	IV	„
1128	„	VI	„
1314	„	V	„
1325	„	VII	„
1420	„	VIII	„
1574	„	X	„

---

[1]) V. p. 254.

1623 est le numéro IX du texte
1837 „ III „

Les chansons *15*, *1859* et *1960* sont données dans un appendice.

Aucun de nos mss. n'est la copie directe ou indirecte d'un autre ms.; la preuve en est que chaque ms. contient des erreurs qui lui sont spéciales. Le fait saute tellement aux yeux que nous croyons ne pas avoir besoin de le prouver par des citations.

Les mss. se groupent de la manière suivante:

T^2M (contre e)

1623 $(T^2M$ *contre e* $+ CU^2)$

2, 7: *ke cou* **ke** (**con**[1]) M) **doit blasmer loent** *la gent* et *(si* M*) loent cou ke nus autres neprise* T^2M — **con doit loweir blaiment** (**blame** U^2) CU^2e. Le sens demande nécessairement la dernière leçon.

Preuves secondaires:

1623 $(T^2M$ *contre e* $+ CU^2)$

1, 7: *nen chantai* **ke** *dune* T^2M — **fors** CU^2e
4, 6: **vraie** *esperance* T^2M — **bone** U^2e.

T^1M (contre e)?

Il n'y a pas de preuves dans nos chansons pour ce groupement. Aucune d'elles n'est contenue dans ces

---

[1]) Par des lettres non italiques nous indiquons que nous avons dû, faute des signes nécessaires, résoudre une abréviation.

trois mss. à la fois. Une seule chanson *(1859)* est donnée par T¹ et M (+ Ca). Il n'y a cependant pas même des preuves directes pour le groupement T¹M contre Ca. Dans les deux cas où T¹M vont ensemble contre Ca (1, 10: *aferist* T¹M (impf. du subj.) — *auanroit* C, *afenroit* a (impf. de l'ind.); 2, 4: *ametu* T¹, *amentu* M — *ramantuit* Ca), les différentes leçons seraient acceptables en elles-mêmes. Il faut pourtant admettre le groupement T¹M contre Ca, si l'on ne préfère pas la supposition d'une contamination de mss. pour cette chanson, car nous verrons plus bas que Ca ne forment pas groupe contre M. Aussi les mss. T¹M sont-ils très rapprochés l'un de l'autre par leurs leçons. Comme M. Schwan dans sa classification ne fait pas de distinction entre T² et T¹, rien ne nous empêche de croire que le copiste de T² n'a fait que continuer à copier le même ms. dont celui de T¹ avait entrepris la reproduction.

T²(T¹)Me (contre R¹U^{2x} [1])

629 (T²e contre R¹)

3, 5: **dist** *T²e* — **dit** *R¹*. Le sens demande le présent, mais comme *dist* pourrait bien être la forme dialectale connue du présent [2], la preuve est bien faible; elle se borne peut-être à une communauté de variation dialectale. Ce qui nous décide pourtant à unir T²e contre

---

[1] Nous désignerons désormais par U^{2x} la version que donne le ms. U² de la chanson *15*. On verra plus tard pourquoi nous détachons cette partie du reste du ms. U².

[2] V. Förster, Chev. II esp. LX; Mussafia, ZföG. 1877, 208.

R^1, c'est que les deux premiers mss., grâce à leurs différences minimes, font l'effet d'être plus étroitement liés que T^2 et R^1.

Si, à la rigueur, le groupement $T^2(T^1)$Me contre R^1U^{2x} n'est pas suffisamment constaté par nos chansons, il est du moins, d'après ces mêmes chansons, tout à fait sûr que $T^2(T^1)$M font groupe contre R^1U^{2x}:
15 (T^2M contre R^1U^{2x} + KNPX)

1, 6: **non pas pour cou ke iaie cuer volaige** T^2M — *si chanterai sanz amors (chant damors P) par usage* KNPR^1U^{2x}X. La leçon de T^2M demanderait une suite: *mais pour cou ke* - - -, qui n'existe pas. En outre le v. 2 commence par *non pas porcou* (T^2M + KNPR^1U^{2x}X), et une répétition de cette conjonction serait un peu choquante.

Preuves secondaires:
15 (T^2M contre R^1U^{2x} + KNPX)

Nombre des strophes. T^2M n'ont pas une strophe qui se trouve dans les autres mss. (R^1: 4, U^{2x}: 3, KNPX: 5). Nous ne regardons pas ce cas comme une preuve directe, car la strophe a un peu l'air d'être une adjonction postérieure aux trois strophes de l'original. Nous y reviendrons encore.

2, 2: *ken leur amor na point* **dafaitement** T^2M — **dafiement** KNPR^1U^{2x}X.
1960 (T^2M contre R^1 + KNOPU^2)

1, 6: **dainst** (**daint** M) *valoir (voloir* M) *ke par moi soit seruie* T^2M — **doit** KNOPR^1U^2.

R^1U^{2x} (contre $T^2(T^1)Me$)

Les mss. R^1 et U^2 ne contiennent en commun que deux chansons *(15* et *1960)*, et il ne nous est donc possible de tirer des conclusions sur leur rapport réciproque que des variantes de ces chansons. Or voici les faits:
15 (R^1U^2 contre T^2M + KNPX)

2, 3: *se* **tient cointe (vest bien** M) *et atorne T^2 M*,KNPX — *cointoie R^1U^2*.

Les deux leçons auraient été possibles dans le langage ancien: la répétition du pronom (réfléchi) n'y est pas nécessaire. Comme cependant l'ellipse, dans le premier cas, est, pour ainsi dire, plus compliquée (*se* est le régime direct dans deux propositions de nature différente), nous croyons que c'est une raison suffisante pour regarder cette leçon comme étant celle de l'original. Il est impossible d'admettre que les copistes de R^1 et de U^2 aient entrepris la correction en *cointoie* indépendamment.

Preuve secondaire:
15 (R^1U^2 contre T^2M + KNPX)

2, 6: *se* **tient** *eskieue T^2M,*(KNPX) — **fait** *R^1U^2*.

Pour la chanson *1960* on a un groupement tout différent:
1960 (T^2MR^1 contre U^2 + KNOP)

3, 4: *mais tost* **men** *est chis dols espoirs faillis T^2 M(R^1)* — **me rest** *KNOPU^2*. La dernière leçon, comme étant plus expressive et par conséquent plus difficile à substituer à la première, peut sans doute être considérée comme celle de l'original. En outre *en* et *chis*, dans la leçon de T^2MR^1, font un pléonasme au moins inutile.

4, 2: *sans estre ames* T^2MR^1 — *faussete* KNOPU^2. Nous considérons la dernière leçon comme étant celle de l'original, parce que les mots *sans estre ames* se trouvent déjà 3, 7 (T^2MR^1, KNOPU^2) et que leur répétition est fastidieuse.

4, 3: *nus* (*nulz* R^1) *fins cuers* $T^2M(?)R^1$ — *mes* KNOP(*U*^{2}: *mis* ou *nus*?). Le sens demande la dernière leçon. Cette preuve n'est pourtant pas sûre, puisque la leçon de U^2 est douteuse.

(contre U^2)

6, 1: *auanchier* T^2MR^1 — *auancir* U^2. La leçon de T^2MR^1 ne peut être que fausse, parce que le mot doit rimer avec *obeir* de 5, 5, selon l'habitude qui avait cours pour les „envois". La preuve n'est pas tout à fait solide, car on peut admettre que la source de nos quatre mss. aurait déjà eu la leçon fautive, que U^2 aurait corrigée de la seule manière possible.

Si nous prenons ce dernier groupement (T^2MR^1 contre U^2) pour base de notre filiation (nous le faisons, parce qu'il s'accorde avec celui de M. Schwan [1]), il résulte des faits cités que, pour la chanson *15*, ou bien le ms. R^1 se rattache à U^2 (c'est-à-dire qu'on a le groupe $R^{1x}U^2$), ou bien U^2 se rattache à R^1 (R^1U^{2x}). Voici deux preuves qui montrent que le dernier groupement doit être admis:

15 (T^2M, R^1U^{2x} *contre KNPX*)

2, 1: *a dame se done* T^2U^{2x}, *sadoune* M, *saiourne* R^1 — *se torne* KNPX. La rime est en

---

[1] V. Schwan, Afr. Lhs. 86 (pour R^1), 222 (pour U).

-*orne*[1]). La leçon de R^1 est naturellement un essai postérieur de rétablir la rime.

3, 5: *por moi le di **kamors ont decheu** T^2R^1, qui **bone amours decut** M, **cui elle ait** d. U^{2x} — **qune en a** d. KNPX*. La leçon de T^2R^1 ($=$ celle du groupe T^2M,R^1U^{2x}) est fausse à cause de *ont*: „l'Amour" est au singulier à d'autres endroits de la même chanson (1, 7; 2, 7. 8; 4, 8; v. aussi str. 5, v. 1 de R^1). Nous ne croyons cependant pas non plus que la leçon de KNPX soit la bonne. L'original a dû avoir *kamors a;* c'est bien de „l'Amour", pas de la dame *(une)*, qu'il s'agit, puisque le poète dit v. 6: *qua**n**t **i**en quidai auoir la signorie* (T^2M,R^1U^{2x};KNPX). „Etre maître d'une dame" serait une expression trop peu courtoise!

$T^2(T^1)$Me (contre R^2)?

Il nous est impossible d'affirmer quelque chose concernant le rapport de e et de R^2. Comme nous avons constaté cependant l'étroite parenté de e et de T^2M contre R^1 (v. pp. 38—9), il faut admettre *à priori* que le ms. e va avec T^2M également contre R^2. Pour le groupement T^2M contre R^2 il y a une preuve:

1125 (T^2M contre R^2 + CHKNOPVXay)

6, 2: *ore iparra **se cil** le secorront T^2M — **com sil** C, **com cil** KNOPR^2VX, **cum li secorreront** Hy (**se il** a)*. Le poète suppose naturellement qu'on ira

---

[1]) Nous admettons *à priori* ici et ailleurs dans cette classification que nos chansons ont été complètement rimées et qu'il faut regarder toute assonance comme une erreur de copiste. Nous prouverons notre opinion au chap. III, § 3 d).

secourir les chrétiens de Palestine (*le* = Dieu); il se demande seulement *de quelle manière* (bonne ou mauvaise?) on le fera [1]).

$T^2T^1M(e)R^2$ (contre a)

1125 (T^2MR^2 contre a $+$ KNPVX)

5, 2: *ens biens fais* **morront** T^2MR^2 — **mauront** *a,* **manront** KNPVX *(viuront* COx). Il est évident, d'après le contenu, que *morir* ne va pas à cet endroit, et il faut, à notre avis, regarder *morront* comme une corruption d'origine graphique de *manront: manront* a dû donner d'abord *mauront* par une erreur de copiste *(u* pour *n)*, puis le scribe de la source commune de T^2T^1 M(e)R^2 a introduit pour cette forme incompréhensible la forme *morront* de *morir*. Or le ms. a (qui forme, comme nous le verrons plus bas, groupe avec T^2MR^2) a la leçon intermédiaire *mauront*. Si nous ne voulons pas admettre que deux copistes aient séparément écrit *mauront* pour *manront*, nous sommes obligés de grouper T^2M R^2—a. Si les mss. se divisaient: T^2M—R^2a ou T^2Ma —R^2, il ne serait pas compréhensible que le copiste de a eût écrit *mauront* au lieu de *morront*.

T^2T^1Me, R^1U^{2x} (contre a)?

Il n'y a pas de preuves dans nos chansons pour ce groupement, vu que R^1 ou U^{2x} et a ne contiennent point de chansons en commun. Nous sommes donc obligé

---

[1]) Cf. Schwan, Afr. Lhs. 34.

d'admettre sur l'autorité de M. Schwan.[1]) que R^1 est plus rapproché de TM que de a; nous supposons (jusqu'à preuve du contraire) que R^1 n'est au fond que le commencement d'une copie, continuée par R^2 d'après le même ms.[2]). Tout ce que nous pouvons constater concernant T^2T^1Me,R^1U^{2x}, c'est que ces mss. forment, comme nous l'avons vu déjà (pp. 41—2), un groupe contre le reste des mss. dans les deux chansons qui peuvent entrer en ligne de compte: *15* (T^2M,R^1U^{2x} contre KNPX) et *1960* (T^2MR^1 contre $KNOPU^2$).

$T^2T^1Me,R^2R^1U^{2x};a$ (contre le reste des mss.)

1125 (*T^2MR^2a contre $COx + KNPVX$*)

Ordre des strophes: 1. 2. 6. 5. 4. 3. *T^2M*, 1. 2.—5. 4. 3. *R^2a* — 1. 2. 3. 4. 5. 6. 7. C, 1. 2. 3. 4. 5. 6. O, 1. 2. 3. 4. 5. x (KNPVX ont 1. 2. — 3. 5. 4., Hy: 1. 2. — — — 3.). Le sens nous semble permettre aussi bien l'ordre de T^2MR^2a que celui de COx, et l'ordre des autres mss. a même l'air d'appuyer celui de T^2MR^2a, car on est toujours tenté de croire que, quand un copiste a omis des strophes de sa source, c'est par la fin qu'il a raccourci sa chanson. Ce qui nous conduit cependant à adopter l'ordre de COx, c'est que la str. 7 de C, *l'envoi*, doit à cause de ses rimes suivre immédiatement

---

[1]) V. Schwan, Afr. Lhs. 86.

[2]) M. Schwan, il est vrai, croit devoir séparer R^1 et R^2 (v. l. c.), mais nous ne pouvons pas tenir compte de son opinion, car il sépare R^2 de TM et l'unit avec a, et nous avons vu (p. 43) que T^2MR^2 font groupe contre a pour la seule chanson en question *(1125)*.

la str. 6 (ou la str. 5). Cet envoi, qui ne se trouve que dans un seul ms., pourrait à la rigueur être faux, surtout comme il n'a pas tout à fait l'allure des envois ordinaires, mais nous croyons pourtant qu'il n'existe pas de raisons suffisantes pour l'exclure.

5, 1: **Tous** (**Tout** a) *li clergies* et *li home deaige /qui* T^2MR^2a,x — **Tuit li clergies** (*clergie* KN OPVX) CO+KNPVX. La dernière leçon (celle de KN OPVX) doit être la bonne; le poète veut bien dire: „tous les prêtres et vieillards qui", et non: „tout le clergé, ainsi que les vieillards qui". Le fait que le ms. x donne la même leçon que T^2MR^2a ne peut être qu'une coïncidence fortuite; nous verrons plus bas que x est intimement lié au ms. O.

5, 2: *ens biens fais* **morront** T^2MR^2, **mauront** a —**manront** KNPVX (*viuront* COx). Pour ce cas, nous renvoyons le lecteur à l'explication donnée plus haut, p. 43. On pourrait sans doute, à la rigueur, admettre que la leçon fautive de a n'est pas en rapport intime avec celle de T^2MR^2.

5, 5 manque entièrement dans T^2MR^2a; le fait que ce vers manque également dans V ne peut être qu'une coïncidence fortuite, car, comme nous le verrons plus tard, V est intimement lié à KNPX, qui ont tous gardé ce vers.

Nous passons à une autre branche de mss.:

PX (contre K)

1125 (PX contre K + T^2MR^2a,CNOVx)

5, 6: **seles** (*cellez* R^2, *celles* C) *font* T^2MR^2a, CKN

O(V)x — *celes* PX. Le sens demande une proposition conditionnelle. Le fait que R² et C présentent la même faute orthographique ne contredit pas le groupement PX. Ces deux derniers mss. forment (avec K et N) un groupe si étroit que les leçons de R² et C doivent s'expliquer comme des rencontres fortuites. Nous avons aussi déjà vu que R² fait partie du groupe T²etc.

Preuve secondaire:

15 (PX contre K + T²M,R¹U²ˣ;N)

2, 1: **a dame se done** (**sadoune** M, **saiourne** R, **se torne** PX) T²M,R¹U²ˣ;PX — **en dame se torne** KN. Les mss. PX ont corrigé la mauvaise leçon de KN.

PXK (contre N)

1960 (PK contre N + T²MR¹,OU²)

4, 4: **en si haut lieus** PK — **lieu** NO [**en haute amor** T²MR¹,U²]. Faute de déclinaison dans PK.

Preuves secondaires:

1314 (XK contre N + T²M,OU²)

1, 2: **Bien me deusse targier**/ de **chancon** (**chancons** M) **faire** T²M,NO(U²) — **chancons** XK.

1960 (PK contre N + T²MR¹,OU²)

3, 4: **chis** (**cist** M,NO, **cilz** R¹, **ci** U²) **dols espoirs** T²MR¹,NOU² — **cil** PK.

PXKN (contre V)

1125 (PXKN contre V + T²MR²a,COx)

5, 8: *tot li boin **iront** en cest voiaige* $T^2MR^2a, CO Vx$ — *sen vont* $PXKN$. Le futur *(iront)* est demandé par le fait que tous les verbes de la strophe sont au futur.

PXKNV (contre C^x [1])Ox)

1125 (PXKNV contre C^xOx + T^2MR^2a, Hy)

Nombre et ordre des strophes. $PXKNV$ n'ont que cinq strophes, tandis que T^2M et C^xOx en ont six, et ce qui prouve qu'il s'agit bien ici d'une *omission* de la part de PXKNV, c'est que la strophe en question n'a pas pu être la *dernière:* ses rimes ne sont pas celles de l'envoi (cf. pp. 44—5). Quant à l'ordre des strophes dans PXKNV, il diffère complètement de celui des autres mss.: PXKNV ont 1—2, 3, 4—5. Les autres mss. qui ont un nombre inégal de strophes, laissent, comme on le voit ordinairement, la *dernière* strophe isolée avec ses rimes: 1—2, 3—4, 5 R^2a, 1—2, 3 Hy. Cet arrangement est le seul possible.

1, 7: *se li cors va* $T^2MR^2a, C^x(H)Ox(y)$ — *ainz va mes cors* $PXKNV$. Le sens demande une proposition conditionnelle.

2, 4: *saicies ke il li **faura*** T^2MR^2a, *saiche de uoir **faurait** li* C^xOx, *ben cre que deus li **faldreit*** H(y) — *sachiez de uoir quil **faudra*** $PXKNV$. Le régime indirect *li* ne doit pas manquer.

---

[1]) Nous désignerons désormais par C^x la version que donne le ms. C de la chanson *1125*. On verra plus tard pourquoi nous détachons cette partie du ms. C. du reste du même ms.

4, 1: *vie* **anuieuse** T²MR²a,C^xOx — *honteuse* PXKNV. Le mot est à la rime, et *honteuse* s'y trouve déjà 3, 8 (T²M,C^xOx).

4, 3: *douce et* **sauereuse** T²MR²a,C^xOx — **bone et** *glorieuse* PXKNV. Les mots *sauereuse, glorieuse* se trouvent à la rime, et *glorieuse* y est dans la même strophe v. 6 (T²MR²a,PXK[N: *precieuse*],C^xOx).

6, 7: *cil ki sain* et **ione** et *riche* **sont**/ *ne poeuent (poront* C^xHO) *pas* T²M(R²)a,$C^x(HOy)$ — *riche* et *sain* et **fort seront** PXKN(V). Le mot *fort* est faux: il faut *ione* comme opposition à *viellece* T²etc. v. 6. En outre *seront* ne va pas, puisque la proposition principale est au présent (aussi dans PXKNV).

6, 8: **ne poeuent** *(poront* C^xHO) *pas demorer* T²MR²a, $C^x(H)O(y)$ — **ni** PXKNV. L'adverbe *i* ne se rapporte à rien dans cette phrase.

Preuves secondaires:

1125 (PXKNV contre C^xOx + T²MR²a,Hy)

1, 2: *com dure departie/ me conuenra* **faire de** *(***aperdre** C^x) *lamillor* T²MR²a,$C^x(Ox)$ *[***sofrir per** *H] —* **faire por** *PXKNV*¹).

4, 2: *si* **voist** T²MR²a,C^xOx — **saille** PXKNV.

4, 3: **cele** *(***telle** *R²) mors* T²MR²a,C^xOx — **ceste** PXKNV.

6, 3: **cui** *(***que** *R²,* **qi** *a) iliete* T²(MR²a,C^xO) — **que** XKNV *(***qui** *P) [***quil** *trais* H(y)].

---

¹) L'assertion de M. Schwan (Afr. Lhs. 73) que la leçon de T² etc. est moins bonne, n'est donc pas fondée.

Ox (contre C^x)

1125 (Ox contre C^x + T^{2}MR^{2}a;PXKNV,[H])

1, 1—3: **com** *dure departie| me conuenra faire de lamillor| ki* T^{2}MR^{2}a;(PXKNV),(C^x)(H) — **si** *Ox.* Le sens exige *com.*

4, 1: **Kichi (Ki** *or* C^x) *ne velt auoir vie anuieuse (honteuse* PXKNV) T^{2}MR^{2}a;PXK(N)V,C^x — **Qor (Qui** *or* x) *uuet auoir* **honte** *et* (*et* manque dans x) *uie enuiouse* Ox

4, 2: **ioieus** T^{2}MR^{2}a;PXKN,C^x — **ioianz** Ox (+ V). La rime est en *-eus.*

Preuve secondaire:

1125 (Ox contre C^x + T^{2}MR^{2}a;PXKNV,H)

1, 1: **Ahi** T^{2}Ma;PXKN,C^{x}H, **He** R^2, **Hai** V — **Oimi** Ox.

OxC^x (contre PXKNV)

Le rapport des mss. O (+ x) et C est pour nos chansons de double nature. Nous verrons plus bas que, pour quelques chansons, il faudra grouper PXKN[V] + O contre C, et c'est ce groupement que nous considérons comme régulier [1]). D'un autre côté Ox et C forment, pour la chanson *1125*, groupe contre ces mêmes mss. PXKNV:

1125 (OxC contre PXKNV + T^{2}MR^{2}a,[Hy])

2, 6—7: *la doit on faire cheuallerie|* **ou on** (**on** *i* R^2, **con** *i* PXKNV) *conquiert paradis* T^{2}MR^{2}a;*PXKNV,*

---

[1]) Cf. Schwan, Afr. Lhs. 171 et 222.

Hy — **con** *en* O*x*C. *La* — *ou (i)* correspondent nécessairement.

4, 3—4: *cele mors est douce* et *sauereuse/* **dont on** *(con en* X, *quen i* KNV*) conquiert le resne presieus (glorieus* XKNV*)* T²M(R²)a,*(XKNV)* — **ou conquis est paradis et honors** O*x*C. La dernière leçon ne fournit pas la rime nécessaire en -*eus;* en outre *dont* vaut mieux que *où,* car c'est plutôt *par* que *dans* cette mort (cf. la leçon de KNV) qu'on gagne le ciel.

5, 2: *ens ausmogne* et *ens biens fais morront (mauront* a, *manront* PXKNV*)* T²M(R²)a,*(PX KNV)* — *de biens faiz et daumosnes uiuront* O*x*C. Le sens est qu'ils resteront *(manront)* et s'occuperont à des œuvres charitables.

5, 7: *as* (*a* MR²a,KN) *lasques gens* (*recreanz* M) et *mauuais le feront* T²M(R²)a,*(PXKNV)* — *ha les quelx* O, *halas quex x, elais queilz* C. Cette exclamation, formellement correcte (car O*x*(C) ont *mauuaises* au lieu de *et mauuais),* est impossible à cet endroit.

Preuves secondaires:
1125 (O*x*C contre PXKNV + T²MR²a,[Hy])

1, 8: *li (mes* PXKNV,Hy*) cuers remaint del tot* T²MR²a;*PXKNV*,Hy — *touz li miens cuers remaint* O*x*C.

2, 2: *car* T²MR²a;*XNK*,Hy *(que* P*)* — **que** O*x*C.

2, 3—4: *ki li (la* a*) faura acest besoig daie/ saicies ke il* T²MR²a,*(PXKNV)* — *sache* O*x*C [Hy diffèrent complètement].

4, 1: *Ki chi* T²MR²a,*PXKNV* — *Qor* O, *Qui or x*C.

50

4, 2: *Si voist (saille PXKNV) por dieu morir (morir por dieu PXKNV) lies* T²MR²a, *PXKNV — Si voist morir liez et bauz* OxC. (Uy:i⋈iᴀᴍ)

4, 5—6: *ne ia de mort nen imorra* uns *sels/ ains **naisteront (nestront tuit** PXKN) **en vie glorieuse*** T²MR²a, *PXK(N) — uiuront tuit* OxC.

L'existence d'un groupe OxC constatée, il nous reste à choisir entre deux alternatives: ou bien le ms. O (et avec lui x) va ici avec C, ou C va avec O, c'est-à-dire qu'il faut grouper O^{x}xC contre PXKNVO, ou PXKNV,OxC^x contre C. Il est certain que le ms. O dérive de différentes sources, puisqu'il contient des chansons en double avec des variantes importantes[1]), et une de ces sources a dû être très voisine de C(U)[2]). M. Schwan a aussi cru devoir pour cette chanson unir O à C[3]). Si pourtant nous sommes plus tenté d'admettre que c'est C qui suit ici la source de PXKNV + Ox, c'est parce que les mss. avec lesquels C, comme nous verrons plus bas, forment groupe à part (IU¹U²U³), manquent pour cette chanson, tandis que les mss. qui sont le plus rapprochés de O (PXKN[V]) contiennent cette chanson. Le fait semble bien parler en faveur de l'opinion que C a ici une autre origine que pour les chansons *303, 1420(?), 1574, 1623* et *1859(?)*.

---

[1]) V. Schwan, Afr. Lhs. 146—7, 150.
[2]) V. Schwan, Afr. Lhs. 150.
[3]) V. Schwan, Afr. Lhs. 147, 152; cf. pourtant aussi p. 209, où l'auteur range la chanson parmi celles qui ne se trouvaient pas dans la source commune de CUI.

PXKNV,OxCˣ (contre CIU¹U²U³)

1314 (XKNO contre U^2 + T^2M)

Nombre des strophes. Les mss. XKNO n'ont pas la str. 3, qui se trouve dans les trois autres mss. et qui ne paraît pas être fausse. En outre XKNO contiennent seulement la seconde moitié de la str. 5, qui se trouve en entier dans U^2 (manque dans T^2M).

4, 4: **dismer** T^2M, **daīmier** U^2 — **doner** XKNO. La dernière leçon n'a pas de sens.

4, 5: **plus encroisa** *couoities* T^2M, **por ancreuxe** U^2 — **plus encroit sa** XKNO. La dernière leçon est impossible, celle de U^2 visiblement une altération de la bonne leçon de T^2M.

6, 4: Les mss XKNO contiennent deux mots *(et amer)* qui manquent dans T^2M, U^2. Ces mots, qui rendent le vers trop long (K a supprimé trois autres syllabes), ne sont pas nécessaires, et ils ont été par conséquent interpolés dans la source commune de XKNO.

1574 (PKNO contre CIU^3 + T^2M,H)

Nous avons à citer comme preuve concluante le manque, dans *PKNO*, de la sixième strophe, qui se trouve dans tous les autres mss.

1960 (PKNO contre U^2 + T^2MR^1).

L'envoi qui en trouve dans T^2MR, U^2 manque dans *PKNO*.

2, 4: *ens tos biens* **est chis** (*ses* MU^2, *ces* R^1) **entendemens** T^2MR^1, U^2 — **sont si entendement** *PKNO*. La rime est en -*ens*.

2, 6—7: **vers moi tant** sumelie/ ke T²MR¹,U² — *enuers moi* PKNO. Le sens demande *tant* —*ke*.

3, 1—2: **Ie me delit ens lespoir ke ien ai/ si dochement** T²MR¹,(U²) — **Tant** PKNO. *Tant* et *si dochement* forment un pléonasme choquant.

4, 3: *nus fins cuers ne doit estre* **en esmai** T²MR¹, U² — **auoc moi** PKNO. La dernière leçon est dépourvue de sens; la rime est d'ailleurs en *-ai*.

Preuves secondaires:

1314 (XKNO contre U² + T²M)

1, 5: **si empuis (et sen pou** U²) **bien faire** T²M,U² — **et si enpuis** XKNO.

2, 1—3: *On se doit bien efforchier/ de dieu seruir — — —/ et la char fraindre* T²M,(U²) — *en* XKNO.

2, 7: *dont doit* **par droit ma merite estre (bien estre mameriteit** U²) *grans* T²M,U² — *estre la merite ml't* XKNO.

2, 8: **plus dolans ne se (sen** U²) **part nus defrance** T²M,U² — **si d. nus ne se part** XKNO.

4, 2: *remanrai* **chi auoc** *ces tirans* T²M,(U²) — **auecques** XKNO.

6, 7: **pleust adieu** T²M,U² — **car pleust dieu** XKNO.

1574 (PKNO contre CIU³ + T²M,H)

3, 5: **ne me vint** *empenser* T²M,CHIU³ — **on (onc** KN, *ainz* O) **ne loi** PKNO.

5, 5: **apetit** *de beaute* T²M,CHIU³ — **ml't pou** PKNO.

1960 (PKNO contre U^2 + T^2MR^1)

1, 3: et *proierai* **aceli** *(a cele* M*) qui* T^2(M)(R^1), (U^2) — **madame** *PKNO.*

1, 4: **puis ke del tot li sui** *(sui ses R^1) obediens* T^2MR^1, U^2 — **aqui ie sui del tout** *PKNO.*

1, 6: *par moi soit seruie* T^2MR^1, U^2 — **de** *PKNO.*

3, 1: *lespoir ke ien ai* T^2MR^1, U^2 — **quen li** *PKNO.*

3, 5: **ke** *(quar* M*)* **de pauor sui mas** *et esbahis* T^2MR^1, U^2 — **de p. s. iriez** *PKNO.*

3, 6: **tant** *doc raison* T^2MR^1, U^2 — *et PKNO.*

3, 7: **criem** *morir* T^2MR^1, U^2 — **cuit** *PKNO.*

4, 4: *en* **haute amor** *assis* T^2MR^1, U^2 — **si haut lieus** *(lieu* NO*) PKNO.*

4, 7: *ia* **nul iour por mal** *ne sen repente* T^2MR^1, U^2 — **por mal** *(moi* N*)* **qil ait** *PKNO.*

5, 2: *nus (fins* U^2, + *vrais* M*)* **amans** *(amis R^1)* **ne doit damors** *partir* T^2MR^1, U^2 — **ne doit de bone amor** *PKNO.*

IU^3 (contre C)

1574 (IU^3 contre C + T^2M;PKNO,H)

1, 7: *ore est lamors coneue et* **gree** (**moustree** M, **donee** PKN, **prouee** O,CH) T^2M;PKNO,*CH* — **esprouee** IU^3. La dernière leçon, visiblement une altération de celle de OCH, a une syllabe de trop (I a essayé d'y remédier en écrivant *conue*).

2, 5—6: **vostres cler** (*li* **uostre** PKN, *v.* **biauls** *C*) **vis** *ki sambloit flors de lis/* **est si ales dame** (*mest si tornez du tot* PKNO,C) T^2M;PKNO,*CH* — **ke** *vostre vis me - - - - -/ qui or est si a. IU³*. Le rapport des deux propositions est faux dans IU³: l'essentiel c'est *le changement*.

4, 7: **rete** *de* **iresie** T²(M,PKN), **roteit** *C*, **repris** O,H — **arresteit** *dazerie* I, **aratteit** *deresie* U³. Le sens demande un verbe signifiant *blâmer, accuser*.

Preuves secondaires:
1574 (IU³ contre C + T²M;PKNO,H)

1, 6: **mene vous ai par parole mains** *dis* T²M;P(K)(N)(O),(C)(H) — **par parolles vos ait meneit tous** *iors* **(tot** *dis* U³) *IU³*.

2, 4: **ceste** *pensee* T²M;PKNO,CH — **vostre** *IU³*.

2, 7: *kil mest auis* **ke** *me soies (uos mestes* H*) emblee* T²M;(PKN)O,CH — **vos** *IU³*.

4, 5: *or ni puet on* **fors** *les plaices trouer* T²M;PKN (O,C)H — **que** *IU³*.

6, 7: *mais quant ele est* **belle** *et* **cortoise (cortoise et prox** H*)* T²M,H, *ains laimme lom quant elle est belle* C — *Ainz (an* U²*) lainmet on (lou* U³*) cant elle est* **prous** *IU³*.

IU³C (contre PXKNV,OxCˣ)

1574 (IU³C contre PKNO + T²M,H)

1, 8: *dore en auant serai a uo* **deuis** T²M, *tres (des* KN*) or mes sui tot auostre* **deuis** PKN, *si ferai mais dou tout uostre* **deuis** O, *des ore mais soiez li miens* **amis** H — *Des ore mais suis a vostre* **plaisir** *IU³C*. La rime est en *-is; amis* (H) se trouve déjà à la rime 1, 5 (tous les mss.)

2, 3: *certes (fait il H) mal sui* **baillis** T²M,H, *mort mort* (1 fois dans KN) *sui et* **entrepris** *PKN, bien sui morz et* **trahiz** *O* — *mort mauez et* **trait** *IU³C*. La rime est en -*is*. La preuve n'est naturellement pas très sûre, puisque la source commune de PKNO aurait pu avoir la leçon de IU³C.

3, 2: *si dist par* **sa folie** (**felonie** PKN,H) T²M; *PKN*,H, *si respondi* **marrie** *O* — *et au cuer lan prist* **ire** *IU³C*. La rime est en -*ie*.

3, 3: **iel dis por vos gaber** T²(M),H, **on uos doit bien gaber** *PKN*, **ie vos sai bien gaber** *O* — **lan vos doit bien ameir** *IU³C*. La dernière leçon dit le contraire de ce qu'a voulu le poète; elle ne va pas non plus très bien, si on la prend dans un sens ironique. *ameir* se trouve d'ailleurs à la rime 3, 6 (tous les mss.)

3, 4: *le* **vos die** T²M;*PKNO*,H — **deisse** *IU³C*. La rime est en -*ie*.

Preuves secondaires:

1574 (*IU³C* contre *PKNO* + T²M,H)

2, 4: *neustes* **piecha** (**lautrier** O) *ceste pensee* T²M; *O*,H, *des* **lautrier** *ue soi c. p. PKN* — *de* **lautre an ne sai** (*ne soi* U³, *nostes* C) *vostre* (*ceste* C) *p. IU³C*.

3, 2: **grant honte** (**duel** PKN)*en ot* T²M;*PKN*,H, **honte** *en ot* **grant** *O* — **vergoingne** *an ot IU³C*.

3, 6—7: **saries vos dont dame de pris** *amer*; *ne* **nil certes certes** (*par dieu* M,H; 1 fois **certes** PK NO) **ains vos prendroit** (**ainz auriez** PKNO, **plus avez grant** H) *en vie* T²M;*(PKN)(O)*,(H) — **con-**

ques nuns iour ie vos dignaisse amer/ **ke vos aveis par deu** (*souent* C) *grignour* IU³C.

4, 2: ***vostre pris*** T²M;*PKNO*,H — ***vos biautei*** IU³C.

4, 7—8: *ke cil soient rete de iresie/* **qui** T²M;*PKN(O)*,(H) — **ke** IU³C.

5, 4—5: *si sui iou (+ tant* PKNO, *si* H) *riche et* ***de si*** (manque dans PKNO,H) ***grant*** (*haut* PKNO,H) ***paraige/ com*** *mameroit* T²M;*(PKN)O*,H — ***de mout haut p./*** *lon* (*on* U³C) IU³C.

5, 6: *encoir na pas (na pas ancor* H) **un** *mois entir passe* T²M,H, *quen cor na pas ce cuit (ne il na pas encor* O) **un** (manque dans N) *mois p.* PKNO — *certes nait pas ancor (ancor nait pais* U³C) **deus** *mois p.* IU³C.

(I)U²C (contre PXKNV,OxCˣ)?

Les mss U² et C n'ont qu'une seule chanson en commun: *1623*, contenue en outre dans les mss T²Me. Nous ne pouvons donc rien dire de certain sur le rapport de U² avec le groupe PXKNV,OxCˣ. Nous pouvons seulement constater que U² et C forment un groupe très étroit contre T²Me:

1623 (U²C contre T²Me)

1, 2: ***betune*** T²Me — ***betunes*** U², ***butunes*** C. Si la leçon de U²C était la bonne, on aurait à admettre pour le vers en question une césure épique.

1, 3: ***la me sosuint*** T²M, *gi fui repris e* — *ramanbre (remenbrait* C) ***moi*** U²C. Un adverbe de lieu *(la, i)* ne peut guère manquer.

2, 1: *nest pas drois ke on me desconfisse* T^2Me — *dune* (*dun* C) *home a* (manque dans C) *desconfire* U^2C. La rime est en *-ise*.

2, 8: *cou ke nus autres neprise* (*mesprise[?]* e) T^2Me — *li saige desprisent* (*moins prisent* C) U^2C. La rime est en *-ise*.

4, 2: *ai mon cuer atorne* T^2Me — *ai mis* (*metrai* C) *tout mon panser* U^2C. La rime est en *-é*.

Une circonstance qui plaide encore pour la parenté étroite de U^2C, c'est que les vers 3, 6—7 sont intervertis dans U^2C (la strophe manque dans T^2Me).

Nous sommes donc libre de donner, avec M. Schwan[1]), à U^2 exactement la place bien fixée de U^3, et de croire que IU^2C forment groupe contre $PXKNV, OxC^x$.

(I)U^1C (contre PXKNV,OxC^x)?

U^1 et C ne contiennent ensemble qu'une seule chanson: *303*, qui se trouve en outre dans H. Ce dernier ms. est excessivement corrumpo, et il nous est impossible d'indiquer avec certitude un seul cas ou U^1C contiennent une faute commune contre H. Il faut donc nous contenter des preuves apportées par M. Schwan[2]) pour un groupement très étroit: U^1C; le rapport de U^1 à I doit donc aussi être le même que celui de U^3 (et U^2) à I.

---

[1]) V. Schwan, Afr. Lhs. 222.
[2]) V. Schwan, Afr. Lhs. 192.

PXKNV,OxC^x;IU^{3}U^{2}U^{1}C (contre Hy)

Pour ce groupement, qui est en contradiction avec celui de M. Schwan[1]), on ne peut trouver des preuves que dans *une* chanson: *1574*. Les deux autres chansons qui se trouvent dans le ms. H *(303* et *1125)* ne sont pas données en même temps par des mss. du groupe PXKNV,OxC^x et du groupe IU^{3}U^{2}U^{1}C, et y ne donne que la chanson *1125*.

1574 (PKNO,IU^{3}C contre H + T^{2}M)

5, 8: *li barrois apor mamor* **ioste** T^{2}M,H — *plore* PKNO,I(U^3) [C donne par correction: *alait por moi* **iosteir**]. **iosté** est le mot qu'il faut, quand il s'agit du célèbre Guillaume de Barres, „li Barrois"[2]), qui vainquit Richard Coeur-de-Lion dans une joûte[3]).

Preuves secondaires:

1574 (PKNO,IU^{3}C contre H + T^{2}M)

1, 5: **puis fu** uns **iors** T^{2}M,H — *jus qua* un *ior* PKN, *tant ka un ior* C [*quant vint apres* O,IU^3].

2, 3—4: **certes** (*fait il* H) **mal sui bailliske** T^{2}M,H — *bien sui morz et trahizquant* O, *mort mauez et trait*/ *cant* IU^{3}C [*mort sui et entreprisquant* PKN].

---

[1]) V. Schwan, Afr. Lhs. 222.

[2]) P donne *baruois*, O *bauiers*, I *boriois*, C *bretons*; ce sont naturellement des erreurs de copiste.

[3]) V. L. Paris, Chron. de Rains 41.

3, 5: **onques (conques** H) *nul ior ne me vint empenser* T²M,*H* — **nenil** par *deu* O,*IU³C [*nenil **certes** *PKN].

5, 6: *encoir na pas* un *mois* **entir** *passe* T²M,*(H)* — *quen cor na pas ce cuit* un *mois p. PK(N), ne il na pas encor un mois p.* O, *certes nait pas ancor (ancor nait pais* U³C*) deus mois p. IU³C.*

(Hy contre PXKNV,OxCˣ;IU³U²U¹C)

1125 (Hy contre PXKNV,OxCˣ + *T²MR²a)*

Nombre des strophes. Hy n'ont qui trois strophes, tandis que tous les autres mss. en ont au moins 5 (parmi elles les trois strophes de Hy).

1, 6: **ia** (et R², **ie** O) *ne men part ie mie* T²M R²a;*PXKNV,OxCˣ* — **che ne men depart** Hy. Le vers précédent contient un *part*, auquel le verbe de cette proposition doit correspondre.

2, 4: *saicies ke il li faura agrignor* T²MR²a;*(PXKNV, OxCˣ)* — *ben cre que* **deus** *(cades* y*) li faldreit al gr.* Hy. Le sujet de la première leçon (*il*, omis dans OxCˣ) se rapporte nécessairement à *ki* du vers précédent: celui qui manque à Dieu dans *cette* calamité, lui manquera dans une *plus grande (cest—grignor)*. Le poète ne saurait comparer ses propres peines avec celle qu'a causée à Dieu la prise de Jérusalem. Donc, la leçon de Hy est fausse, si y ne contient qu'une corruption de celle de H. Si, au contraire, la leçon de H est sortie de celle de y, ces deux mss. sont également dans le faux, car *ades* (toujours) ne convient pas bien.

6, 2—4: *ore iparra* **se** (*com* R²;PXKNV,OC^x) *cil* (*il* a) *le secorront/ cui* (*que* R²,XKNV) *iliete* (*ieta* MR²; PXKNV,OC^x) *de la prison ombraie/ quant il fu mors* (*mis* PXKNV,OC^x) *ens la crois* T²MR²a;*PXKNV,OxC^x* — *cum li secorreront/ a ceus quil* (*iceu qel* y) *trais* — — —/ *dont Hy*. Le futur *secorreront* indique déjà assez la corruption de la leçon.

6, 6: **sil nont pouerte ou viellece** (*se nes retient pouretez* PXKNV) *ou malaige* T²MR²a;*PXKNV,O(C^x)* — *si ueill non es* (*nestoit* y) *paubretes Hy*. La leçon de Hy n'a pas de sens; dans *ueill* (*ueil* y) on peut voir une reminiscence de *viellece*.

6, 7: *et* **cil ki sain et ione et riche** *sont* T²M(R²)a;*(PXKNV),(O)C^x* — *tut li rics que sans e iovne Hy*. Les trois adjectifs doivent être coordonnés par analogie avec les substantifs à sens opposé v. 6.

Preuves secondaires:

1125 (Hy contre PXKNV,OxC^x + T²MR²a)

1, 7: *se li cors va* T²MR²a,*OxC^x* [*ainz ua mes cors* PXKNV] — **mos** *Hy*.

2, 3: **ki li** (*la* a) **faura acest besoig daie** T²MR²a;*PXKN(V),OxC^x* — *quar qui le* (*li* y) *faut en ses besoignes un dia* (*besoig saia* y) *Hy*.

6, 5: *saichies chil* **sont** *trop honi* T²MR²a, *bien* **sont** *honi tuit cil* PXKNV, *certes tuit cil sont honi* OC^x — *aunit* **siont** *tuit cill Hy*.

6, 8: **demorer** T²MR²a;*PXKNV,OC^x* — **remaner** *Hy*.

PXKNV,OxC^x;IU^{3}U^{2}U^{1}C;Hy (contre le reste des mss.: T^{2}T^{1}Me,R^{2}R^{1}U^{2x};a)

1125 (PXKNV,OxC^x;Hy contre T^{2}MR^{2}a)

1, 5: *si voirement* **ke men part** *T^{2}M(R^{2}a)* — **con ien par** *PXKNV,OC^x;Hy (x: com . . . em vait).* Le verbe réfléchi *se partir* est exigé par le vers suivant, qui doit répéter le verbe du v. 5, et qui donne, en effet: *ia ne* **men part** *ie* (v. p. 60).

1, 8: *li cuers remaint del tot T^{2}MR^{2}a* — **mes** *PX KNV,Hy (OxC^x: touz li miens cuers r.).* L'article simple est exigé par analogie avec 1, 7: *se* **li** *cors va* T^{2}MR^{2}a, OxC^x (Hy: **mos**; PXKNV avec changement complet du vers: *ainz ua mes cors.)*

6, 3—4: *cui iliete de la prison ombraie/ quant il fu* **mors** *ens la crois T^2(MR^2)a* — **mis** *PXKNV,OC^x;Hy.* Le leçon de T^{2}etc. est plus expressive; d'ailleurs c'est bien par sa *mort*, pas par la simple *mise en croix*, que Jésus-Christ est sensé avoir sauvé le genre humain.

Il nous reste encore à examiner si nous devons admettre que la source commune directe de tous nos mss. ne soit pas encore l'original. Nous croyons qu'elle ne l'est pas, à cause des faits suivants:

La chanson *15* contient dans les rédactions de R^1 et de PXKN une strophe (R^1: 5, PXKN: 4) qui ne peut pas avoir appartenu à l'original à cause et de son contenu et de ses rimes. Quant au contenu, la strophe s'occupe d'une manière tout à fait inattendue des „faux amants", dont il n'a pas été question auparavant. Les rimes indiquent l'origine postérieure de la strophe en ce qu'elles répètent *partiellement* les rimes de la str. 3 (*-ie, -ir* contre *-ie, -ut* str. 3). Avant d'admettre que R^1 a emprunté la strophe au groupe PXKN ou vice-versa, nous croyons qu'il faut essayer d'expliquer le cas en supposant que la source commune de nos mss (T^2M, R^1U^{2x}; PXKN) aurait contenu la strophe, que R^1 d'un côté, PXKN de l'autre auraient conservée.

Il se pourrait également qu'une autre strophe, qui se trouve dans $R^1(4)$, $U^{2x}(3)$ et PXKN(5), n'appartint pas à l'original, non à cause de ses rimes, qui sont correctes, mais à cause de son contenu: le poète attaque d'une manière imprévue les „chevaliers" à cause de leur avarice envers les dames. Nous n'osons pourtant pas exclure cette strophe (str. 4); peut-être des strophes actuellement disparues ont pu adoucir la transition brusque des trois premières strophes à celle-ci.

Contradictions réelles et apparentes à la classification que nous venons d'établir.

a) *Contradictions réelles.*

1) *M et U^2 forment groupe.*
1960 (Groupement régulier: T^2MR^1; PKNOU^2)
I, 3—5: et *proierai aceli qui iaor| puis ke del tot li sui obediens| por dieu **li proi** ne mi soit desdaignans*

T²(R¹),(KNOP) — *quele* M,U². Les deux leçons sont acceptables, il nous semble; cependant, comme la premiére est bâtie d'une manière pour ainsi dire plus compliquée, nous la regardons comme la bonne. Il nous paraît improbable que l'accord de M et U² provienne d'une rencontre fortuite; donc MU² forment groupe contre les autres mss. Le cas suivant de la même chanson nous montre que c'est U² qui est le ms. contaminé:

1, 2: *kil men est pris* talens T²M,U² — *car (que* O) *pris men est* R¹,KNOP. Les deux leçons sont acceptables. Si l'on ne veut pas croire à une rencontre fortuite (ce qui est difficile à cause de *kil—car*), il faut, pour éviter la supposition d'une autre contamination de mss., admettre que U² a adopté la leçon de M ou d'une de ses sources venant après la source commune de T²M. Si cette supposition est juste, R¹,KNOP ont la bonne leçon.

2) *a et PXKNV,OxCˣ forment groupe.*
1125 (Group. rég.: T²MR²*a;PXKNV,OxCˣ*,Hy)

2, 1—3: *Por li men vois sospirant ensurie/ car ie ne doi faillir mon creator/ ki li faura* T²MR²,(Hy) — *nus ne doit falir son* a;PXKNV,OxCˣ. Le choix entre les deux leçons nous paraît bien difficile. Le trait si personnel de la première nous semble cependant parler en sa faveur. Comme l'idée d'une rencontre fortuite doit être exclue, il est nécessaire d'admettre une parenté intime entre a et le groupe PXKNV,OxCˣ. Il nous est impossible de dire de quel côté il faut chercher l'emprunt. Le cas suivant fournit une preuve secondaire du groupement en question:

1, 6: *las* (exclamation) T²MR²;Hy — *dieus* a;PXK NV,OxCˣ.

3) *O et H forment groupe.*
1574 (Group. rég.: T²M;PKN*O*,IU³C,*H*)

2, 8: *atart aues* **dame** *(amoi* M) *cest consell pris* T²M;PKN,IU³C — **vers moi** O,H. La leçon de OH est visiblement une altération en partie graphique de celle de T²etc.: *dame* > *ame* > *a moi* (cf. la leçon de M) > *vers moi*.

Voici encore quelques preuves secondaires:

3, 6: *saries (volez* PKN) *vos* **dont** *dame de pris amer* T²M;PKN (IU³C: *conques nuns iour ie vos dignaisse amer)* — **dont** manque dans O,H.

3, 8: **vallet** T²M;PKN,IU³C — **garçon** O,H.

4, 7: **rete** *(arresteit* I, **aratteit** U³, **roteit** C) *de iresie* T²(M;PKN,IU³C) — **repris** O,H.

Il nous est impossible de dire lequel des mss. O et H est contaminé.

4) *O et IU³ forment groupe.*
1574 (Group. rég.: T²M;PKN*O*,*IU³*C,H)

1, 3—4: **tant com la dame fu** *en son bon pris/ lia samor escondite* T²M;PKN,C,(H) — **et la dame toz iors** O,IU³. On ne peut pas rejeter la leçon de OIU³ à cause de son contenu, mais le groupement des mss. nous montre bien qu'elle est fausse: si celle de T²etc. l'était, il faudrait admettre une contamination quadruple (T²M-PKN-C-H). Le cas suivant est une preuve secondaire:

1, 5: **puis fu uns iors** *(jus* qua un *ior* PKN, *tant ka un ior* C) **kele li dist** T²M;PKN,C,H — **quant vint apres si** (*ce* I, *se* U³) **li a dit** O,IU³.

Voilà les quatre contaminations de mss. que nous devons admettre (M—U²;a—PXKNV,OxCˣ;O—H;O—IU³). Quant au reste des contradictions, elles ne nous paraissent pas si fortes qu'on ne puisse les expliquer comme des coïncidences fortuites. Nous en donnons ici la liste complète.

b) *Contradictions apparentes.*

15 (Group. rég.: T²M,R¹U²ˣ;PXKN)

1, 2: **damer** *me soit riens* T²R¹;PXKN — **damours** M,U²ˣ. La classification des mss. montre que la dernière leçon est fausse. Des abréviations ont sans doute amené la double erreur.

1, 5: **li deduit en sont mien** T²M,U²ˣ — **le deduit en soit miens** R¹; **li deduis en est** *(ert* N*) miens* PXKN. La rime est en *-ien*; *soit* paraît être une méprise directe pour *sont*.

1, 6: *sanz* **amour** R¹ (T²M donnent une leçon différente) — **amors** U²ˣ;PXKN. Le singulier est exigé; *amors*, la forme indéclinable connue, n'est probablement pas celle de l'original (3, 1 et 8 tous les huit mss. ont *amors*).

1, 8: *auchief del* **tor** T²M,U²ˣ;XN — **tout** R¹;PK. La première leçon est sans doute celle de l'original. La source commune de PXK avait *tout;* cf. ci-dessous *15 3, 7.*

2, 1: *a dame se done* T²(M,R¹)U²ˣ;(PX) — *en* KN. V. p. 46.

3, 4: *onques ne la fu* T²;PXKN — *le* M,R¹, **lou** U²ˣ. Le pronom se rapporte à une forme indéfinie:

amie (v. 3); mais *la* n'est pas incorrect pour cela, car la langue ancienne employait dans ce cas souvent la forme personnelle [1]). Peut-être *le* de MR¹ est-il la forme picarde pour *la*.

3, 7: *au chief del* **tor** T²M,U²ˣ;PX — **tout** R¹;KN. Cf. ci-dessus *15*, 1, 8.

4, 2: **cuer loial** R¹;XKN — **leaul cuer** U²ˣ;P. La classification parle en faveur de la première leçon.

629 (Group. rég.: T²eR¹)

1, 5: **autres messaigiers** T² — **autre** eR¹. Le ms. e donne faussement *messagier*: la rime est en *-iers*.

1125 (Group. rég.: T²MR²a;PXKNV,OxCˣ,Hy)

1, 5: **voirement** T²M;PKN,OxCˣ,Hy — **vraiement** R²a;X,V. La classification parle en faveur de la première leçon.

2, 2: **car** T²MR²a;XKNV,Hy — **que** P,OxCˣ. La classification des mss. désigne la première leçon comme bonne.

2, 5: **saicent** *bien li grant* et *li menor* T²MR²a;V,Cˣ,Hy — **sachiez** PXKN,Ox. La classification parle en faveur de la première leçon.

2, 8: **pris** et **los** T²MR²;PXKN,Ox — **los** et **pris** a;V,Cˣ,Hy. La classification des mss. parle en faveur de la dernière leçon.

4, 2: **ioieus** T²MR²a;PXKN,Cˣ — **ioianz** V,Ox. La rime demande la première leçon.

---

[1]) V. Brunot, Préc. de gramm. 300. M. Scheler (Trouv. belges 18) traite donc à tort la leçon *la* d'incorrecte en elle-même.

5, 1: ***Tous*** (*Tout* a) *li clergies* et *li home deaige* T²MR²a;x — *Tuit li clergie* (*clergies* C) PXKN V,OCˣ. Cf. p. 45.

5, 2: ***ausmogne*** T²MR²;X,N — ***aumosnes*** a;PK, V[OxCˣ]. La dernière leçon doit être rejetée, parce qu'elle donnerait inutilement au vers une césure épique.

5, 2: ***biens*** (*bien* M;V,xCˣ) ***fais*** T²M,a;V[OxCˣ] — ***bien fait*** R²;PXKN. Le singulier semble être exigé par analogie avec le singulier *ausmogne* (même vers).

5, 4: ***chastement viuront*** T²MR²a;xCˣ — ***chatee*** (*chastee* XKNV) ***tenront*** PXKNV, ***chastes se tendront*** O. La classification des mss. appuie la première leçon.

5, 5: Le vers manque dans T²MR²a;V (contre PXK N,OxCˣ). Cf. p. 45.

5, 6: ***seles font*** T²M,a;KN(V),Ox — ***cellez*** R²; ***celes*** PX,Cˣ. Le sens demande *s'eles;* cf. pp. 45—6.

5, 7: ***as lasques gens*** T²;V — ***a*** MR²a;PXKN (Ox Cˣ différent). La classification désigne la dernière leçon comme la bonne.

6, 2: ***se cil*** T²M, ***se il*** a — ***com cil*** R²;PXKNV, OCˣ[Hy]. La dernière leçon doit être celle de l'original; v. pp. 42—3.

6, 3: ***cui*** (rég. dir. du pron. rel.) T²M;OCˣ, ***qi*** a;P — ***que*** R²;XKNV (Hy donnent une autre leçon). La classification parle en faveur de *cui* (*qui, qi* en est une variante orthographique).

6, 3: ***iete*** T²,a — ***ieta*** MR²;PXKNV,OCˣ (Hy diffèrent). Le sens demande la dernière leçon.

6, 4: *la crois ke **turc** ont* T²MR²a;PXKN,Hy — ***tuit*** V,OCˣ. La dernière leçon n'a pas de sens. Probablement la source commune de PXKN a corrigé l'erreur du groupe PXKNV,OCˣ.

6, 8: *ne **poeuent** pas demorer* T²MR²a;(PXKNV),(y) — ***porront*** OCˣ,H. La classification parle en faveur de la première leçon.

1128 (Group. rég.: T²Me).

1, 1: ***Cest** raige* et *deruerie* T²e — ***Se*** M. La leçon de T²e ne donne pas de sens. Comme le ms. M a, entre *Se* et *raige*, une petite lacune d'une ou deux lettres, on explique facilement la contradiction en supposant que M avait d'abord la leçon erronée de T²e, leçon que corrigea „l'illuminateur" qui devait faire le C.

1314 (Group. rég.: T²M;XKNOU²)

1, 2: ***chancon** faire* T²;NOU² — ***chancons*** M;XK. La classification parle en faveur de la première leçon. Cf. p. 46.

2, 4: ***ki** ades est* T²(M);(O) — ***que*** XKN,U². La première leçon est la bonne.

2, 4: ***ades*** T²;XKNO — ***touz iors*** M;U².

2, 4: ***depechier** desirans* T²M;(XK,O) — ***pechiez*** N,U². La classification des mss. parle en faveur de la première leçon.

4, 4: *clers borgois* T²;N — *cl. et b.* M;XK,O (*clers* et *ch'rs* U²). La leçon de M etc. est la bonne.

6, 2: *ia **nen ara** (**naura** tant* M;U², *tant **naura*** K,O) T²M;K,OU² — *tant **naura** ior* X,N. La source commune de XKN doit avoir eu la leçon fautive de XN. La leçon de MU² est par conséquent la bonne.

6, 3: *[tant] kil vous emprenge pities* T²M;(XK,O) — *que* N,U². La classification des mss. parle en faveur de la première leçon.

1574 (Group. rég.: T²M;PKNO,IU³C,H)

1, 6: *mene vous ai par parole* T²M;P(K)(N)(O) — *parolles* IU³C,H.

1, 6: ***mains dis*** T²M;PK,C — ***main*** N,H, ***maint*** O (***tous iors*** I, ***tot dis*** U³). Erreur orthographique dans N,O,H.

2, 2: *si la vit ***m't tainte*** (pale* M;PKN,IC,H) et *descoulouree* T²M;PKN,IC,H — ***paule tainte*** O, ***tinte pale*** U³. La classification parle en faveur de la première leçon; la seconde donnerait au vers une césure épique.

2, 3: ***dame fait il*** T²M;(O),IU³C — ***par dieu dame*** PKN,H. La classification parle en faveur de la première leçon. Pour le reste du vers PKN s'approchent de OI U³C, H de T²M. Cf. ci-dessous *1574, 4, 1.*

2, 4: *neustes piecha (lautrier* O) *ceste pensee* T²M;O,H — ***des lautrier*** (***de lautre an*** IU³) ***ne soi*** (***nostes*** C) PKN,(I)U³C. La classification semble parler en faveur de la première leçon; mais on ne peut pas s'y fier, puisque OH forment groupe (v. p. 65).

2, 6: ***est si ales dame*** (***qui or est si a.*** IU³) *de mal empis* T²M;IU³,H — ***mest si tornez du tot*** PK NO,C. La leçon de IU³ est fautive en elle-même (v. pp. 54—5) et peut donc être regardée comme une altération de celle de C. La classification parle pour la leçon de T²MH.

2, 7: *kil mest auis* T²M;O,C,H — *ce* PKN,IU³. La première leçon est la bonne.

2, 8: *atart aues **dame** cest consell pris* T²;PKN,IU³C — ***amoi*** M; ***vers moi*** O,H. Cf. p. 65.

3, 8: ***dun** bel vallet* T²M;K(O),IU³C,(H) — ***du*** PN. La première leçon est la bonne. Probablement la source de PKN avait *du* pour *dū*.

4, 1: ***Dame** fait il iai bien oi parler* T²M;PK(N),(H) — ***Certes** (**Par deu** IU³C) **dame*** O,IU³C. La classification parle en faveur de la première leçon; cf. ci-dessus *1574*, 2, 3.

4, 1: *iai bien oi* T²M;PKO,IC,H — *ia* N,U³. La première leçon est la bonne; *ia* de U³ n'est sans doute qu'une variante dialectale *(a* pour *ai)*.

4, 3: ***troies*** T²;IU³C — ***troie*** M;PKNO,H. Variante de langue dans T²,IU³C.

4, 3: ***rai** iou oi (**roi** . . . ia H) conter* T²M;O,H — *ai* PKN,IU³(?)C. La classification semble parler en faveur de la première leçon.

4, 5: *or ni puet **on*** T²;PKNO,IU³C, — ***len*** M;H. La variante de M,H est rejetée par la classification des mss.

4, 5: *or ni puet on fors **les plaices** trouer* T²(M);PKN,(H) — ***la place*** O,IU³C. La classification appuie la première leçon.

5, 8: *apor mamor **ioste** (alait por moi **iosteir** C)* T²M;C,H — ***plore*** PKNO,IU³. V. p. 59.

1623 (Group. rég.: T²Me;U²C)

1, 3: ***gens** de male guise* T²;U²C — ***gent*** Me.

1, 7: *ie **nen** chantai ke dune* T²M;(C) — ***ne*** e;U².

1859 (Group. rég.: T¹Ma;C)

1, 1—2: *Voloirs de faire chancon/* **mesmuet** T²a — *me muet* M;C.

1960 (Group. rég.: T²MR¹;PKNOU²)

1, 3: *et* T²R¹;U² — *si* M;PKNO. La classification appuie la première leçon.

1, 3: **aceli** T²;U² — *a cele* MR¹ [*madame* PKNO].

2, 5: *en voisies* T²MR¹;N — **renuoisiez** PK,OU². N a changé la leçon de O.

3, 4: **chis** (*cist* M;N,O; *ci* U²) *dols espoirs* T²M; (N)O(U²) — *cilz* R¹; *cil* PK. La classification appuie la première leçon. Cf. p. 46.

3, 4: *chis dols* **espoirs** T²M(R¹);(PK),O — **pensers** N,U². La classification appuie la première leçon.

4, 1: *non por quant* T²M;U² — *ne* R¹;PKNO.

5, 4: *nus naroit pooir de deservir* T²;NK — *del* MR¹; P,OU². La classification appuie la dernière leçon.

5, 5: *la voil boinement obeir* T²;PKNOU² — *li* MR¹. La dernière leçon est la bonne; l'autre s'explique par l'influence du verbe transitif *voil*.

6, 1—2: *riens ne puet auanchier/ tant com amors celui ki ali bee* T²;(U²) — *alui* MR¹. La première leçon est la bonne.

6, 3: *entendes* (+ *i* M) **siert** *vostre honors doblee* T²M — *ici ert* R¹; *iciert* U². Erreur orthographique (acoustique?) de la part de R¹ et U².

Nous représentons graphiquement par le tableau suivant la filiation des mss. ainsi établie:

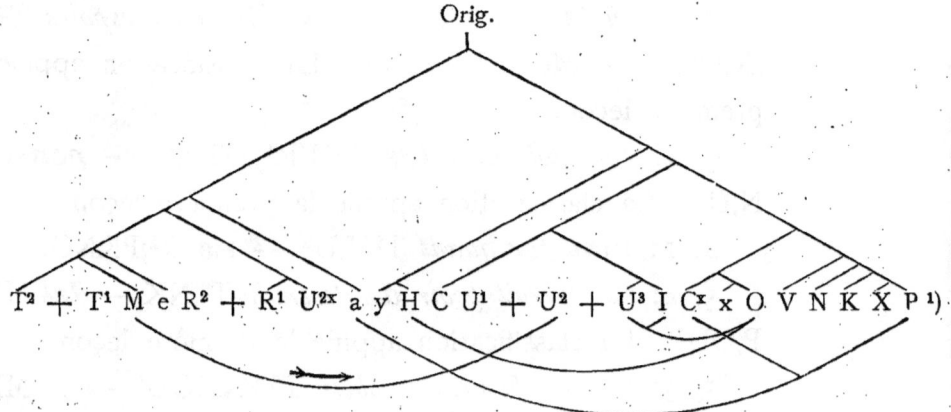

Nota. Les „contaminations" sont indiquées par les courbes reliant les lettres par-dessous.

---

[1]) Notre classification diffère donc de celle de M. Schwan (Afr. Lhs.) par les points suivants: 1:o) division en *deux* groupes principaux (Schwan: s^I = T^2—a, v. p. 72; s^{II} = O—P, v. p. 171; s^{III} = H—I, v. p. 222); 2:o) groupement C—I + O—P contre H (Schwan: H + C—I contre O—P, v. pp. 222 et 171); 3:o) groupement T—R^2 contre a (Schwan: TM contre R^2a; v. p. 86); 4:o) groupement TMe contre R^1 fixé (cf. Schwan, p. 72); 5:o) existence des mss. U^{2x} et C^x; 5:o) place des nouveaux mss. x et y; 6:o) indication précise de quelques contaminations.

La filiation des mss. établie, la manière de restituer le texte est clairement indiquée: si l'on a à choisir entre deux ou plusieurs leçons égales quant à leur valeur intrinsèque, il faudra toujours adopter la leçon donnée par des mss. qui ne constituent pas un groupe contre les autres mss.; ainsi *15, 2, 2 dafiement* R^1U^{2x},PXKN est à choisir contre *dafaitement* T^2M. Mais si chaque leçon est donnée seulement par *un* groupe de mss. ou un simple ms., le choix devient plus arbitraire; il faut alors tenir compte de la valeur générale des mss. en question. Cette valeur ne peut naturellement être fixée qu'à l'aide d'un examen minutieux des leçons présentées par les différents groupes de mss. Voici les résultats que donne l'examen de nos chansons, fait selon ces principes.

$T^2T^1Me, R^2R^1U^{2x}$ + a contre $PXKNV, OxC^x; IU^3$
U^2U^1C + Hy

1125, str. 1—2 et 6 (T^2MR^2 + *a contre* $PXKNV, OxC^x$ + *Hy*)

$PXKNV, OxC^x$, Hy donnent la fausse leçon dans trois cas: 1, 5; 1, 8 et 6, 4 (v. p. 62).

Il existe en outre un cas où le choix nous paraît douteux en lui-même:

6, 5: ***saichies chil*** (*sil* R^2) ***sont trop honi ki niront*** T^2MR^2a — ***bien sont honi*** (*aunit siont* Hy) ***tuit cil qui remanront*** PXKNV, Hy (OC^x: *certes tuit cil sont honi qui niuont*).

Les leçons parlent, comme on le voit, en faveur du groupe T^2MR^2 + a contre le groupe $PXKNV, OxC^x$ +

Hy, et nous devons par conséquent préférer la leçon de T²MR²a à celle de PXKNV (ou à celle de Hy) aussi dans le seul cas douteux (6, 5).

Il s'ensuit en outre de ce que nous venons de constater qu'il faudra toujours, quand le sens le permet, préférer une leçon donnée par le groupe T²T¹Me,R²R¹U²ˣ + a, à chaque partie isolée du groupe formé par le reste des mss. Les cas les plus importants sont: T²MR² + a contre PXKNV,OxCˣ *(1125, 4 et 5)* et T¹M + a contre C *(1859, 1—3)*. Dans le premier cas les leçons parlent, il est vrai, *contre* le choix du groupe T²MR²a, mais cependant pas assez pour nous autoriser à rejeter ce choix [1]).

T²T¹Me + R²R¹U²ˣ contre a

1125, str. 1—2, 4—6 (T²M + R² contre a)

T²MR² donnent la fausse leçon dans un cas: 5, 2 (v. p. 43)

a donne la fausse leçon dans onze cas, constatés déjà par la classification des mss.: 1, 5 (v. p. 67); 1, 6 (v. p. 65); 2, 2 (v. p. 64); 2, 3; 2, 5; 4, 7—8; 5, 2 (bis; v. p. 68); 6, 2; 6, 3 (v. p. 68); 6, 6.

Si donc, dans tous les cas excepté un, T²MR² donnent la bonne leçon contre a, il faut préférer, autant que possible, une leçon donnée par les groupes T²T¹Me et R²R¹U²ˣ à toute autre leçon. Les principaux cas sont:

---

[1]) Nous croyons pouvoir nous dispenser de prouver par des indications complètes toutes les assertions qui ne font que *confirmer* la justesse de notre division.

$T^2M + R^1U^{2x}$ contre PXKN *(15, 1—3)*, $T^2M + R^2$ contre PXKNV,OxC^x *(1125, str. 4, vv. 7—8)*; $T^2M + R^1$ contre PKNOU^2 *(1960, 1—5)* et $T^2M + R^1$ contre U^2, *(1960, 6)*. Pour ces cas, excepté le troisième, les preuves ne manquent pas. Quant au troisième cas ($T^2M + R^1$ contre PKNOU^2), on est en présence d'une certaine contradiction: T^{2}MR^1 donnent trois fois la fausse leçon (3, 4; 4, 2 et 4, 3; v. pp. 40—1), tandis que nous ne pouvons constater aucune faute certaine pour le groupe PKNOU^2. Il y a cependant cinq cas que nous regardons comme douteux:

2, 5: v. p. 72.

3, 3: *me doinst (doit* R^1) T^{2}MR^1 — *motroit* PKNOU^2.

4, 1: *ades* T^{2}MR^1 — *toz iorz* PKNOU^2.

4, 3: *ke* T^{2}MR^1 — *car* PKNOU^2.

4, 4: *il est en haute amor assis* T^{2}MR^1 — *sest* PKNOU^2.

Rien ne prouve donc qu'il y ait là une véritable contradiction: peut-être la leçon de T^{2}MR^1 est-elle la bonne précisément dans ces cinq cas.

$T^2T^1M + e$ contre $R^2R^1U^{2x}$

629 ($T^2 + e$ contre R^1)

T^{2}e ne donnent qu'une seule fois une leçon, sinon fausse, du moins suspecte: 3, 5 (v. p. 38).

R^1 donne la fausse leçon dans huit cas au moins:

1, 5: *autres messaigiers* T^2 *(autre messagier* e*)* — *autre* R^1. V. p. 67.

2, 2: ***corgex*** T², ***orgiex*** e — ***que orguelz*** R¹. La dernière leçon a une syllabe de trop.

2, 6: ***con*** T²e — ***que on*** R¹. R¹ a une syllabe de trop.

3, 6—7: ***ne por quant sele moblie/ nel oublierai ie mie*** T²e — ***et non pour quant ce moublie/ ne moublirai*** R¹. Outre *ce* pour *se*, R¹ donne *moublirai*, qui n'a pas de sens.

4, 1: R¹ a omis un mot nécessaire.

4, 4: ***saucume (saucune*** e) ***pities lemprent*** T²e — ***se aucune pertie (?)*** R¹. R¹ a une syllabe de trop et a en outre estropié le mot *pitié*.

6, 2—3: ***mais sa (la*** e) ***beautes mest garans/ de ma dame*** et ***la samblance*** T²e — ***a*** R¹.

7, 2: ***aim*** T², ***ainc*** e — ***ai*** R¹. Il s'agit du verbe *amer*.

Les cas douteux que nous rencontrons (1, 2; 4, 2; 6, 6; 7, 1) ne changent rien à l'état des choses: T²e sont à préférer à R¹. Par conséquent une leçon donnée par les groupes T²T¹M et e a plus de valeur que toute autre leçon. Il ne peut être question que de T² Me contre U²C *(1623*, str. 1, 2 et *4)*, et là en effet le groupe T²Me est de beaucoup supérieur au groupe U²C.

T²T¹ + M contre e.

1128 (T² + M contre e).

e seul donne des fautes certaines:

1, 6: ***sele*** T², ***se*** M — ***seele*** e. La dernière leçon a une syllabe de trop.

2, 3: *tolu maves la vie* T²M — *tolue mas* e. La seconde personne du pluriel est exigée par analogie avec v. 2: *vous* etc.

2, 5: *la maues fait penser* T²M — *kil[a] mas* e. V. le cas précédent.

3, 5: *ausi* T²M — *ansi* e. Le mot *ansi*, qui est ici à la rime, s'y trouve aussi 4, 5 (T²Me).

5, 1—2: *Ml't est la terre dure/ sans eue et sans humor* T²M — *seue et sans amor* e.

Il existe encore quelques cas douteux: 1, 7; 3, 2; 5, 3.

1623, str. 1—2, 4 (T² + M contre e)

T²M présentent trois fois la fausse leçon, constatée comme telle déjà par la classification des mss. (1, 7; 2, 7; 4, 6; v. p. 37).

e donne, d'après la classification des mss., cinq fois la fausse leçon (1, 3; 2, 2; 2, 4; 2, 5; 2, 8). Cas douteux:

1, 7: v. p. 71.

2, 1: *Sinest pas drois* T²M — *Ce* e *(Il U²C).*

2, 2: *et vous dirai* T²M — *si* e *(et se dirai U²C).*

2, 3: *car se on fait* T²M — *por ce sen* e (U²C diffèrent).

2, 4: *doit il desplaire* T²M — *ce* (?) e (U²: le mot manque, C: *ken afiert il).*

4, 3: *non por quant* T²M — *ne* e (U²C diffèrent).

1837, str. 3 (T² + M contre e)

e seul donne des fautes certaines:

3, 2: *li irai ie dont samor demander* T²M — *et irai ali por merci* e. La dernière leçon donne une syllabe de trop.

3, 3: *tel sont li vsaige* T²M — *teus est li vsages* e. La rime est en *-age*.

3, 4: *con ni puet mais sans demant riens trouer* T²M — *conne done mais riens sans demander* e. *demander* est déjà à la rime 3, 2.

Il existe un cas douteux: 3, 3 *(oil* T²M — *oie* e*)*.

Il ressort clairement de tout cela que T²M donnent de meilleures leçons que e. Il faudra donc aussi préférer les leçons de T²T¹M à celles des autres mss., quand le sens et la classification le permettront. Les principaux cas dont il s'agit sont: T²M contre OxC˟ *(1125, str. 3)*, T²M contre XKNOU² *(1314. str.* 1—2, 4, 5b—6*)*, T²M contre U² *(1314, str. 3)*, T²M contre C *(1420, str.* 1—3*)*, T²M contre PKNO,IU³C;H *(1574, str.* 1—5*)*, T²M contre IU³C,H *(1574, str. 6)*, T¹M contre a *(1859, str. 4)*. Pour ces cas la préférence du groupe T²T¹M se démontre facilement; il n'y a que le cas où T²M se trouvent en opposition avec le groupe PKNO,IU³C;H *(1574,* 1, 7; 3, 2; 3, 7; 5, 1; 5, 3; 5, 4*)* qui ne présente que des leçons équivalentes. Il faut donc pour ce cas s'en remettre à ce que nous venons de constater.

T²T¹ contre M

Avec omission de tous les cas où T²M et T¹M ont des fautes en commun, on peut constater les faits suivants:

T donne trente et une fois la fausse leçon démontrée comme telle déjà par la classification *(15,* 3, 1; *1125,* 1, 4; 1, 6; 3, 2; 5, 7 [v. p. 68]; 6, 3 [v. p. 68]; *1128,*

4, 6; *1314*, 2, 3; 4, 4 [v. p. 69]; 6, 2; 6, 4; 6, 5; *1574*, 1, 7; 2, 2; 3, 1; 3, 7; 4, 3 [v. p. 71]; 4, 7; 5, 1; *1623*, 1, 5; 2, 7; 3, 8; *1859*, 2, 8; 3, 3; 3, 9; *1960*, 1, 5; 1, 6; 2, 1; 2, 4; 5, 4 [v. p. 72]; 6, 3). En outre on a les cas suivants:

1128, 1, 1: V. p. 69.

1325, 1, 9: **frere** T² — **fiere** M.

1420, 3, 8: la leçon de T² est trop courte d'une syllabe.

1859, 2, 4: **ametu** T¹ — **amentu** M *(ramentut* a,C).

1960, 5, 5: V. p. 72.

En somme: trente-six cas.

M donne vingt-cinq fois la fausse leçon démontrée comme telle par la classification *(15*, 1, 2 [v. p. 66]; 1, 7; 2, 1 (bis); 2, 3; 3, 4; 3, 5 [v. p. 42]; *1125*, 3, 5; 5, 7; *1128*, 1, 6; *1314*, 1, 2 [v. p. 69]; *1420*, 3, 2; 3, 4; *1574*, 2, 8 [v. p. 65]; 3, 3; 4, 5 [v. p. 71]; *1623*, 2, 8; 4, 5; 4, 6; *1859*, 3, 1; 4, 11; *1960*, 1, 3 [v. p. 72]; 1, 5 [v. pp. 63—4]; 3, 5; 5, 2). En outre on a le cas suivant:

1960, 6, 2: V. p. 72.

En somme: vingt-six cas.

D'après cet examen, M paraît donc être le meilleur de nos mss., et il faut le suivre aussi pour les cas douteux où on a à choisir entre les leçons de T² ou T¹ et celles de M: *1314*, 2, 4; 4, 7; *1325*, 1, 5; *1420*, 3, 4; *1574*, 5, 1; *1623*, 1, 3; *1837*, 2, 1; *1859*, 1, 2; 5, 11; *1960*, 1, 3. Cela veut dire, en d'autres termes, que nous prenons M pour base de notre texte. Nous ne nous en écartons que quand la classification des mss.

ou le sens de la leçon nous y oblige. Ce sont, outre les vingt-six cas que nous venons d'indiquer, les suivants:

a) à cause de la classification des mss.: *15*, 1, 6; 2, 2; *1125*, 2, 8 (v. p. 67); 6, 2 (v. pp. 42—3); *1623*, 1, 7 (v. p. 37); 2, 7 (v. p. 37); 4, 6 (v. p. 37); *1859*, 1, 10 (v. p. 38); *1960*, 1, 2 (v. p. 64); 1, 5 (v. pp. 63—4).

b) à cause de la leçon elle-même:

1125, 3, 6: **mort glorieuse** T^2M *(:-euse)* — **angoisseuse** O (x: *et engoisse;* C^x: *engoisse).* Le mot *glorieuse* est déjà à la rime 4, 6 (T^2MR^2a;PXK,OxC^x. N: *precieuse).* En outre un adjectif exprimant l'idée du pénible va mieux.

5, 1: V. p. 45.

5, 2 (bis): V. pp. 43 et 68.

1314, 6, 1—2: *Qui ces barons empiries/* **cest** *sans eur* T^2M — **sert** $XKNOU^2$. La leçon de T^2M ne donne pas de sens.

6, 3: **vous emprenge pities** T^2M — **leur** $XKOU^2$ (N: *ior).* Il s'agit de „ces barons" (v. 1).

1325: Les vers 1, 8; 1, 9; 1, 11; 1, 12 et 2, 3 sont trop courts d'une syllabe (T^2M); v. pour 1, 11 et 2, 3 plus bas chap. III, § 3, a), α).

1420, 1, 3: **trair** T^2M (: *-ir)* — **mentir** C. Le mot *trair* est à la rime 2, 4 (T^2M,C).

1837, 1, 4: *nus* pour *mis* (T^2M).

1960, 3, 4: V. p. 40.

4, 2: V. p. 41.

4, 3: V. p. 41.

6, 1: V. p. 41.

Pour tous ces cas, excepté ceux de la chanson *1325*, où il nous a fallu reconstruire le texte, la bonne leçon est indiquée par la classification des mss. ou par ce que nous avons dit plus haut de la valeur des leçons en question.

Il nous reste maintenant à établir la valeur des différentes leçons dans les cas où le ms. M fait défaut. Les cas suivants se présentent:

1) *15* str. 4: R^1U^{2x} contre PXKN
2) *15* str. 5 (selon R^1): R^1 contre PXKN
3) *303* str. 1—3 et 5: U^1C contre H
4) *303* str. 4 et *passim:* U^1 contre C
5) *629:* T^2e contre R^1
6) *1125* str. 5, v. 5: PXKN contre OxC^x
7) *1314* str. 5, vv. 5—8: XKNO contre U^2
8) *1314* str. 7: O contre U^2
9) *1623* str. 3: U^2 contre C
10) *1837* str. 3, vv. 5—8: T^2 contre e
11) *1960:* T^2R^1 contre $PKNOU^2$ (à cause de déchirures dans M).

1) *15, str. 4 (R^1U^{2x} contre PXKN)*

R^1U^{2x} donnent deux fois la fausse leçon démontrée comme telle par la classification: *15*, 2, 3 (v. p. 40) et 2, 6 (v. p. 40). En outre on a les quatre cas suivants:

15, 2, 1: V. pp. 41—2.

3, 5: V. p. 42.

4, 1—3: *La fut teis iors (ia ui un iour R^1) que les (ces R^1) dame amoient| de leaul cuer sans faindre* et *(cuer* *loial lamaument* R¹*) sans faucer/* et **ch'r large** *(li ch. loial* R¹*)* U²ˣR¹ — **ces ch'rs larges** PXKN. Il n'y a que la dernière leçon qui soit acceptable.

4, 3—4: *tout donoient/ por* **pris** et **lous** et *par amors amer (los et pris et hounour acheter* R¹*)* U²ˣR¹ — **los et pris auoir de bien amer** PXKN. La leçon de U²ˣ ne peut pas être celle de l'original à cause de *pris et lous* contre *los et pris* R¹ + PXKN; de même celle de R¹ ne peut pas l'être à cause de *acheter* contre *amer* U²ˣ + PXKN. Reste donc la possibilité que PXKN aient conservé la bonne leçon.

En somme: six cas.

PXKN donnent six fois une leçon fautive dans la même chanson:

15, 1, 5: *li (le* R¹*) deduit en sont (soit* R¹*) mien (miens* R¹*) (:-ien)* T²M,R¹U²ˣ — **li deduis en est (ert N) mien** PXKN.

1, 7—8: *ne faice bien/ auchief del tor foloier* **le** *(les* U²ˣ*)* **plus saige** *(saiges* U²ˣ*) (:-age)* T²(M),(R¹)(U²ˣ) — **li plus sage** PXKN.

2, 6: *au poure se tient* **eskieue** et *morne* T²M,(R¹U²ˣ) — **et chiche** PXKN. Il ne peut pas être question „d'avarice" de la part de la dame.

3, 5: V. p. 42.

3, 7: V. p. 67.

4, 5: **or sont il tous et eschars** et *auer* R¹, **mais or sont il eschar chiche** et *auer* U²ˣ — **or sont escharz et chiches** PXKN. La leçon de PXKN présente un hiatus choquant: *chiche(s) et*.

A ces six cas il faut ajouter 3, 1 (bis) et 3, 2, où

rien ne nous empêche d'adopter, selon notre principe exposé plus haut, la leçon de M.

Restent comme cas douteux:

15, 4, 1: **Ia ui un iour** que R^1, **La fut teis iors** que U^{2x} — **un ior fu ia** (**iadis** X) PXKN.

4, 6: *ces dames qui* **pour amour valoient** *(cortoises estoient* U^{2x}) $R^1(U^{2x})$ — **damer se penoient** (**prenoient** X) KNX *(ces ch'rs larges qui tot donoient* P).

Le résultat de cet examen est qu'il vaut mieux préférer, dans la chanson *15*, str. 4, les leçons de R^1U^{2x} à celles de PXKN. Il n'y a d'exception que pour 4, 3 et 4, 4 (v. plus haut). Mais comme, dans les trois cas dont il s'agit (4, 1; 4, 5 et 4, 6), les mss. R^1 et U^{2x} ne donnent pas la même leçon, il nous faut encore établir lequel des deux mss. est préférable. La chose est facile à faire; la leçon de U^{2x} est meilleure dans les trois cas:

15, 4, 1: L'accord partiel entre la leçon de U^{2x} et celle de PXKN *(iors* comme sujet de la proposition) parle pour la première leçon; seulement, il faut probablement lire: *Ja fut* etc.

4, 5: La leçon de R^1 ne peut pas être celle de l'original, parce qu'il y manque le mot *chiche*, que donne aussi bien la leçon de U^{2x} que celle de PXKN.

4, 6: La leçon de R^1 ne donne pas de sens acceptable.

2) *15*, str. 5 (selon R^1) *(R^1 contre PXKN)*.

R^1 donne, outre dans les neuf cas que nous venons de citer pp. 82—4 *(15*, 2, 1; 2, 3; 2, 6; 3, 5; 4, 1; 4, 3; 4, 4; 4, 5; 4, 6), vingt-neuf fois la fausse leçon demontrée comme telle par la classification: *15*, 1, 4; 1, 5; 1, 8 (v. p. 66); 2, 1; 2, 5; 2, 6; 2, 8; 3, 1; 3, 2; 3, 5; 3, 7 (v. p. 67); 4, 2; 4, 7; *1960*, 1, 3; 1, 4; 2, 2 (bis); 2, 3; 2, 4; 2, 5 (bis); 3, 1; 3, 3; 3, 4 (v. p. 72); 3, 4; 3, 6; 4, 1; 4, 2; 5, 2. En outre on a les neuf cas suivants:

15, 5 (selon R¹), 1—2: *Or est amors* **remese** *et faillie/ li faus amant* **lont fet dutout faillir** NKPX — *et* **loiautes** - - - - - **les ont fait defaillir** R¹. Le désaccord entre le sing. *est faillie* et le plur. *les* condamne la leçon de R¹. Cependant la leçon de PXKN n'est pas correcte non plus: le premier vers est trop court d'une syllabe, si l'on n'admet pas l'hiatus *remese et*. Il faut sans doute lire: *Or est amors et remese* etc.

5, 2: *li faus amant* NKPX — *fol* R¹.

5, 3: R¹ manque d'une syllabe.

5, 5: *qua*nt *il* **uueillent** *deceuoir et trair* NKPX — **uouloient** R¹.

1960, 3, 4; 4, 2 et 4, 3: V. pp. 40—1.

4, 1; 6, 2: V. p. 72.

En somme: quarante-sept cas.

PXKN donnent la fausse leçon, non seulement dans les douze cas cités plus haut *(15*, 1, 5; 1, 8; 2, 6; 3, 1 (bis); 3, 2; 3, 5; 3, 7; 4, 1; 4, 5; 4, 6 et 5, 1), mais encore dans les vingt-six cas suivants:

1960 (PKN), 1, 3 (v. p. 72); 1, 3 (v. p. 54); 1, 4 (v. p. 54); 1, 5; 1, 6 (v. p. 54); 2, 2; 2, 3; 2, 4 (v. p. 52); 2, 5; 2, 5 (v. p. 72); 2, 6 (v. p. 53); 3, 1 (bis; v. pp. 53, 54); 3, 3 (v. p. 76); 3, 5 (v. p. 54); 3, 6 (v. p. 54); 3, 7 (v. p. 54); 4, 1 (v. p. 72); 4, 1 (v. p. 76); 4, 3 (v. p. 76); 4, 3 (v. p. 53); 4, 4 (v. p. 76); 4, 4 (v. p. 54); 4, 7

(v. p. 54); 5, 2 (v. p. 54); 5, 5 (v. p. 72).

En somme: trente-huit cas.

Douteux sont: *15*, 5, 6 et 5, 8.

Le résultat obtenu nous conduit à adopter la leçon de PXKN aussi dans ces deux cas douteux, surtout comme ils se trouvent dans la chanson *15*, où R¹ présente plus de mauvaises leçons que PXKN.

3) 303, str. 1—3 et 5 (U¹C contre H)

U¹C donnent dans deux cas la fausse leçon:

303, 3, 6: *ensengne* **lautre gent** U¹C *(:-ens)* — *al* **altra gen** H.

5, 7: *kant* **ceu** *(se C)* **vient** U¹C — *il* H.

H donne la fausse leçon au moins dans les quatorze cas suivants:

303, 1, 3: *et* **ie laim plus que rien qui soit el mont** U¹C — **Er cum eo lam pl' de rien de ces mont** H.

1, 5: *tel desir en* **ai** U¹C — *da* H.

1, 6: **ou tant ou** *plus dex en seit la uerte* U¹C — **Deus tant** *et* H.

2, 3: **cor ai ueu et li** *et sa bealte* U¹C — *que ie ai bien veu* H.

2, 4: *et si sai bien que* **tant a de valor** U¹C — **la a tant** H. La leçon de H est trop longue d'une syllabe.

2, 5: *que ie (ien C)* **doj faire et outrage** *et folor* U¹C — **cuit faire oltrage** H. Hiatus choquant dans la leçon de H.

3, 1: *Ainz que (*+ *ie C) fusse sospris de ceste* **amo**r U¹C *(:-or)* — *ie sui de cest amor apris* H.

3, 3: Ce vers manque dans H.

3, 4: et *si ne sai mie lo mien iuer* U¹C — **savoit bien de lo meillor** H.

3, 6: V. p. 86.

3, 7: et *kant il iue si (+ per C) pert si son sen* U¹C — *isi* H. La dernière leçon contient une césure épique.

5, 2—3: H donne des rimes incorrectes *(-ei, -ai* pour *-ui, -ui)*.

5, 6: *qui de lon tens aprent* U¹C — **longamen apres** H.

5, 7: *uient ou champ as (a C) cox ferir* U¹C — **al colp al champ** H.

Cette liste montre suffisamment qu'il faut choisir la leçon de U¹C dans tous les cas plus ou moins douteux *(303,* 1, 1; 1, 2; 1, 7; 2, 1; 2, 2; 2, 6; 2, 7; 2, 8; 3, 2; 3, 5; 3, 8; 5, 4; 5, 5; 5, 7; 5, 8).

4) *303*, str. 4 et *passim (U¹* contre *C)*.

Pour la str. 4 de *303*, que U¹C donnent seuls, ces mss. sont d'accord, excepté pour le v. 1 (**dolanz** U¹ — *iries* C) et pour le v. 8, qui manque dans C. Dans les autres strophes se trouvent cependant aussi quelques cas douteux, H donnant une leçon divergente:

1, 7: *si con malades* U¹ — *com li* C (H: *cum hom*)

3, 3: *sai bien* **daltrui** *geu enseignier* U¹ — **autrui** C (H manque).

5, 1: **Encor** *deuis* U¹ — **Trestout** C (H diffère entièrement).

5, 5: *si va de moi* **comfait** *del champion* U¹ — **comme** C (H diffère).

5, 7: *uient ou champ* **as cox ferir** U¹ — **a** C (H: *al colp al champ)*.

Pour le choix de la leçon dans tous ces cas, une comparaison des leçons de U¹ avec celles de C devient nécessaire:

U¹ donne trois fois la fausse leçon démontrée comme telle par la classification des mss.: *303, 2, 2 (cele); 3, 8* (bis); en outre on a:

2, 2: *de cui* **ia chante** U¹ — **iai tant ch.** C *(gie ai cante* H*)*. Une syllabe manque dans U¹.

C donne huit fois la fausse leçon:

1) d'après la classification des mss.: *303*, 1, 7 *(la santeit);* 2, 5; 2, 6; 3, 2; 3, 7 (cinq cas).

2) d'après le contenu:

3, 1: V. p. 86. La leçon de C contient une césure épique que nous ne voulons pas admettre (v. chap. III, § 3, a), β)).

4, 8: V. p. 87.

5, 3: **lador** et *desir* U¹ — *la* **dout** C (H donne une leçon entièrement différente). Le sens ne permet pas l'emploi du vers *douter*. (Trois cas)

U¹ présentent un aspect moins altéré, nous le suivrons, sauf pour les cas cités pp. 86 et 88 *(303, 2, 2* (bis); 3, 6; 3, 8 (bis); 5, 7) et en outre 4, 2, où la rime demande une correction.

5) 629: T²e contre R¹.

Nous avons déjà constaté plus haut (pp. 76—7) que T²e doivent être préférés à R¹. La bonne leçon est donnée pour tous les cas.

6) 1125, str. 5, v. 5 *(PXKN contre OxC^x)*.

5, 5: *se loiaute font aceus qui iuont* PXKN — *et leaute portent (loialteis porte* C^x) *ces qui iront* OxC^x. Aucune des deux leçons ne peut être celle de l'original: celle de PXKN renferme une condition qui n'est pas à sa place, celle de OxC^x donne un présent *(portent)* au lieu d'un futur. Il nous faudra donc reconstruire la bonne leçon.

7) 1314, str. 5, vv. 5—8 *(XKNO contre U^2)*

Le ms. U^2 est fautif les trois fois qu'il diffère du groupe XKNO:

5, 5: *si mal dehait bers desi faite sanblance* U^2 — *Dehait libers qui est de tel* XKNO. U^2 donne une syllabe de trop.

5, 7: *po ia ceus nason renne honi* U^2 — *pou en ia nait* XKNO.

5, 8: *puis quil iait fors ses homes possance* U^2 — *por tant quil ait seur* XKNO.

8) 1314, str. 7 *(O contre U^2)*

Les cas douteux y sont au nombre de deux:

7, 1: *Or ai ie dit* O — *uos ai* U^2.

7, 4: *des enfance* O — *tres manfance* U^2.

Pour pouvoir décider entre le choix de l'une et de l'autre de ces leçons, il nous faut comparer les différentes leçons des deux mss. aussi dans les autres strophes de la même chanson:

O présente douze fois la fausse leçon:

1) d'après la classification des mss.: *1314*, 1, 5; 2, 3;

2, 4; 2, 7; 2, 8; 4, 2; 4, 4; 4, 5; 6, 2; 6, 4; 6, 7 (onze cas).

2) d'après le contenu:

7, 2: *si lor anpoise deceu* que **iu aidit** U² — **ie le di** O. La leçon de O contient une césure épique (v. chap. III, § 3, a), β)). La leçon de U² présente d'ailleurs la même faute et a en outre une rime incorrecte (*-it* pour *-i*). (Un cas)

U² présente trente fois la fausse leçon

1) d'après la classification des mss.: *1314*, 1, 1; 1, 2; 1, 3; 1, 7 (bis); 1, 8; 2, 1; 2, 4; 2, 5 (bis); 2, 8 (bis); 4, 2; 4, 3; 4, 4 (bis); 4, 5 (bis); 4, 7; 6, 1; 6, 3; 6, 4; 6, 7; 6, 8 (vingt-quatre cas).

2) d'après le contenu:

1314, 5, 5; 5, 7 et 5, 8 (v. p. 89);

7, 1: *Or uos ai dit* **debarons lasanblance** U² — **desbarons ma** O.

7, 2: V. ci-dessus.

7, 3: **praingne** U² — **preingnent** O. Le pluriel est de rigueur. (Six cas)

Cette liste montre qu'il vaut mieux adopter la leçon de O pour *1314*, 7, 1 et 7, 4.

9) *1623*, str. 3 *(U² contre C)*.

Les cas douteux sont:

vv. 1—2: *Dame lonc tans afait uostre seruise/ la merci deu* **cor** *ne nai mais talent* U² — **or** C.

vv. 3—4: **que mest ou cors une autre amor assise/ que me requiert et alume** U² — **cune autre** *amor mest el cuer si assise/ ke tous li cors men alume* C.

vv. 5—6: *me semont damer sihatement/* et ***iel ferai*** U² — ***iamerai*** C.

Une comparaison entre les leçons de U² et celles de C dans la même chanson donne le résultat suivant:

U² présente quatre fois la fausse leçon.

1) d'après la classification des mss.: *1623*, 2, 4; 2, 5; 2, 7; 4, 5 (quatre cas).

2) à cause du contenu: aucun cas.

C présente onze fois la fausse leçon:

1) d'après la classification des mss.: *1623*, 1, 5; 1, 8 (bis); 2, 4; 2, 5; 4, 1; 4, 2; 4, 5; 4, 6 (neuf cas).

2) d'après le contenu:

1623, 3, 7: ***canli nen a ne orgoü ne faintise*** U² — ***ken moy ne truis*** C. Il ne peut être question que de „l'orgueil" de la dame.

3, 8: C a omis un mot. (Deux cas)

Ce résultat concorde parfaitement avec celui de **4)**: U¹ contre C (v. p. 88).

10) *1837*, str. 3, vv. 5—8 *(T² contre e)*.

Les cas douteux sont:

v. 5: ***outraigex del trouer*** T² — ***de parler*** e.

vv. 6—7: ***se nen*** *doit pas ma dame amoi irer/ mais vers amors* T² — ***ne sen - - - - a*** e.

Une comparaison entre les leçons de T² et celles de e donne le résultat suivant:

T² présente treize fois la fausse leçon:

1) d'après la classification des mss.: *629*, 1, 2; 2, 3;

2, 6; 5, 7; 6, 7; 7, 3; *1128*, 4, 6; *1623*, 1, 7; 2, 7 (bis); 4, 6; 4, 8 (douze cas).

2) d'après le contenu:

1837, 3, 7: *amors ki me **font*** T² — ***fait*** e. Le poète a personnifié l'Amour; le singulier est donc de rigueur. Cf. 1, 1. (Un cas).

e présente vingt-deux fois la fausse leçon:

1) d'après la classification des mss.: *629*, 1, 5 (bis); 2, 1; 2, 2; 4, 2; 5, 1; 6, 2; *1623*, 1, 3; 2, 2; 2, 4; 2, 5; 2, 8 (douze fois).

2) d'après la contenu:

1128, 1, 6; 2, 3; 2, 5; 3, 5; 5, 2 (v. pp. 77—8).

1837, 3, 2; 3, 3; 3, 4 (v. pp. 78—9).

3, 5: *se **io** sui outraigex del trouer* T² — ***gi*** e.

3, 5 bis: Un vers est faussement inséré dans e. (Dix cas)

La leçon de T² est donc à préférer à celle de e pour *1837*, 3, 5 et 3, 6.

11) *1960*, pour les cas où le ms. M manque (à cause de déchirures): *T²R¹ contre PKNOU²*.

Les leçons de T²R¹ doivent être préférées d'après notre examen pp. 75—6.

Nous ne nous sommes occupé jusqu'à présent que des *leçons* des différents mss.; il nous reste à dire quelques mots du nombre et de l'ordre des strophes de quelques chansons, où les mss. ne sont pas d'accord. Nous avons cru nécessaire de traiter séparément ce point, car ce n'est pas dit que tel ms., qui donne de bonnes leçons, n'ait pas interverti l'ordre des strophes ou diminué leur nombre.

Quant au nombre des strophes, le principe à suivre est naturellement de conserver toutes les strophes que le contenu et la classification des mss. ne condamnent pas. Aussi ne rejetons-nous que deux strophes de *15:* la str. 5 de R^1 (str. 4 selon PXKN) et la str. 4 de U^{2x}, et en outre la 8:ième petite strophe de *1314* dans la version de U^2. Pour *15*, str. 5 (R^1), v. pp. 62—3. La str. 4 (d'après U^{2x}) de la même chanson est fausse, non tant parce qu'elle est en désaccord avec la classification des mss. (T^2M, R^1U^{2x} contre PXKN), que surtout parce qu'elle contient une rime (celle en *-er*) qui se trouve autre part dans la même chanson (str. 4; U^{2x}: 3), sans que les deux strophes forment un couple, et parce que le sens de ses deux derniers vers ("je connais une dame dont l'amour me rendrait heureux") ne s'accorde pas bien avec ce que dit le poète str. 3, v. 8: "jamais je n'aurai envie d'aimer". Enfin, la petite strophe de *1314* ne se rattache pas à la chanson par son contenu, d'ailleurs assez obscur[1].

Quant à l'ordre des strophes dans les chansons pour lesquelles les mss. diffèrent *(15, 303, 1125, 1314, 1420, 1623, 1960)*, il est clairement indiqué pour *303, 1420, 1623* et *1960*.

Dans *303* et *1420*, la versification des strophes nous fournit des preuves suffisantes.

Dans *1623*, le sens parle en faveur de l'ordre de U^2C contre T^2Me: str. 3 le poète en finit avec son

---

[1] Nous donnons cette strophe aux *Notes*.

ancien amour, str. 4 il est déjà question du nouvel amour.

Dans *1960* enfin, la classification des mss. nous fait rejeter l'ordre de U^2 (contre T^2MR^1 + PKNO).

Quant à *1125*, nous avons déjà exposé plus haut (pp. 44—5) les raisons qui nous portent à adopter l'ordre de OxC^x (contre celui de T^2MR^2a).

Nous arrivons maintenant à *1314*. Les mss. se divisent de la manière suivante:

U^2: 1. 2. 3. 4. 5. 6. 7.; O: 1. 3.—.2. 5. 4. 6.; XKN: 1. 3.—.2. 5. 4.; T^2M: 1. 2. 3. 5.—.4.

L'ordre des mss. O + XKN est évidemment faux, puisqu'il ne donne la str. 2 de U^2 + T^2M qu'en troisième lieu. Reste donc le choix entre l'ordre de U^2 et celui de T^2M + les str. 6 et 7 de U^2. Par les rimes les six strophes (7 n'est qu'un *envoi*) se divisent comme suit: U^2: aababb; T^2M: aabba[b]. L'un et l'autre ordre est naturellement possible. Le contenu enfin semble permettre les deux manières de ranger les strophes. Si cependant nous donnons la préférence à l'ordre de U^2, c'est parce qu'il nous paraît plus naturel de parler de „ces barons" (6, 1) après les avoir mentionnés auparavant (5, 2).

Pour la chanson *15* les mss. se divisent de la manière suivante:

T^2M: 1. 2. 3; R^1: 1. 2. 3. 4. (5); U^{2x}: 1. 5. 2. 3. —. (4); PXKN: 1. 3. 2. 5. (4).

Comme R^1U^{2x} forment un groupe à part (v. p. 40), on a à choisir entre l'ordre de T^2MR^1 et celui de PXKN. Le contenu ne peut pas décider la question, mais nous choisissons l'ordre de T²MR¹, parce que si, comme nous l'avons supposé plus haut (pp. 62—3), la str. 5 de R¹ a été ajoutée plus tard aux quatre autres strophes, le plus naturel est d'admettre qu'elle a été placée à la suite des autres.

Chapitre III.

Conon de Béthune est-il l'auteur de toutes les chansons qui lui sont attribuées?

Le dernier éditeur des chansons de notre poète, M. Aug. Scheler [1]), n'avait pas essayé de démêler critiquement si toutes les quatorze chansons qui dans un ou plusieurs mss. vont sous le nom de Conon de Béthune, peuvent lui être attribuées. Il s'était borné aux remarques superficielles que voici: il considérait comme „peu probable" que la chanson *2000* fût de Conon, à cause de ce que les interlocuteurs de la chanson (qui est un jeuparti) s'appellent *Bertran* et *Guichart* [2]); quant à la chanson *1960*, il trouvait, on ne sait au juste pourquoi, qu'il y avait „peu de vraisemblance" qu'elle fût de notre poète[3]); la chanson *15* enfin lui était suspecte, sans doute parce que seulement *un* ms (R¹) l'attribue à Conon, mais il

---

[1]) Trouv. belges 1—34.
[2]) V. Scheler, Tr. b. 5.
[3]) V. Scheler, Tr. b. 8.

l'admettait dans son recueil sur l'autorité de M. P. Paris, qui l'avait donnée dans son *Romancero* sous le nom de Conon de Béthune[1]). Les autres onze chansons, il les imprima sans hésitation sous le nom de ce poète, ayant seulement soin d'indiquer, pour les chansons *1125* et *1859*, les attributions divergentes de quelques mss.[2]). M. Scheler ne s'occupait donc ni de la valeur *réelle* des attributions des mss., ni du témoignage résultant des chansons elles-mêmes — excepté, quant au dernier point, pour la chanson *2000*. Même dans ce cas unique il ne parvint pas à une conclusion heureuse: la chanson *2000* ne peut *absolument* pas être de Conon de Béthune, comme nous l'avons déjà dit plus haut (p. 27). Quant aux treize chansons qui restent, nous essayerons de fixer la paternité de Conon à leur égard en les soumettant, sous différents point de vue, à un examen détaillé. Nous rendrons d'abord compte de la valeur des attributions d'auteurs des mss. (§ 1), puis nous chercherons dans le contenu des chansons des indices de leur provenance (§ 2). Au point de vue des faits établis par ce double examen, nous analyserons ensuite la versification des chansons (§ 3), ainsi que leur langue, en tant qu'elle peut nous renseigner sur celle de l'auteur (§ 4). Une conclusion résumera tous les faits acquis (§ 5).

L'orthographe dont nous nous servirons en citant des passages de nos chansons, sera celle du texte ré-

---

[1]) V. Scheler, Tr. b. 17.
[2]) V. Scheler, Tr. b. 1 *(1125)*, 32 *(1859)*; cf. pourtant, pour *1859*, ce qui est dit p. 282.

tabli. L'ordre des strophes est aussi celui du texte. Pour la correspondance des numéros des chansons selon Raynaud avec ceux du texte, v. pp. 36—7.

* * *

§ 1. *Les attributions d'auteurs des mss.*

Il faut d'abord remarquer que quelques-uns des mss. qui nous ont conservé des chansons attribuées à notre poète par un ou plusieurs mss., ne donnent jamais les noms d'auteurs[1]). Nous pouvons donc laisser ces mss. (HIOUVey) entièrement de côté. Pour le reste des mss., nous montrerons leurs différentes attributions d'auteurs par le tableau suivant:

	C	K	M	N	P	R^1	R^2	T^1	T^2	X	a	x
15	—	RM.	GM.	RM.	RM.	CB.	—	—	GM.	RM.	—	—
303	CB.	—	—	—	—	—	—	—	—	—	—	—
629	—	—	—	—	—	CB.	—	—	CB.	—	—	—
1125	CB.	CC.	CB.	CC.	CC.	—	CB.	—	CB.	CC.	CB.	CB.
1128	—	—	CB.	—	—	—	—	—	CB.	—	—	—
1314	—	An.	CB.	An.	—	—	—	—	CB.	An.	—	—
1325	—	—	CB.	—	—	—	—	—	CB.	—	—	—
1420	An.	—	CB.	—	—	—	—	—	CB.	—	—	—
1574	CB.	RF.	[CB.]	RF.	An.	—	—	—	CB.	—	—	—
1623	CB.	—	CB.	—	—	—	—	—	CB.	—	—	—
1837	—	—	CB.	—	—	—	—	—	CB.	—	—	—
1859	CB.	—	GV.	—	—	—	—	GV.	—	—	GV.	—
1960	—	JE.	[Ch.]	GE.	An.	CB.	—	—	Ch.	—	—	—

---

[1]) Naturellement nous ne tenons pas compte des additions en marge provenant d'un temps visiblement postérieur à celui de la fabrication des mss.

An. = sans nom d'auteur.
CB. = Conon de Béthune.
CC. = Châtelain de Coucy.
Ch. = Chevalier.
GE. = Gautier d'Espinais.
GM. = Gilon des Viés Maisons.
GV. = Guillaume le Vinier.
JE. = Jacques d'Espinais.
RF. = Richart de Fournival.
RM. = Robert de Marberoles.

Par ce tableau on voit qu'il n'y a que les chansons *303*, *629*, *1128*, *1325*, *1623* et *1837* qui soient attribuées à Conon de Béthune par tous les mss. non anonymes. Mais il n'y a pas pour cela une certitude absolue que Conon en soit l'auteur. D'abord les attributions du ms. C n'ont pas grande autorité (v. p. 27); donc il n'est nullement sûr que la chanson *303*, attribuée à Conon par ce seul ms., soit vraiment de lui. Puis les mss. MT², qui seuls attribuent les chansons *1128*, *1325* et *1837* à Conon de Béthune, sont apparentés de très près, comme l'a montré notre classification des mss. (v. p. 37), et le copiste de leur source commune aurait pu se tromper. La chanson *1623*, qui serait l'œuvre de Conon d'après les témoignages de C d'un côté et de MT² de l'autre, ne lui appartient pas non plus avec beaucoup de certitude, puisqu'il n'y a pas à se fier aux attributions de C. Reste *629*; mais les mss. R¹T², qui l'attribuent à Conon, appartiennent aussi à un groupe de mss. à part (v. p. 43). Il n'y a donc pour aucune de ces six chansons une certitude absolue qu'elle soit de Conon.

Au contraire la chanson *1125* est bien de notre poète, quoique quatre mss. (KNPX) l'attribuent au *Châtelain de Coucy*, car, comme la classification des mss. nous l'a montré (v. p. 46), les mss. KNPX forment un groupe à part, et les mss. CMR²T²ax, qui attribuent la chanson à Conon, se divisent en deux groupes (MR²T²a et Cx), séparés l'un de l'autre autant que possible (v. pp. 44 et 49). Nous pouvons donc dire avec assez de certitude que la chanson est de Conon. Il pourrait y avoir une fausse attribution seulement dans le cas que la source commune de MR²T²a et de Cx (qui ne serait pas encore l'original) se serait trompée, ou bien que — ce qui est très invraisemblable — les copistes des deux groupes auraient séparément commis la même erreur. Cette chanson *(1125)* est cependant la seule dont nous puissions, sur les attributions d'auteurs des mss., affirmer avec tant de conviction qu'elle soit de Conon.

Pour les chansons *1314* et *1420*, le témoignage des mss. MT² est atténué par l'anonymité des autres mss. *(1314:* KNX; *1420:* C). Car qui peut affirmer que ce soit précisément le nom de Conon de Béthune qui en ait disparu? On ne doit cependant pas, à cause de cette anonymité fortuite de quelques mss., avoir des doutes sérieux sur la provenance des deux chansons, car, pour l'une d'elles *(1420)*, il ne s'agit que du ms. peu sûr C; quant à l'autre *(1314)*, on a affaire à trois des mss. qui ont fait fausse route pour la chanson *1125* et qui d'ailleurs n'attribuent pas une seule chanson à Conon de Béthune. Si donc aussi la chanson *1574*, attribuée à Conon par MT² (et C), porte le nom d'un autre poète *(Richart de Fournival)* dans KN et est anonyme dans P, il n'y a pas pour cela une raison plus forte de ne pas la considérer comme l'œuvre de Conon.

Restent maintenant les trois chansons *15*, *1859* et *1960*, dont il y a peu de chances que Conon de Béthune soit l'auteur, à cause des divergences d'attributions des mss. La chanson *1859* n'est attribuée à Conon que par C, tandis que *Guillaume le Vinier* en est nommé l'auteur par MT^{1}a (formant groupe; v. p. 44). Les chansons *15* et *1960* de leur côté ne sont attribuées à Conon de Béthune que par R^1, tandis que les autres mss. de son groupe (MT^2) attribuent l'une des chansons *(15)* à *Gilon des Viés Maisons* [1]), l'autre *(1960)* à un „*Chevalier*" [2]). Dans les mss. de l'autre groupe (KNPX), la chanson *15* va sous le nom de *Robert de Marberoles*, et la chanson *1960* se trouve sous les noms de *Jacques d'Espinais* (K) et de *Gautier d'Espinais* (N), ou est anonyme (P).

Voici maintenant en quelques mots le résultat auquel nous a conduit notre examen des attributions d'auteurs de nos mss. La chanson *1125* est avec la plus grande probabilité de Conon de Béthune. Les attributions d'auteurs des mss. parlent aussi en faveur de notre poète pour les chansons *1623*, (C,MT^2), *629* (R^{1}T^2), *1128*, *1325*, *1837* (MT^2), *303* (C), et, peut-être avec un

---

[1]) Dans Mi (l'index de M) on lit: *Mesire Pieres des vies maisons*, corrigé par une main moderne en *Mesire Gilles* etc.

[2]) Ce nom de „Chevalier" ne se rencontre dans les chansonniers français qu'à la tête de cette seule chanson, qui se trouve, dans M, entre les chansons de Pierre de Corbie et celles de Gace Brulé, dans T^2, entre une chanson de Gautier d'Espinais (cf. l'attribution de N!) et celles de Conon de Béthune (cf. l'attribution de R^1!).

peu moins de force, pour *1574* (C,MT² contre KNP), *1314* (MT² contre KNX) et *1420* (MT² contre C). Au contraire les chansons *15*, *1859* et *1960* peuvent, d'après les attributions d'auteurs des mss., être tout aussi bien d'un autre poète que de Conon.

§ 2. *Le contenu des chansons.*

Il n'y a que deux de nos chansons dont le contenu nous indique avec certitude — indirectement, il est vrai — qu'elles sont de Conon de Béthune; ce sont les „chansons de croisade" *1125* et *1314*. Ces deux chansons contiennent plusieurs passages auxquels une chanson écrite contre notre poète [1] fait évidemment allusion. Cette chanson est le n:o *1030* de Raynaud *(Maugré tous sains et maugré Dieu aussi)*, conservée par les mss. MT² [2] et attribuée par eux à Monseigneur Huon d'Oisy [3], et qui a été publiée déjà plusieurs fois, en der-

---

[1] La chanson a été écrite contre un trouveur „*Quenes*" qui avait pris part à la troisième croisade, et comme on ne connaît pas d'autre trouveur-guerrier de ce nom, il faut bien admettre que c'est de notre poète qu'il s'agit.

[2] D'après La Borde (Essai sur la musique II, 336), cette chanson se serait trouvée en outre dans le ms. Clairambault, sous le nom de Gace Brulé. Si, comme on a tout lieu de le croire (v. Raynaud, Bibl. de l'Ec. des Ch. XL, 48 sqq; Schwan Afr. Lhs. 7 sqq.), ce ms. = X, La Borde s'est trompé (comme il l'a fait d'ailleurs souvent), car X ne donne pas la chanson en question.

[3] Il ne nous paraît aucunement sûr que cette chanson ait été écrite par Huon d'Oisy, comme l'ont cru, d'après l'attribution des deux mss., tous ceux qui ont édité la pièce. D'abord on trouve à la str. I, v. 5, à la rime en -*ans*, le mot *preechemans* (le ms. T² donne *preemans)*, remontant à *p r æ d e d i c a m e n t u m(?). Or la confusion de -*en* + cons. avec -*an* + cons. est, sauf pour les mots connus (v. P. Meyer, Mém.

nier lieu par M. P. Meyer [1]). Nous lisons dans cette chanson vv. 7—8: [2])

Quant Dex verra que ses besoinz ert grans,
Il li faudra, quant il li a failli.

Ces vers contiennent une allusion évidente à *1125*, 2, 2—4:

Car je ne doi faillir men creatour.
Ki li faura a chest besoing d'aïe,
Sachiés ke il li faura a graignour. [3])

---

de la Soc. de Ling. I, 273 et Haase, Das Verhalten der pik. u. wall. Denkm. pp. 42—8), quelque chose d'extrêmement étonnant chez un poète „picard" (*Oisy* est situé en Artois!), et l'on n'a aucun droit de supposer que Huon n'ait pas employé la langue de son pays (V., pour le passage en question, Haase, l. c. 18 sq., où l'auteur se trompe en attribuant la chanson au Châtelain de Coucy). On est donc tenté de croire que la source commune de nos deux mss. a introduit le nom de Huon d'Oisy sous l'influence de *1314*, 7, 3: *Si s'en prendent a men maistre d'Oisi*. Au fond, ce vers même ne nous semble pas *nécessairement* décocher un trait contre Huon; Conon paraît seulement dire que si quelqu'un est fâché de la tournure violente de sa chanson, la faute n'en est pas à lui seul, car son maitre, le célèbre Huon d'Oisy, lui a appris à chanter de telle façon. Mais il y a encore une autre raison qui nous conduit à priver Huon d'Oisy de la paternité de cette chanson. C'est qu'un historien contemporain de Huon (v. Rec. des hist. des Gaules XVIII, 541) a fixé sa mort à la fin de l'année 1189. Or Conon ne peut être revenu de la Terre-Sainte qu'en 1191 avec le roi Philippe-Auguste, et la chanson en question se rapporte au temps après son retour. Avons-nous maintenant le droit de supposer, avec M. P. Paris (Hist. litt. XXIII, 625), que l'historien se soit trompé? Nous hésitons à le croire, à cause de ce que nous venons de constater par rapport à la langue de la chanson.

[1]) V. Rec. d'anc. textes 367—8. Les autres éditeurs ont été: La Borde (Essai II, 211), P. Paris (Romancero 103 et Hist. litt. XXIII, 625), Dinaux (Trouv. I, 140) et Leroux de Lincy (Rec. de chants hist. franç. I, 116).

[2]) Les citations se rapportent à l'édition de M. P. Meyer.

[3]) Cf. P. Paris, Romancero 103; Scheler, Trouv. belges 268.

On peut comparer en outre:

1030, v. 11: *Or menrez vous honteuse vie ci*

    avec

1125, 3, 7—8: *S'ore i laissons nos anemis morteus,*
             A tous jours mais iert no vie honteuse;

1030, v. 12: *Ne vousistez por Dieu morir joianz*

    avec

1125, 4, 1—2: *Ki chi ne veut avoir vie anoieuse,*
             Si voist por Deu morir liés et joieus;

1030, vv. 17—18: *Mout fu Quenes preus, quant il s'en ala,*
               De sermouner et de gent preechier

    avec

1125, 3, 1—2: *Deus! tant avons esté prou par oiseuse!*
             Ore i parra ki a chertes iert preus.

Une allusion évidente à l'autre chanson *(1314)* se trouve:

1030, v. 21: *Ore est venuz son lieu reconchiier;*

cf. *1314*, 5, 5—6: *Dehait li ber ki est de tel sanlanche*
              Com li oisiaus ki conchie sen ni!

On pourrait rapprocher en outre:

1030, vv. 15—16: *Ja Damediex, qui seur touz est puissanz,*
               Del roi avant et de vous n'ait merci!

    et

1314, 4, 7—8: — — — *Deus est si poissans*
             Ke il se venge a peu de demoranche.

Ces deux chansons *(1125* et *1314)* sont, comme nous l'avons déjà dit, les seules qui, par leur contenu, puissent nous témoigner qu'elles ont été écrites par Conon de Béthune. Quant aux autres, nous verrons que rien dans leur contenu ne parle ni pour ni contre leur provenance de la plume de notre poète.

La chanson *15* est une espèce de diatribe contre l'amour, les femmes et les faux amants. On voit par le vers

„*Por moi le di k'Amors a dechëu*" (3, 5)

que le poète est guidé, dans sa haine contre les dames, par un sentiment tout personnel. Il a pris une résolution énergique:

Ja mais d'amors ne me prendra envie (3, 7). [1])

La chanson *303* est une *chanson d'amour*, dans laquelle le poète dit aimer une dame sans oser le lui déclarer ouvertement. Il a déjà chanté la louange de cette dame; v. 2, 2: *de cui j'ai tant canté*.

La chanson *629* est dans le même style que la précédente. Elle est adressée à un certain *Noblet*[2]) (v. 7, 1). Il y a un *Noblet*, confident des chansons du roi de Navarre (première moitié du XIIIe siècle), mais il pourrait s'agir ici d'une autre personne du même nom. Un *Noblot* est mentionné dans une chanson de Gace Brulé[3]).

La chanson *1128* contient en même temps une excuse et une accusation. Le poète s'excuse d'avoir dit du mal de l'amour, mais il en rejette la faute sur sa dame, qu'il accuse de l'avoir trahi.

---

[1]) Nous éliminons de cette chanson deux strophes pour des raisons exposées plus haut (pp. 62—3 et 93).

[2]) Le ms R¹, dont le témoignage, d'après la classification des mss. (v. p. 38), équivaut à celui des autres mss. (T²e), donne *Robers*.

[3]) V. Scheler, Trouv. belges 275.

La chanson *1325* commence par une déclaration d'amour (str. 1), puis (str. 2) tout change: le poète accuse sa dame de l'avoir envoyé „en Surie" (2, 5) et confesse avoir dit à cause d'elle des choses désagréables aux autres dames.

La chanson *1420* parle également de trahison de la part d'une dame. Le poète espère trouver autre part *„loial amour chertaine"* (1, 7).

La chanson *1574* est un débat très spirituel entre un chevalier et une dame, que le chevalier avait aimée jadis d'un amour malheureux. Maintenant la dame est prête à céder, mais c'est trop tard: le chevalier, la trouvant vieillie, n'en veut plus. La chanson date bien du temps de Conon de Béthune, puisqu'il y est question de deux hommes célèbres de la fin du XIIe et du commencement du XIIIe siècle. L'un, „*li Barrois*" (5, 8), ne peut être autre que Guillaume de Barres, connu pour sa force prodigieuse[1], et qui en 1188 vainquit Richard Cœur-de-Lion dans un combat singulier[2]; l'autre, „*li Marchis*" (5, 7), est sans doute un marquis de Montferrat, le fameux Boniface II (1192—1207), un des héros de la quatrième croisade[3].

La chanson *1623* contient des lamentations sur l'infidélité d'une dame. On a accusé le poète d'avoir dit du mal des dames en général, mais c'est une erreur: il ne

---

[1] Cf. P. Paris, Chron. de France 838, n. 3; Hist. litt. XXIII, 567.

[2] V. Delaborde, Œuvres de Rigord et de Guill. le Breton t. II, l. III, v. 485 sqq.

[3] Cf. P. Paris, Romancero 109.

s'est agi que d'une seule, qui l'avait trompé. Maintenant il en aime déjà une autre, „*le meillour dou roiaume de Franche*" (4, 1). Les deux premiers vers de la chanson sont intéressants:

L'autrier un jour après le Saint-Denise
Fui a Betune, ou j'ai esté sovent.

Ils parlent en faveur de notre poète, mais le témoignage n'en est naturellement pas concluant.

La chanson *1837* raconte dans ses deux premières strophes une petite anecdote: les Français — la reine et le roi son fils en tête — blâmèrent une fois le langage artésien des chansons du malheureux poète (2, 6: *se j'ai dis mos d'Artois*), et cela en présence des „Champenois" et en outre d'une certaine „*Contesse*", „*dont*", comme dit le poète, „*plus me poise*". Dans la troisième (et dernière) strophe le poète se demande s'il osera prier la dame de son cœur de l'aimer. La mention de „la reine" et de „son fils le roi" nous sert à fixer à peu près le temps où a eu lieu cette petite aventure. La reine était, sans aucun doute, la femme de Louis VII, Adèle de Champagne, et son fils — le jeune roi Philippe-Auguste. La scène se passa donc au plus tôt en 1179 (l'année où Philippe-Auguste devint corégent de Louis VII), mais probablement pas avant le mariage du jeune roi (en 1180)[1]. Le fait que le poète fait *si ouvertement* la cour à ladite comtesse — qui n'était, vraisemblablement, autre que la comtesse de Champagne, Marie de France[2], — nous fait

---

[1] V. p. 5.
[2] Cf. p. 5.

même croire que la chanson ne date que du temps après la mort de son mari, laquelle eut lieu en 1181 [1]).

La chanson *1859* est une *chanson d'amour*, où le poète déclare vouloir toujours servir sa dame, malgré sa froideur. Il lance des traits violents contre les „mesdisants", ces personnes mystérieuses à retrouver dans toute lyrique courtoise, qui s'acharnent contre le bonheur des amants. Le trouveur *Gace,* mentionné 2, 3 *(es chans mon signeur Gasson),* n'est sans doute autre que le célèbre poète champenois Gace Brulé, qui, d'après M. P. Paris [2]), a vécu vers la fin du XIIe siècle, donc au temps de notre poète. D'autres, et parmi eux M. Bartsch [3]), ont cru devoir regarder Gace Brulé comme le contemporain du célèbre roi de Navarre († 1253). Si cette dernière opinion est juste, ce que nous ne pouvons décider, la chanson ne peut pas être de Conon de Béthune, qui, selon toute probabilité, n'a plus écrit de chansons d'amour après avoir quitté la France pour la quatrième croisade.

La chanson *1960* contient la déclaration d'un nouvel amour, qui à son tour occupe entièrement l'âme du poète. La chanson est adressée à un *comte de Gueldre (Quens de Guelle* 6, 1). Si elle est de notre poète, il ne peut pas s'agir ici du comte Othon III, connu pour s'être intéressé à la poésie [4]), car il ne régna qu'après

---

[1]) M. G. Paris (Litt. franç. 186 [§ 128]) dit que Conon de Béthune chantait devant Marie de Champagne vers 1182.

[2]) V. Hist. litt. XXIII, 564. M. G. Paris dit, dans sa Litt. franç. 186 (§ 128): „vers 1200".

[3]) V. ZfrP. II, 478.

[4]) V. P. Paris, Hist. litt. XXIII, 619, 685.

la mort de Conon (1229—1271). Nous pouvons naturellement penser à un de ses prédécesseurs.

Après cet examen rapide du contenu des chansons, nous pouvons affirmer encore une fois que rien n'y parle avec certitude pour Conon de Béthune. D'un autre côté rien ne témoigne contre lui; on peut très facilement, au moyen de ce que nous disent les chansons, reconstruire le roman d'amour de Conon de Béthune. Dans les deux chansons de croisade *(1125* et *1314)*, qui, comme nous l'avons prouvé plus haut, proviennent certainement de Conon de Béthune, il exprime sa douleur de devoir quitter sa bien-aimée pour aller en Terre-Sainte. Or dans les chansons *303*, *629*, *1837* et *1859*, le poète nous professe, sur des tons différents, son amour pour une dame, qui pourrait bien être la „Comtesse" de *1837*, I, 7, aux yeux de laquelle le poète n'aime pas à paraître ridicule. Les chansons *15*, *1128*, *1325* et *1420* nous montrent le poète irrité contre la dame de son cœur, qu'il accuse de trahison. Dans la chanson *1325* il dit (2, 4—5):

Mal ait vos cuers covoitous,
Ki m'envoia en Surie!

La trahison serait donc en rapport avec son départ pour la Terre-Sainte! Dans les chansons *1623* et *1960* il est déjà question d'un nouvel amour. Le contenu de la treizième chanson enfin, le débat entre la dame et le chevalier, où il n'est pas question de trahison, mais d'une simple indifférence, ne concorde pas du tout, il est vrai, avec ce qui se comprend des autres chansons, si l'on veut y lire une allusion au roman d'amour de Conon.

Mais a-t-on le droit de le faire? Le débat peut être une pure fiction et ne point faire allusion à un trait de la vie de l'auteur.

* * *

En parlant du contenu des chansons, il faudrait bien dire aussi quelques mots de leur style et essayer de tirer des différences qui se montreraient à cet égard entre les diverses chansons, des conclusions sur leur provenance de Conon de Béthune. Mais une telle tâche nous paraît trop délicate. Il est extrêmement difficile de juger, d'après de si courts échantillons de style, si le même poète a pu, ou non, composer toutes ces chansons. Tout ce que nous pouvons dire se borne à quelques petites remarques. Les deux chansons de croisade *(1125 et 1314)* ont un style à elles, vigoureux et mâle. La chanson *1574* est très spirituellement tournée et vraiment digne d'un maître moderne. Les autres chansons, qui roulent ou sur des déclarations d'amour ou sur des accusations de trahison, ont cela en commun qu'elles nous donnent l'impression d'être en rapport avec la vie réelle du poète, et se distinguent par là avantageusement d'une foule de chansons du moyen âge, qui ne nous offrent que des déclamations subtiles sur un sujet d'amour quelconque, sans rapport sensible avec la réalité. Cet effet avantageux est produit ou par l'insertion de quelques traits „réalistes", comme une petite anecdote dans une chanson *(1837)*, ou l'indication de temps et de lieu au début d'une autre *(1623)*, ou par le ton simple et naturel dont le poète exprime ses sentiments.

Il n'y a que trois chansons *(1420, 1859* et *1960)* dont le style soit moins limpide. La chanson *1420* pèche, non seulement par des allusions très obscures, mais aussi par un langage si contourné à certains endroits qu'il est un peu difficile de croire qu'elle provienne du même auteur que les autres chansons. Quant aux chansons *1859* et *1960,* elles nous montrent un style singulièrement vague et diffus, qui nous fait songer à de pures déclamations, ,,faites sur commande". Pour la chanson *1859*, il faut en outre mentionner l'emploi abondant de la construction périphrastique avec *aller* et un part. prés. (= le gérondif latin en -n d o): 3, 10; 4, 1. 4. 7; 5, 2. 3. 10. Peut-être pourtant cette construction n'est-elle amenée que par le besoin d'avoir un nombre suffisant de rimes en *-ant* (il en fallait vingt-cinq).

§ 3. *La versification des chansons.*

a) *Le vers.*

α) *Le nombre de syllabes.*

Le vers le plus usité dans nos chansons est le vers de *dix syllabes.* On le trouve dans les chansons suivantes, soit à rime masculine, soit à rime féminine:

15, I, 1—2: *Chanter m'estuet, car pris m'en est coraige,*
     Non pas por çou ke d'amer me soit rien
303, I, 1: *Si voirement com chele dont je cant*
1125, I, 1—2: *Ahi, Amours! com dure departie*
     Me covenra faire de le meillour

1314,	I, 2:	*De canchon faire et de mos et de cans*
	I, 5:	*Si en puis bien faire voire vantanche*
1420,	I, 1:	*Tant ai amé c'or me covient haïr*
	I, 5:	*Trop longuement m'a duré cheste paine*
1574,	I, 1—2:	*L'autrier avint en chel autre païs*
		C'uns chevaliers ot une dame amée
1623,	I, 1—2:	*L'autrier un jour après le Saint-Denise*
		Fui a Betune, ou j'ai esté sovent
1837,	I, 1—2:	*Mout me semont Amours ke je m'envoise,*
		Cant je plus doi de canter estre cois
1859,	I, 10:	*Miex aferoit c'on desist en plorant*
1960,	I, 1:	*Au comenchier de ma novelle amor*
	I, 6:	*Ains doit voloir ke par moi soit servie.*

Le vers de *sept syllabes* est aussi assez fréquent. Nous l'avons dans les chansons suivantes:

629,	I, 1—2:	*Canchon legiere a entendre*
		Ferai, car bien m'est mestiers
1314,	I, 1:	*Bien me dëusse targier*
1325,	I, 1:	*Bele, douche dame chiere*
	I, 4:	*Ke se j'ere en Paradis*
1420,	I, 2:	*Et si ne kier mais amer*
1859,	I, 1:	*Voloirs de faire chançon*
	I, 11:	*Leur mesdit et lor envie.*

Le vers de *six syllabes* ne se rencontre que dans la chanson *1128:*

I, 1—2:	*Se rage et derverie*
	Et destreche d'amer.

Enfin, on a le vers de *quatre syllabes* dans la chanson *1325:*

I, 3: *M'a si sorpris* ¹).

On voit par cette énumération qu'il y aurait seulement lieu de se demander pour les chansons *1128* et *1325* si elles sont du même poète que les autres. Les chansons *1125* et *1314*, qui, comme nous venons de le voir, sont avec certitude de Conon de Béthune, donnent des exemples de vers de *dix* et de *sept* syllabes.

---

¹) Les savants n'ont pas été d'accord concernant la vraie longueur de ces vers (au nombre de six). Dans les mss. (T²M) ces vers sont tantôt de *quatre* tantôt de *trois* syllabes, et les différents éditeurs de cette chanson (en dernier lieu Scheler, Trouv. belges 10—11) les ont laissés dans cet état. M. Bartsch, ayant remarqué qu'ils ont besoin d'être rectifiés, propose, dans sa critique de l'ouvrage de Scheler (ZfrP. II, 477), de les ramener tous à *trois* syllabes, sauf dans le cas où le vers précédent finirait par un *e* féminin et que le vers court commencerait par une voyelle: une espèce d'enjambement, en d'autres termes. M. P. Meyer (Rom. IX, 144—5) préfère en faire des vers de *quatre* syllabes, et nous croyons aussi qu'une telle manière de procéder, qui demande moins de corrections, a plus de chances d'être la vraie. Il est plus facile d'admettre qu'un copiste a omis des mots qui lui ont paru superflus, que de croire qu'il en a ajouté un peu au hasard. M. Spies (Unters. über die lyr. Trouvères belges 3) allègue, il est vrai, en faveur de l'arrangement de M. Bartsch, que la structure strophique qu'a rétablie celui-ci, se retrouve assez souvent chez les troubadours provençaux, et que spécialement Bertrand de Born a composé une chanson (v. Thomas, Poés. compl. de Bertr. de Born 125: *Chazutz sui de mal en pena*) dont certaines strophes contiennent les deux rimes correspondant à celles de la seconde strophe de notre chanson. D'après M. Spies, notre chanson ne serait donc qu'une imitation directe du provençal. Quelque séduisante que soit cette argumentation, on peut cependant tout aussi bien supposer que l'auteur de la chanson *1325* ait précisément voulu éviter une répétition de la forme connue en introduisant des vers de *quatre* syllabes. Peut-être un copiste a-t-il raccourci quelques-uns de ces vers justement sous l'influence de la forme provençale.

β) La césure.

La césure, c'est-à-dire le repos régulièrement ménagé dans le corps du vers [1]), se rencontre seulement dans les vers de *dix* syllabes que contiennent nos chansons. Les vers de *sept*, *six* et *quatre* syllabes ne présentent, comme de coutume, pas de césure.

Dans la grande majorité de nos vers de *dix* syllabes nous avons après la quatrième syllabe une *césure ordinaire*, c'est-à-dire une césure après une syllabe portant l'accent. Dans ces cas, ou bien la césure coïncide avec la fin d'un mot, p. ex.

15, 1, 1: *Chanter m'estuet,/ car pris m'en est coraige*,
ou bien elle est placée dans la dernière syllabe d'un mot devant la voyelle finale *(e)*, qui s'élide devant la voyelle initiale du premier mot du second hémistiche, p. ex.

303, 2, 5: *Ke je doi fair/e͡ et outrage et folour*.

Cette césure, qui est celle du français moderne, se retrouve dans toutes nos chansons qui présentent des vers de *dix* syllabes.

Une autre espèce de césure qu'on rencontre après la même syllabe dans quelques-uns de nos vers de *dix* syllabes, est la *césure lyrique*, c'est-à-dire la césure placée après la syllabe posttonique d'un mot paroxyton. Voici

---

[1]) Nous ne pouvons nous décider à adopter la définition du mot „césure" qui dit que la césure est „la syllabe nécessairement accentuée dans le corps du vers" (v. Jeanroy, Orig. de la poés. lyr. 343; cf. aussi 351; n. 2), car par cette définition on parvient à regarder la „césure lyrique", pourtant beaucoup employée, comme une négligence impardonnable de la part du poète (v. Jeanroy, l. c. 345, n. 1).

tous les cas que la classification des mss. nous conduit
à établir comme tels:

    15, 2, 3: *Quant la dame/ se tient cointe et atorne*
         2, 4: *C'est pour faire/ son povre ami dolent*
         2, 6: *Et au povre/ se tient eskieue et morne*
         4, 6: *Et ces dames/ ki cortoises estoient*
   303, 3, 1: *Ains ke fusse/ sorpris de cheste amour* [1])
         4, 2: *Ke me dame/ perchoive mes tormens*.
  1125, 5, 4: *Et les dames/ ki castement vivront*
  1314, 7, 3: *Si s'en prendent/ a men maistre a'Oisi*
  1574, 2, 4: *Ke n'eustes/ piecha cheste pensee*
         3, 1: *Cant le dame/ s'oï si ramponer*
         4, 3: *Et de Troie/ rai jou où conter*
         4, 7: *Ke chil soient/ reté de l'iresie*
         5, 3: *Se j'avoie/ men jovent tout usé*
  1837, 2, 1: *Le Roïne/ n'a pas fait ke cortoise*
  1859, 2, 10: *Cil lor donent/ de mesdire ochoison*
  1960, 5, 3: *K'en poi d'eure/ rent ele tel loier*
         6, 1: *Quens de Guelle,/ riens ne puet avancir.*

Outre des vers à *césure ordinaire* et des vers à *césure lyrique*, nos chansons nous donnent encore l'exemple de quelques vers *sans césure*, avec l'accent sur la quatrième syllabe. Voici les cas peu nombreux qu'il nous faudra admettre:

   303, 1, 2: *Vaut mius ke tou/tes les bones ki sont*
        1, 7: *Si com mala/des desire santé*

---

[1]) La césure lyrique de ce vers n'est pas tout à fait certaine d'après la classification des mss. La césure épique (v. pour cette césure plus bas) que présente un ms. (C) serait également admissible.

3, 7: *Et cant il ju|e, si pert si sen sens* [1]
1314, 7, 2: *Se lor en poi|se, de chou ke jel di* [2]
1420, 4, 3: *Et chil ki di|ent ke i ai mespris*
4, 7: *Et chil ki choi|lent le fausse covine* [3]
1574, 1, 3: *Tant com le da|me fu en sen bon pris* [4].

Une *césure épique*, c'est-à-dire une césure après une syllabe atone *non comptée* dans le vers, n'est constatée dans aucun cas. Elle serait, d'après la classification des mss., tout au plus *possible* dans *303*, 3, 1 (v. p. 114, n. 1), *303*, 3, 7 (v. note 1), *1314*, 7, 2 (v. note 2), ainsi que dans *1125*, 5, 2:

Ki en aumosn|e⁀et en bien fait manront (les mss. KPVa lisent *aumosnes| et*) [5].

[1]) Pour ce vers, la classification des mss. nous permettrait aussi d'adopter une *césure épique* (celle de C ou celle de H).

[2]) Ce cas est douteux, car les deux mss. qui donnent ce vers (OU²) présentent chacun une césure épique, en donnant au second hémistiche une syllabe de plus *(O: ie le di, U²: iu ai dit)*. Comme cependant les deux leçons ne sont pas admissibles en elles-mêmes [*le* de O ne pourrait se rapporter qu'à *me sanlanche* du vers précédent et *le* pour *la* est un picardisme (v. Suchier, Auc. u. Nic.³ 65) que O ne connaît pas; *dit* de U² ne va pas à la rime en -*i* (v. pour la question des assonances plus bas § 3, d)], rien ne nous prouve que l'original ait eu une césure épique. Ce qui nous conduit à rejeter ici cette césure, c'est qu'elle est extrêmement rare dans l'ancienne poésie lyrique de France (v. la statistique de Jeanroy, Orig. 343—5, pour le vers de onze syllabes), et surtout que des exemples sûrs d'une telle césure manquent entièrement dans nos chansons.

[3]) Le vers est rétabli par conjecture; le seul ms. qui le donne (C) ne présente que neuf syllabes *(les fauls couines)*.

[4]) La classification des mss. admet un manque de césure aussi pour *1420*, 2, 3 (d'après C); nous avons préféré la leçon de T²M, qui donne une césure ordinaire.

[5]) La classification des mss. admet aussi une césure épique *1623*, 1, 2:
Fui a Betun|e⁀ou j'ai esté sovent,
car les mss. U²C écrivent le mot *Betune* avec une *s* finale. Cette forme peut cependant certainement être attribuée à un copiste. V. *Betune: -une* chez Jean Bodel (Raynaud, Rom. IX, 243 [v. 463]).

Voici maintenant les conclusions que nous pouvons tirer de cet examen. Nous avons vu plus haut (pp. 101 sqq.) que les chansons *1125* et *1314* sont certainement de Conon de Béthune. Or les vers de ces chansons nous montrent des exemples de *césure ordinarie*, de *césure lyrique* et de *manque de césure* (cas incertain, il est vrai!). Donc toutes les autres chansons peuvent également être de lui; car aucune d'elles ne contient avec certitude une césure épique, et ce serait seulement la présence d'une telle césure dans une de ces onze chansons qui nous ferait douter qu'elle provînt de notre poète.

b) *La strophe*.

Dans la plupart de nos chansons chaque strophe se compose de *huit* vers [1]). Tel est le cas pour les chansons *15, 303, 1125, 1128, 1314, 1420, 1574* et *1623*. Voici les différentes formes de ces strophes de huit vers:

1) 10 a ⌣ 10 b 10 a ⌣ 10 b 10 b 10 a ⌣ 10 b 10 a ⌣

                                                   (15, 1125, 1623)

2) 10 a 10 b ⌣ 10 a 10 b ⌣ 10 a 10 a 10 b ⌣ 10 a

                                                   (1574)

3) 10 a 10 b 10 b 10 c 10 c 10 d 10 d 10 c *(303)*

4) 10 a 7 b 10 a 7 b 10 c ⌣ 10 b 10 c ⌣ 10 b

                                                (1420) [2])

5) 7 a 10 b 7 a 10 b 10 c ⌣ 10 b 10 b 10 c ⌣

                                                 (1314)

---

[1]) Nous ne tenons naturellement pas compte des „envois", d'ailleurs assez rares.

[2]) Cette forme strophique (soit dit par parenthèse) est celle de la chanson de Bertrand de Born: *Ges de disnar no fora oimais matis* (Thomas, Poés. compl. de Bertr. de Born 122). Cf. P. Meyer, Rom. XIX, 13 sq.

6) 6 a ⌣ 6 b 6 a ⌣ 6 b 6 b 6 a ⌣ 6 a ⌣ 6 b

(1128)

Les chansons *629, 1837* et *1960* nous présentent des strophes de *sept* vers. En voici les formes différentes:

1) 10 a ⌣ 10 b 10 a ⌣ 10 b 10 b 10 b 10 a ⌣ *(1837)*
2) 10 a 10 b 10 a 10 b 10 b 10 c ⌣ 10 c ⌣ *(1960)*
3) 7 a ⌣ 7 b 7 a ⌣ 7 b 7 b 7 c ⌣ 7 c ⌣ *(629)*.

La chanson *1859* a des strophes de *onze* vers:
7 a 7 b 7 b 7 a 7 a 7 b 7 a 7 b 7 a 10 b 7 c ⌣.

La chanson *1325* enfin a des strophes de *douze* vers:
7 a ⌣ 7 a ⌣ 4 b 7 b 7 a ⌣ 7 a ⌣ 4 b 7 b 7 a ⌣ 7 a ⌣ 4 b 7 a ⌣.

Il y a une chose dans cette liste qui doit nous frapper. C'est que trois chansons *(15, 1125* et *1623)* présentent absolument la même structure de la strophe. On sait que pour les poètes lyriques de la France (méridionale et septentrionale) il était de règle de ne pas employer plus d'une fois la même forme strophique, et on allait même si loin qu'on ne voulait pas se servir d'une structure strophique déjà connue, si ce n'était pour quelque raison spéciale, comme pour *répondre* à une autre chanson [1]. Dans le nord de la France, cette règle ne paraît pourtant pas avoir été si rigoureusement observée [2], en tant que la même forme strophique

---

[1] V. G. Paris, Litt. franç. 181 (§ 125).

[2] La règle a aussi en provençal été sujette à des exceptions. Ainsi P. Cardinal a écrit deux chansons dans le type *ababaababa;* v. P. Meyer, Rom. XIX, 17. Bertrand de Born nous a également laissé deux chansons de la même forme strophique (8 a 8 a 8 b 8 b 7 c ⌣ 8 b

se répète assez souvent, mais cependant pas, à ce qu'il semble, chez le même poète. Du moins le seul trouveur français des chansons duquel on possède, jusqu'à présent, une édition „critique", le Châtelain de Coucy, n'emploie *pas* la même forme strophique [1]. On serait bien tenté de supposer la même chose pour Conon de Béthune. Il faudrait donc rejeter de la liste de ses chansons au moins deux des chansons *15*, *1125* et *1623*. Nous avons vu plus haut (v. pp. 101 sqq.) que *1125* est certainement de Conon. Quant à *15*, il y a, d'après l'attribution d'auteurs des mss., peu de chances qu'elle soit de notre poète (v. p. 100), mais pour *1623* nous avons (p. 100) supposé qu'elle soit *probablement* de lui. Nous ne nous croyons pourtant pas obligé de rayer *15* et *1623*, et voici pourquoi. Il est vrai que la forme strophique est la même pour les trois chansons, mais les strophes n'y sont pas disposées de la même manière. Dans *1125* elles vont ensemble deux à deux; dans *15* les quatre strophes que les mss. nous donnent [2] sont isolées, chacune ayant ses rimes à elle. Dans *1623* aussi, on n'a que quatre strophes, mais là trois strophes ont les mêmes rimes, tandis que la dernière est isolée; la chanson est probablement incomplète. On pourrait donc croire que Conon de Béthune a essayé d'éviter

---

7.c ⌣; v. Thomas, Poés. compl. de Bertr. de Born 8 et 136. Deux autres chansons de Bertrand de Born (Thomas, l. c. 81 et 84) sont au contraire pour sûr écrites *à dessein* dans la même forme, qui va jusqu'à l'identité des rimes. V. pour une telle identité de rimes aussi Stengel, ZfrP. IV, 102—3.

[1]) V. Fath, Die Lieder des Cast. v. Coucy 29—30.

[2]) V. plus haut (pp. 62—3 et 93) les raisons qui nous ont amené à exclure deux strophes, que donnent une partie des mss.

ainsi une répétition de la même forme strophique, sans cela condamnable.

Excepté ce que nous venons de dire, la liste des différents genres de forme strophique ne peut donner lieu à aucune remarque. La dernière discussion a déjà touché au domaine où nous entrons maintenant.

c) *Le nombre des strophes et leur rapport entre elles.*

Le nombre des strophes n'est pas constant pour nos chansons. Nous voyons d'abord les chansons *629, 1125, 1314* et *1574* avec *six* strophes (plus un *envoi* dans *629, 1125*[1]) et *1314*[2]). Viennent ensuite les chansons *303, 1128, 1859* et *1960* avec *cinq* strophes, la dernière chanson en outre avec un *envoi*. Les chansons *15*[3]), *1420* et *1623* n'ont chacune que *quatre* strophes. Il est vrai que, quant aux deux dernières chansons, un groupe de mss. ne donne même pas plus de *trois* strophes, mais le sens demande les *quatre* strophes, du moins dans *1623*. La chanson *1837* enfin n'a que *trois* strophes, et la chanson *1325* en a seulement *deux*, mais d'une longueur inaccoutumée.

Peut-on tirer de ces faits une conclusion concernant l'attribution des chansons à Conon de Bé-

---

[1]) L'*envoi* de *1125*, qui ne se trouve que dans le ms. C, n'a pas, à vrai dire, l'allure des envois ordinaires, mais nous n'osons pourtant pas l'exclure. Cf. p. 45.

[2]) Un ms. (U²) donne pour cette chanson, après l'envoi, encore une petite strophe de quatre vers, bâtie comme l'envoi. Comme cette strophe se montre, par son contenu, comme une addition postérieure, nous l'omettons dans notre texte. Cf. p. 93.

[3]) V. pour cette chanson pp. 62—3 et 93.

thune? Nous croyons que non. Les chansons *1125* et *1314*, qui sont de notre poète (v. pp. 101 sqq.), ont chacune *six* strophes, et l'on serait donc tenté de regarder ce nombre comme normal. Mais qui nous dit que toutes nos chansons nous soient parvenues intégralement? On sait, au contraire, qu'il y a eu des copistes qui raccourcissaient avec intention les chansons qui leur paraissaient trop longues. Il faut en outre remarquer que précisément les chansons qui ont le moins de strophes ne nous sont conservées que par un petit nombre de mss. Telles: *1325* (T²M), *1837* (T²Me), *1420* (T²M,C) et *1623* (T²Me,UC²). De ces chansons, au moins *1325* et *1623* sont visiblement dans un état imparfait. Dans *1325*, il y a, entre les deux strophes, une certaine contradiction, qui ne s'explique que par une lacune après la première strophe. Dans *1623*, le fait que trois strophes ont les mêmes rimes, tandis que la quatrième est isolée, se comprend seulement, si on admet que deux strophes (rimant avec la str. 4) manquent. Mais aussi, si l'on ne peut pas supposer partout des lacunes, il n'est pas invraisemblable que le même poète ait fait des chansons d'un nombre de strophes différant de celui de *1125* et *1314*.

Passons maintenant au rapport que la répartition des rimes établit entre les strophes. Ce rapport extérieur consiste, pour la plupart de nos chansons, en ce que les strophes vont ensemble *deux à deux*. C'est le cas dans *629, 1125, 1128, 1420, 1574, 1837* et *1960*. Si cependant la chanson a un nombre inégal de strophes *(1128, 1837* et *1960)*, la dernière strophe est isolée avec ses rimes. Nous donnons la chanson *1125* comme type de ce rapport à „coblas doblas":

1125,
{ 1: a ⌣ b a ⌣ b b a ⌣ b a ⌣
2: a ⌣ b a ⌣ b b a ⌣ b a ⌣
{ 3: c ⌣ d c ⌣ d d c ⌣ d c ⌣
4: c ⌣ d c ⌣ d d c ⌣ d c ⌣ etc.

Dans les chansons *629* et *1420* le rapport est cependant un peu plus compliqué. Les strophes paires donnent les rimes des strophes impaires en ordre inverse, soit entièrement:

629,
{ 1: a ⌣ b a ⌣ b b c ⌣ c ⌣
2: c ⌣ b c ⌣ b b a ⌣ a ⌣ etc.,

soit en partie:

1420,
{ 1: a b a b c ⌣ b c ⌣ b
2: b a b a c ⌣ a c ⌣ a etc.

Dans *1859* il y a aussi une répartition à deux. Les strophes paires donnent les deux premières rimes en ordre inverse à celles des strophes impaires, mais à cela il faut ajouter que la chanson toute entière est bâtie sur les rimes de la première strophe:

1859,
{ 1: a b b a a b a b a b c ⌣
2: b a a b b a b a b a c ⌣
{ 3: a b b a a b a b a b c ⌣
4: b a a b b a b a b a c ⌣ etc.

Dans la chanson *1314* il y a six strophes, réparties en deux groupes de trois strophes, qui ont entre elles les mêmes rimes. A cause des divergences des mss. il est assez difficile d'établir avec certitude l'ordre des strophes. Nous croyons cependant, par une raison exposée plus haut (p. 94), pouvoir adopter l'ordre: aababb.

La chanson *1623* nous montre également un groupement de trois strophes rimant ensemble, mais là elles se suivent immédiatement et la quatrième strophe reste seule, sans doute à cause d'une lacune (v. p. 120).

La chanson *303* est assez curieuse. En voici la forme:

    1: a b b c c d d c
    2: c d d e e f f e
    3: e f f g g h h g etc.

On voit que les deux dernières rimes de la première strophe deviennent les deux premières de la seconde strophe, et ainsi de suite. On a donc affaire ici à une „cobla capcaudada"[1]), dont nous ne connaissons ni en français ni en provençal un autre exemple absolument pareil[2]). M. P. Meyer considère cela comme une raison pour que la chanson ne soit pas de Conon de Béthune[3]); mais pourquoi Conon n'aurait-il pas aussi pu faire un essai dans ce genre de versification lyrique?

Il y a enfin deux chansons *(15* et *1325)* dans lesquelles les rimes n'établissent pas de rapport extérieur entre les strophes. Dans *1325* il y a probablement une lacune entre les deux strophes qu'elle contient (v. p. 120). Même s'il n'en était pas ainsi, l'isolement des deux strophes pourrait se comprendre; elles sont très longues, de douze vers, et bâties d'une manière très curieuse (v.

---

[1]) V. Las Flors del Gay Saber p. p. Gatien-Arnoult dans les Mon. de la litt. rom. I, 168 et 236.

[2]) Des exemples de „cobla capcaudada" ou „vers capcoat" se trouvent p. ex. dans la Chrest. prov.⁴ de Bartsch 199, sous le nom de Guillem Figueira, et dans Fath, Die Lieder des Cast. von Coucy 41, 47, 57.

[3]) V. Rom. IX, 148.

p. 117). Mais pour la chanson *15*, le cas est tout différent. Ici nous avons une structure strophique assez simple (v. p. 116), et pourtant les quatre strophes de la chanson sont toutes isolées. Pouvons-nous vraiment croire que Conon de Béthune ait écrit une chanson de cette nature, une chanson dont la structure soit tellement simple? A peine, — mais on connaît tant de fantaisies de poète!

De l'origine des autres chansons, que nous venons de traiter au point de vue du rapport de leurs strophes entre elles, nous ne pouvons naturellement rien dire [1]). Il nous reste à mentionner que toutes les fois qu'une chanson contient un „envoi" *(629, 1125* [2]), *1314* et *1960)*, celui-ci est bâti sur les rimes finales de la dernière strophe, comme l'usage le demandait [3]).

d). *La rime.*

La question qui se présente tout d'abord est celle-c : Conon de Béthune a-t-il admis des assonances ou non Une des plus grandes autorités dans le domaine de l'ancienne littérature française, M. P. Meyer, l'a résolue dans un sens affirmatif [4]). M. P. Meyer avait remarqué que, pour quelques chansons *(1125, 1314, 1420, 1623* et *1837,* auxquelles on peut ajouter *15, 303, 629, 1574* et *1960)*, certains mss.

---

[1]) Pour *303* v. ce que nous avons dit ci-dessus p. 122.

[2]) V. ce qui est dit de cet envoi p. 45.

[3]) Conformément à cet usage, l'envoi de *1960* ne peut conten à la rime le mot *avencier*, comme l'a admis M. Scheler dans ses Trouv belges 10. Il faut adopter la leçon de U² *auancir* (v. p. 41). C Bartsch, ZfrP. II, 477.

[4]) V. Rom. IX, 143—8.

donnent de simples assonances au lieu des rimes. De là il a tiré la conclusion, qui au premier coup d'œil semble très plausible, que si un groupe de mss. donne des assonances, tandis que d'autres mss. ont des rimes, celles-ci ne sont qu'une suite d'améliorations postérieures du temps où la vieille habitude „épique" d'assonance n'était plus en vogue. Nous verrons cependant que cette conclusion est trop précipitée, et qu'on a le plus grand droit de supposer que Conon de Béthune rimait *tous* ses vers.

Parmi les chansons pour lesquelles M. P. Meyer admet des assonances, nous avons *1125* et *1314*, qui, comme nous l'avons vu (pp. 101 sqq.), sont certainement de Conon de Béthune. Il dépend donc de ces deux chansons s'il faut attribuer à Conon de Béthune l'emploi d'assonances ou non. Si une des autres chansons est en oppisition absolue avec ces deux chansons, on a bien le droit de l'exclure totalement du nombre des chansons de notre poète, car quoiqu'il soit possible que le même poète se permette des assonances dans une chanson, mais pas dans une autre[1]), le fait n'est cependant pas *très* probable, si l'on ne veut pas expressément insister sur un *développement poétique* chez l'auteur. Ainsi il se pourrait bien qu'un poète, qui tout d'abord emploie quelquefois des assonances, se mette *plus tard*, sous l'influence d'une habitude générale, à ne faire que des rimes correctes; mais le contraire n'est guère possible.

Revenons maintenant à nos deux chansons.

Dans *1314* nous trouvons les assonances:

---

[1]) Cf. P. Meyer, Rom. IX, 146—7.

1, 1: *ataisir: -ier* U² (T²M;XKNO: *targier*). [Est-ce une assonance?].

4, 3: *aloignies: -ier* U² (T²M;XKNO: *aloier*)

5, 3: *anpirier: -iés* U²

6, 1: *anpiriet: -iés* U² (T²M;XKNO: *empiries*)

7, 2: *dit: -i* U² (O: *di*)[1].

Toutes ces fois, c'est le ms. U² seul qui donne les assonances, et dans trois de ces cas (1, 1; 4, 3; 6, 1) on voit déjà d'après la classification des mss. (p. 73) que les leçons de U² sont nécessairement erronées. De ce fait on peut tirer des conclusions sur les deux cas qui restent (5, 3 et 7, 2). Mais il y a encore une raison qui parle contre une assonance telle que U² la donne à 5, 3. La rime *-ier* appartient pour le même vers au second groupe de strophes. Introduire ici cette rime, ce serait tout simplement détruire la symétrie de la versification voulue par le poète. Y a-t-il après cela aucune vraisemblance que la seule assonance qui reste pour U² (7, 2) ait été dans l'original? Certainement non, surtout si l'on prend en considération que le ms. O, qui donne une rime correcte, est moins corrompu que U². La chanson *1314* a donc été parfaitement bien rimée, et il faudrait corriger 5, 3, donné seulement par le ms. U².

Voyons maintenant *1125*. Les assonances données par certains mss. sont:

3, 7: *honors* OxCˣ: *-ous* (T²M: *morteus: -eus*)

4, 4: *honors* OxCˣ: *-ous* (T²MR²a: *presieus: -eus*; XKNV: *glorieus: -eus*)

---

[1] Pour le second „envoi" de U², nous renvoyons le lecteur aux *Notes*.

4, 5: *soul* C^x: *-ous* (T^{2}MR^{2}a;PXKN,Ox: *sels [= seus]: -eus)*

4, 7: *honneur* R^2: *-eus* (T^{2}M: *eureus;* PXKNV,OxC^x: *amoreus)*

4, 5 et 4, 7 sont à rejeter déjà d'après la classification des mss. Quant à 3, 7 et 4, 4, on ne peut se baser sur la classification des mss. pour rejeter les leçons de OxC^x, mais comme ces trois mss., qui forment un groupe à part, donnent fort souvent des leçons impossibles (v. pp. 49—51), il paraît naturel de ne pas les suivre dans les deux cas mentionnés. Pour le sens on pourrait choisir entre les deux groupes; mais comment croire que Conon de Béthune se soit permis de composer la même année (ou à peu près) (v. chap. IV) deux chansons dont l'une serait rimée d'une manière complète *(1314)*, l'autre au contraire contiendrait quelques assonances *(1125)*? Il faut en outre observer qu'il serait un peu étonnant que Conon de Béthune n'eût pas pu rimer aussi bien que son contemporain [1]) et compatriote [2]), le châtelain Gui de Coucy. Nous soutenons donc que Conon n'a pas employé d'assonances au temps de la troisième croisade. Passons maintenant à l'examen des autres chansons:

15, I, I: *coraige* T^{2}M,R^{1}U^{2x};PXKN: *-aige* (Il faudrait pour le sens le cas-sujet *coraiges;* il s'agit de la construction *il me prent*, qui demande le subst. au cas-sujet; cf. *60*, I, 2: *pris m'en est talens (: -ens)* [3])

---

[1]) V. Fath, l. c. 13.
[2]) V. Fath, l. c. 25.
[3]) V. aussi Tobler, ZfrP. IX, 415.

1, 2: *riens* T²M,R¹U²ˣ;PXKN: *-ien* (le cas-sujet *riens* est exigé par le sens: *d'amer me soit riens*[1]).

1, 4: *biens* R¹: *-ien* (T²M,U²ˣ;PXKN: *bien*)

1, 5: *miens* R¹;PXKN[2]): *-ien* (T²M,U²ˣ: *mien*)

1, 8: *saiges* U²ˣ: *-aige* (T²M,R¹;PXKN: *saige*[3])

2, 1: *se done* T²,U²ˣ, *sadoune* M: *-orne* (PXKN: *se torne*; R¹: *saiourne*)

Pour tous ces cas, excepté pour 2, 1, il s'agit de fautes de déclinaison. Nous abordons par là une autre question (si la chanson n'est pas assez ancienne pour observer les règles de la déclinaison), et la question des assonances tombe d'elle-même. 1, 4 est d'ailleurs démontré fautif par la classification des mss. (v. p. 73). Quant au cas 2, 1, la question reste indécise: la classification ne prouve rien, et le sens permettrait aussi bien *se done* que *se torne*.

303, 3, 6—7 et 4, 2—3: gent (U¹CH): *sen* (U¹CH): *torment* (U¹C): *hardemanz* (U¹C). Les mss. étant d'accord, il faut, si l'on ne veut pas admettre l'assonance, supposer que les mss. ne contiennent pas la leçon originale. En effet, U¹CH appartiennent au *même* groupe de mss. (v. p. 73), et il est bien facile de rétablir des rimes en *-ens*. La désinance *-ens* est demandée par *sens* (au lieu de *sen*); pour *lautre gent* on peut lire *autres gens*, pour *mon torment: mes tormens*.

---

[1]) V. pour cette construction Tobler, Verm. Beitr. 9.

[2]) Les mss. PXKN ont *mien*, mais le sens demande *miens*.

[3]) La construction donnée par PXKN est incorrecte: *li plus sage* pour *les plus sages* ou *le plus sage*, qui est la seule forme possible quant à la rime.

629, 1, 5: *messagier* e: *-iers* (T²,R¹: *messaigiers*). Comme T²e forment un groupe contre R¹ (v. p. 38), le ms. e a ici nécessairement tort.

1420, 4, 2: *cheual* C: *-aus*

4, 7: *couines* C: *-ine*.

Dans ces deux cas le ms. C est seul; on ne peut donc rien conclure. Il faut seulement ajouter que les corrections *chevaus* et *covine* se conforment aussi bien au sens [1]).

1574, 1, 8: *plaisir* IU³C: *-is* (T²M;PKNO: *deuis*; H: *amis)*

2, 3: *trait* IU³C: *-is* (T²M;H: *baillis*; PKN: *entrepris*; O: *trahiz)*

3, 2: *ire* IU³C: *-ie* (T²M: *folie*; PKN,H: *felonie*; O: *marrie)*

3, 4: *deisse* IU³C: *-ie* (T²M;PKNO,H: *die*)

5, 1: *penser* T²;IU³C: *-é* (M;O,H: *pense*; PKN: *garde*)

5, 8: *iosteir* C: *-é* (T²M;H: *ioste*; PKNO,IU³: *plore*)

6, 1: *greveir* IU³C: *-é* (T²M;H: *greue*).

Le cas 5, 8 peut naturellement tout de suite être éloigné, C formant un groupe étroit avec IU³ (v. p. 55 sqq.). Dans les autres cas, ce sont toujours les mss. IU³C seuls (excepté 5, 1, où T² va avec eux) qui donnent les assonances. Or IU³C forment un groupe avec PKNO contre H (v. pp. 59—60), qui tous ensemble forment un

---

[1]) M. P. Meyer, il est vrai, dit (Rom. IX, 148) que *chevaus* „va moins bien au sens que le singulier *cheval*". Nous n'insistons pas; mais alors: est-il bien sûr que le poète ait été si bon styliste à cet endroit?

groupe contre T²M (v. p. 62), d'où suit que, pour les cas
1, 8; 2, 3; 3, 2; 3, 4 et 6, 1, IU³C ont nécessairement tort [1]).
La classification des mss. nous fait aussi rejeter l'assonance donnée 5, 1 par T²;IU³C.

1623, 2, 1: *desconfire* U²C: *-ise* (T²Me: *desconfisse*)

2, 8: *desprisent* U², *prisent* C: *-ise* (T²M: *prise;* e: *mesprise* (?))

3, 2: *panser* U²C: *-é* (T²Me: *atorne*).

Ici de nouveau on ne peut pas tirer de conclusion de la classification des mss.; il faut seulement remarquer que U² et C contiennent beaucoup de fautes dans la même chanson (v. pp. 57—8 et 90—1). Le sens des vers ne dit rien.

1837, 3, 3: *usages* e: *-age* (T²M: *vsaige*). Dans cette même chanson et ailleurs (chansons *629, 1128* et *1623*) le ms. e contient tant de fautes graves (v. pp. 77—9 et 92) qu'on ne doit pas attacher une très grande importance à ses leçons.

1960, 2, 4: *entendement* PKNO: *-ens* (T²MR¹;U²: *entendemens*). La classification des mss. (v. p. 73) montre que la leçon de PKNO est fautive.

Nous avons donc vu que, dans *aucun* cas, ni la classification des mss., ni le sens de la leçon ne nous forcent à croire qu'une seule de nos chansons ait été à l'origine partiellement assonancée, mais nous avons bien constaté que quelques-unes de nos chansons sont, dans tous les

---

[1]) Il est vrai que nous avons basé notre groupement IU³C contre PXKNV,OxCx principalement sur l'existence de ces mêmes assonances (v. pp. 55—6), mais il y a pourtant au moins *un* cas certain (3, 3) où IU³C donnent une fausse leçon à rime correcte. Cf. en outre toutes les „preuves secondaires" pp. 56—7.

mss., parfaitement bien rimées *(1128, 1325* et *1859)*, que *629*, *1574* et *1960* l'ont également été à l'origine, ainsi que, selon toute probabilité, *1837*. Elles peuvent donc toutes être de Conon de Béthune. Faut-il maintenant rejeter *15*, *303*, *1420* et *1623*, parce que nous ne pouvons pas, faute d'assez de mss., décider si elles ont eu des assonances ou non? Il vaut mieux, nous semble-t-il, admettre, en attendant, que les assonances qu'elles contiennent sont des fautes de copiste. Nous avons vu que ce sont surtout les mss. OxC^x et $IU^3U^2U^1C$ qui contiennent de ces fausses assonances. Les copistes des mss. d'où sont sortis ces deux groupes, sont donc probablement ceux qui pour une raison ou pour une autre ont été la cause des erreurs [1].

Regardons maintenant les rimes comme telles. Dans la poésie provençale, c'était, on le sait, une règle absolue de ne jamais employer le même mot ayant absolument le même sens plus d'une fois à la rime de la même chanson, si ce n'était pour provoquer quelque effet voulu par le poète [2]. Pour l'ancienne lyrique française le cas n'est pas le même [3]. Aussi trouvons-nous dans nos chansons beaucoup de rimes *identiques*, assu-

---

[1] Les assonances des autres mss. sont des erreurs à part, provenant probablement d'une prononciation altérée (chute des consonnes finales, etc.).

[2] M. A. Tobler a maintes fois proclamé ce fait dans ses cours à Berlin pendant l'année universitaire 1886—1887.

[3] V. Orth, Über Reim und Strophenbau in der afr. Lyrik, 19; cf. aussi p. ex. Fath, Lieder des Cast. v. Coucy, II, 23 et 38: *grever*.

rées par la concordance de tous les mss. Ce sont les cas suivants:

15, 3, 4 et 7: *fu* (T²M,R¹U²ˣ; PXKN)

4, 1 et 8: *amoient* (R¹U²ˣ; PXKN)

1128, 3, 8 et 4, 8: *li* (T²Me). On a 3, 8: *a li*, 4, 8: *de li*, de sorte qu'on pourrait y voir une différence grammaticale.

1314, 3, 8 et 5, 8: *poissanche* (T²M [U²: *pesance*] + XKNOU²). *Pesanche* se trouve 1, 8 (T²M;XKNOU²).

1420, 1, 1 et 2, 8: *haïr* (T²M;C)

3, 4 et 4, 1: *fis* (T²M;C + C)

1574, 3, 6 et 4, 8: *amer* (T²M;PKNO,IU³C,H)

1960, 3, 6 et 4, 6: *entente* (T²MR¹;PKNOU²)[1]

De ces faits on ne peut certainement pas tirer de conclusion sur l'origine des chansons, puisque la chanson *1314*, provenant avec certitude de notre poète, paraît avoir eu une rime identique. Si Conon de Béthune s'est permis (même une seule fois) cette licence, il nous semble qu'on n'a le droit de rejeter aucune chanson qui en montre davantage. Qui sait cependant si plusieurs des cas cités ne sont pas tout simplement des erreurs de copiste, qu'il nous est impossible de constater! Si on admet en principe qu'un bon poète (et Conon de Béthune l'était pour son temps!) fait rimer plus volontiers deux mots différents que le même mot, nous croyons aussi que nous sommes autorisé, quand les mss. nous

---

[1] Nous ne comptons naturellement pas la répétition, dans *l'envoi*, d'un mot de la chanson, les *envois* ayant aussi dans la littérature provençale pu répéter à la rime les mots à la rime de la chanson; v. p. ex. la pièce de Cercalmont, Bartsch, Chrest. prov.⁴ 47—50.

donnent à choisir entre deux mots, dont l'un est employé déjà à la rime dans la chanson, l'autre pas, d'introduire le mot „nouveau". C'est ce que nous faisons:

1125. 3, 6: *angoisseuse* O(xC^x) pour *glorieuse* T^{2}M (4, 6: *glorieuse* T^{2}MR^{2}a;PXK,OxC^x; *precieuse* N).

1125, 5, 5: *uont* PXKN pour *iront* OxC^x (6, 5: *iront* T^{2}MR^{2}a; *remanront* PXKNV,Hy; *uont* OC^x; v., pour le choix de la leçon de T^{2}MR^{2}a, pp. 74—5).

1420, 1, 3: *mentir* C pour *trair* T^{2}M (2, 4: *trair* T^{2}M;C).

Il ne faut pas confondre avec ces rimes *identiques* les rimes *équivoques*, où, sous un extérieur identique, il s'agit de deux mots différant plus ou moins de sens ou de construction. En voici les exemples:

15, 1, 4 et 1, 7: *bien* (subst. et adv.);

1420, 3, 2 et 4, 3: *mespris* (subst. et pt. p. de *mesprendre*);

1574, 1, 3 et 2, 8: *pris* (subst. et pt. p. de *prendre*);

1623, 1, 8 et 2, 8: *prise* (pt. p. de *prendre* et prés. de l'ind. de *proisier*);

1837, 1, 5 et 2, 4: *franchois* (Français et le français);

3, 4 et 3, 5: *trover* (trouver et composer);

1859, 1, 2 et 5, 8: *covenant* (manière et promesse);

1, 7 et 4, 2: *bon* (adj. et subst.);

1, 8 et 2, 5: *chantant* (gér. et part. prés. employé comme adj.);

2, 7 et 5, 3: *plaignant (en pl. et je vois pl.)*.

La grande quantité de rimes „équivoques" dans la dernière chanson est sans doute provoquée par la nécessité, la chanson étant tout entière bâtie sur les mêmes rimes.

Quant aux rimes, il faut d'ailleurs remarquer que des rimes *riches* voulues par le poète ne se retrouvent dans aucune chanson [1]). Au contraire il faut noter que, dans deux chansons *(1125 et 1837)*, il y a pour quelques strophes une ressemblance entre les rimes masculines et féminines, ressemblance trop visible pour ne pas être voulue. Les str. 3 et 4 de *1125* sont bâties sur les rimes *-eus* et *-euse*, les str. 1 et 2 de *1837* sur les rimes *-ois* et *-oise*. Ici se présentent naturellement quelquefois les rimes qu'on appelle *grammaticales* [2]) *(1125: honteus, honteuse; 1837: franchois, franchoise; cortois, cortoise).*

On ne peut tirer de cet examen des rimes aucune conclusion pour l'origine des chansons.

§ 4. *La langue des chansons.*

Le seul moyen d'obtenir des notions précises sur la langue primitive d'une œuvre littéraire en vers qui ne nous est pas parvenue dans son état original, c'est d'en étudier 1:o) les rimes et 2:o) les mots qui peuvent varier quant au nombre de leurs syllabes suivant les différents dialectes et suivant le temps de leur apparition. On peut aussi, jusqu'à un certain degré, tenir compte de l'aspect général de la langue d'une œuvre, mais on a alors toujours à se demander si telle ou telle forme n'est pas plutôt le fait direct d'un copiste quelconque que celui de

---

[1]) Cf. les observations concernant la rime riche dans la poésie lyrique par M. Freymond, ZfrP. VI, 208 sqq.
[2]) V. Tobler. Versbau 134.

l'auteur. Avec plus de raison on pourrait examiner en détail la syntaxe et le lexique de l'œuvre, mais de ce côté il y a encore trop peu de fait pour qu'on puisse rien prouver avec certitude [1]. Quant à nos chansons, nous croyons devoir nous abstenir complètement d'en étudier la langue en général, parce qu'on voit, par les nombreuses variantes de nos mss., qu'elles ont passé par les mains d'un grand nombre de copistes, et nous savons en outre que nos mss. sont tous (même les plus anciens) d'une époque assez éloignée de celle où vivait notre poète [2]. Naturellement il peut arriver, et il arrive certainement assez souvent, que des mots se conservent à travers les mains des copistes sous leur forme originale. Mais comment contrôler quand cela a lieu? Le chemin le plus sûr est donc de ne prendre en considération que les rimes et le nombre de syllabes des mots.

Avant d'entreprendre l'examen de la langue des chansons sous ces deux points de vue, afin d'en tirer des conclusions quant à la provenance des chansons, il y a lieu de dire quelques mots du dialecte qu'a dû employer Conon de Béthune. Deux suppositions se présentent à l'esprit: ou bien Conon de Béthune s'est servi de son dialecte provincial, c'est-à-dire de *l'artésien*, ou bien il a chanté dans le langage *francien*, qui était celui de la cour de

---

[1] Mentionnons ici que M. Förster (Jahrb. N. F. I, 199) a cru voir dans *defois*, qui se trouve *1837*, 1, 4, un mot propre uniquement au dialecte picard. Les exemples dans le Dictionnaire de Godefroy (s. v. *defois*) montrent qu'il n'en est pas ainsi.

[2] V. pour la date de nos mss. les ouvrages cités de M. Schwan et de M. Raynaud.

France et qui devait plus tard devenir la langue française par excellence. Que le parler de notre poète ait été influencé par quelque dialecte parlé en Flandre ou en Hainaut (nous avons vu p. 7 qu'au temps de la quatrième croisade le comte de Flandre et de Hainaut était le suzerain des seigneurs de Béthune), cela n'est guère probable, parce que rien dans l'histoire de Conon de Béthune ne nous indique qu'il ait longtemps vécu à la cour de Flandre. Pendant la période de 1180—1200 tout l'Artois était d'ailleurs dans les mains de Philippe-Auguste [1]), et de cette période datent probablement les chansons de notre poète (v. chap. IV). Quant au choix entre l'artésien et le francien, il y a dans le contenu d'une de nos chansons, que jusqu'ici tout porte à croire être l'œuvre de Conon de Béthune, une preuve bien forte en faveur de celui-là. Nous lisons *1837*, 1, 5—6:

— *men langage ont blasmé li Franchois*
Et mes canchons, oiant les Campenois,

et plus loin, 2, 3:

Encor ne soit me parole franchoise,

ainsi que 2, 6:

S'il m'ont repris, se j'ai dis mos d'Artois.

Evidemment il faut comprendre par ces passages que le poète parlait le dialecte artésien, et non pas qu'il se servait seulement quelquefois de „mots d'Artois", tout en parlant le dialecte francien. Si donc Conon de Béthune se servait du dialecte de son pays vers 1181 (v. pour cette date pp. 106—7), et que rien ne nous

---

[1]) V. Dareste, Hist. de France II, 96 sqq.

force à croire qu'il ait plus tard appris et employé le dialecte de l'Ile-de-France, il faut bien regarder comme vraisemblable qu'il a composé ses chansons en dialecte artésien.

Voyons maintenant comment ce comportent nos chansons dans cette question de langue. Les chansons *1125* et *1314*, qui, comme nous l'avons vu plus haut (pp. 101 sqq.), sont avec certitude de Conon de Béthune, seront, au cours de cet examen, traitées en premier lieu. Il dépendra naturellement d'elles que nous puissions et devions attribuer à Conon de Béthune un langage artésien ou non.

a) *La rime.*

Nous donnons ici la liste complète de tous les mots à la rime d'après le texte rétabli:

-*age:* *coraige: damaige: usaige: saige (15, 1); eage: pelerinage: folage: voiage: iretage: ombrage: malage: hontage: corage: voiage (1125, 5—7); image: corage: sauvage: boscage: vasselage: sage: desgage: homage (1128, 3—4); eage: parage: message: seignorage: Cartage: sage (1574, 5—6); corage: usage: outrage (1837, 3).*

-*ai:* *trai: sai: ai: dirai (303, 4—5); ai: verai: servirai: esmai (1960, 3—4).*

-*aine:* *paine: chertaine: vilaine: capelaine (1420, 1—2).*

-*anche:* *avanche: mescheanche: sofranche: sanlanche (629, 5—6); vantanche: pesanche: penitanche: Franche: dotanche: poissanche: creanche: demoranche: san-*

lanche: poissanche: cheanche: fïanche: sanlanche: enfanche (1314, 1—7); Franche: dotanche: esperanche: poissanche (1623, 4).

-ans: grans: amans: mescheans: garans: plaisans: joïans: amans (629, 5—7); cans: vaillans: amans: joïans: talans: desirans: dolans: grans: tirans: serjans: garans: poissans (1314, 1—2, 4). V. aussi sous -ens.

-ant: cant (303, 1); covenant: chant: dolant: chantant: plorant: mesdisant: avant: chantant: plaignant: grant: amant: commant: souffrant: atent: doutant: atendant: penant: creant: disant: plaisant: mescriant: plaignant: vivant: couvenant: afïant (1859, 1—5).

-aus: chiaus: saus: chevaus: faus: maus: deloïaus (1420, 3—4).

-é: verté: santé: canté: biauté (303, 1—2); pensé: usé: biauté: passé: josté: grevé: sospiré: volenté: parenté: verité (1574, 5—6); atorné: viuté: biauté: fierté (1623, 4).

-ée: mostrée: née: doblée: pensée (629, 1—2); amée: veée: mostrée: descolorée: pensée: emblée (1574, 1—2); honorée: assamblée: bée: doblée: (1960, 5—6).

-endre: entendre: aprendre: atendre: emprendre (629, 1—2).

-ens: gens: sens: tormens: hardemens (303, 3—4) [1]; talens: obedïens: desdaignans: bienvoillans: entendemens: joïens (1960, 1—2).

---

[1] V. pour ces rimes p. 127.

-ent: *ajïement: dolent: ment: noient (15, 2); gent: soulement: nïent: retenement: prent: talent (629, 3—4); sovent: escïent: laidement: soulement: coment: nïent: entent: gent: talent: esprent: hautement: autrement (1623, 1—3).*

-ente: *entente: atente: entente: repente (1960, 3—4).*

-er: *fausser: amer: aver: borser (15, 4); juer: cler: mater: canter (303, 3—4); amer: mesparler: blasmer: fïer: esprover: defïer: penser: esperer (1128, 1—2); amer: fausser: endurer: recovrer: trover: garder (1420, 1—2); ramponer: gaber: penser: amer: acoler: parler: conter: trover: escuser: amer (1574, 3—4); demander: trover: trover: irer (1837, 3).*

-eus: *preus: honteus: leus* (locus): *morteus: joieus: prechïeus: seus: ëureus (1125, 3—4).*

-euse: *oiseuse: doloreuse: angoisseuse: honteuse: anoieuse: savoreuse: glorïeuse: espeuse (1125, 3—4).*

-i: *di: failli: aussi: li: traï: oï: ensi: li (1128, 3—4); ensi: anemi: menti* (mentivit): *bailli: failli: vi: ni: honi: servi: di: meri: aussi: di: Oisi (1314, 3, 5—7).*

-ie: *vie: amie: signorie: envie (15, 3); oblie: mie: aïe: cortoisie (629, 3—4); departie: servie: mie: baillie: Surie: aïe: chevalerie: amie (1125, 1—2); derverie: folie: fausnie: servie: felonie: vie: perie: prie (1128, 1—2); haïe: folie: Surie: pie: Abeïe: mie (1325, 2); folie: die: envie: mie: seignorie: iresie (1574, 3—4); envie: trecherie: aïe: amie: atachie (1859, 1—5); servie: vie: umelie: amie (1960, 1—2).*

-ien: *rien: bien: mien: bien (15, 1).*

-*ier*: *mestier: chevalier: conseillier: enseignier (303, 2—3); targier: eslongier: esforchier: plaissier: desirier: loier (1314, 1—2, 4); jugier; loier (1960, 5).*

-*iere*: *chiere: entiere: ariere: proiere: fiere: maniere: gueriere (1325, 1).*

-*iers*: *mestiers: volentiers: messagiers: fiers: premiers: desiriers (629, 1—2).*

-*iés*: *croisiés: seriés: vengiés: empirier* (?)[1]: *empiriés: pitiés (1314, 3, 5—6).*

-*ine*: *traïne: saisine: descline: covine (1420, 3—4).*

-*ir*: *escremir: ferir (303, 5); haïr: mentir: coisir: traïr: venir: haïr (1420, 1—2); partir: deservir: obeïr: avancir (1960, 5—6).*

-*ire*: *martire; dire: escondire: ochire (629, 3—4).*

-*is*: *sorpris: Paradis: mis: amis: forfis (1325, 1); mespris: fis: traïs: baillis: fis: mespris (1420, 3—4); païs: pris: Amis: dis* (dies): *devis: vis* (visum): *baillis: lis: pis: pris (1574, 1—2); avis: faillis: esbahis: amis: assis: deservis (1960, 3—4).*

-*ise*: *Denise: guise: aprise: prise: desconfise: justise: mise: prise: servise: assise: faintise: franchise (1623, 1—3).*

-*ite*: *dite: petite: merite: delite: eslite: dite (629, 5—7).*

-*oient*: *amoient: donoient: estoient: amoient (15, 4).*

-*oir*: *dechevoir: voloir: avoir: valoir (303, 1—2).*

-*ois*: *cois: defois: Franchois: Campenois: Rois: franchois cortois: Artois (1837, 1—2).*

-*oise*: *envoise: coise: poise: cortoise: franchoise: Pontoi (1837, 1—2).*

---

[1] Nous n'avons pu corriger cette rime fautive d'une manière satisfaisante.

-on: *raison: campïon: baston (303, 5); chançon: felon: raison: bon: traïson: renon: Gasson: mesproison: bordon: ochoison: larron: sermon: gloton: hom: soupeçon: bon: som: guerredon: fuison: don: pardon: non: garison: semon: cardon (1859, 1—5).*

-ont: *sont: mont (303, 1); manront: vivront: vont: feront: secorront: ont: iront: sont: front: mont (1125, 5—7).*

-orne: *torne: atorne: morne: retorne (15, 2).*

-our: *valour: folour: honour: amour (303, 2—3); meillour: douchour: dolour: Seignour: creatour: graignour: menour: honour (1125, 1—2); humour: jour: flour: amour (1128, 5); amor: aor: folour: mireor (1960, 1—2).*

-ous: *irous: covoitous: vous: plorous: Sofraitous (1325, 2).*

-u (ut): *counut: fu: dechëu: fu (15, 3).*

-ui: *autrui: dedui: anui: sui (303, 4—5).*

-ure: *dure: cure: mesure: droiture (1128, 5).*

Comme on peut le voir par cette liste, les chansons *1125* et *1314* présentent des rimes en *-age, -anche, -ans, -eus, -euse, -i, -ie, -ier, -iés, -ont* et *-our*. De ces rimes, il n'y a que celles en *-anche, -ans, -eus, -i, -ie* et *-iés* qui puissent nous intéresser ici au point de vue phonologique.

1) **-anche, -ans.** On sait qu'une des principales distinctions entre les dialectes picard et francien consistait dans le traitement différent de -en + cons: le picard ne laissait pas, comme le francien, rimer *-en* + cons.

avec -*an* + cons., sauf quelques exceptions assez rares [1]). Or parmi les rimes en -*anche* et -*ans* de la chanson *1314* on n'a que des mots en -antia (-ancia) et -ant + s (-and + s), vu que les mots *penitanche* (pœnitentiam), *vaillans* (*valientes), *joians* (*gaudientem + s), *dolans* (dolentem + s), *serjans* (servientes) et *poissans* (*possientem[?] + s) ont subi l'analogie des mots en -*anche*, -*ans*, [2]) et que *talans* vient directement de talantum + s [3]). Les rimes en -*anche* et en -*ans* parlent donc en quelque sorte contre une provenance francienne de la chanson *1314*.

2) *-ans, -eus, -iés.* Une autre distinction entre les dialectes picard et francien consistait dans le traitement différent de dentale + *s:* le picard ne faisait pas de distinction entre dentale + *s (z)* et *s*, comme le francien [4]). Sur ce sujet les rimes en -*ans* et en -*iés* de la

---

[1]) V. P. Meyer, Mém. de la Soc. de Ling. I, 272 sq.; Haase, Das Verhalten der pik. u. wall. Denkm. 8—48. La carte IX dans le t. I du „Grundr. der rom. Phil." donne une idée très nette de l'étendue de ce trait dialectal.

[2]) V. spécialement pour *penitanche:* Haase, l. c. 45; v. Feilitzen, Ver del juïse XLII; v. Hamel, Car. et Mis. I, p. CXI; Windahl, Vers de le Mort XX; Young, La Vie Saint Gregore 40; pour *dolans:* P. Meyer, l. c. 273; Haase, l. c. 42; v. Feilitzen, l. c. XLII; v. Hamel, l. c. I, p. CXI *(dolans 1314,* 2, 6 peut d'ailleurs être compris comme le part. prés. direct du verbe *doloir);* pour *serjans:* P. Meyer, l. c.; Windahl, l. c. XXI; v. Hamel, l. c. M. Haase (l. c. 48) énumère les mots *joient, puissent, sergent* parmi ceux où le picard aurait substitué *en* à *an;* nous y voyons les formes primitives en -*ent.*

[3]) V. P. Meyer, l. c. Pour l'emploi de *talans* en picard v. Haase, l. c. 43.

[4]) V. Tobler, Aniel[2] XXXI; Förster, Chev. II esp. LIII; Suchier Auc. u. Nic.[3] 64. Gautier d'Arras fait cependant encore cette distinction, mais non plus Jean Bodel; v. p. ex. *Congés,* str. XXV (Raynaud, Rom. IX, 239 sq.).

chanson *1314* ne nous disent rien, *s* étant toutes les fois = t (d) + s [1]. Au contraire on a dans *1125*, parmi les rimes en -*eus* de -osum (-osus), -olus, -ocus, -ales, le mot *preus* (prodem + s).

3) **-eus.** A la rime -*eus* [2] de la chanson *1125* nous trouvons, outre des mots en -osum *(honteus etc.)*, en -od + s *(preus)* et en -ol + s *(seus)*, les mots *leus* (locus) et *morteus* (mortales). Ce dernier rend l'orthographe -*eus* (non -*ous*) nécessaire pour les autres mots [3]. Quant à son orthographe même, on a en picard aussi bien *morteus* que *morti(e)us* [4], et des textes artésiens montrent précisément le développement -alis > -eus [5]. Au contraire la forme picarde ordinaire de locus est *lieus* ou *lius* [6]; *leus* en est une forme essentiellement

---

[1]) Le mot *tirans* = tyrannos *(1314*, 4, 2) ne fait pas exception. Le radical en est *tirant;* v. Scheler, Dict. s. v. *Tyran*.

[2]) L'hypothèse de M. P. A. Geijer (Studier i fransk linguistik 6 sqq.) que *ou, eu* n'auraient désigné que de simples voyelles, ne nous paraît pas être appuyée de preuves suffisantes. Nous nous rangeons donc du côté de ceux qui y voient de véritables diphthongues.

[3]) Si le mot *morteus* (qui ne se trouve que dans les mss. T²M, tandis que OxCx donnent l'assonance *honors*) était dû à la plume d'un copiste, nous pourrions peut-être admettre l'orthographe -*ous* pour les autres mots. Malgré les affirmations catégoriques de plusieurs éminents romanistes (v. G. Paris, Rom. X, 61, note 1; Förster, ZfrP. XIII, 543, note), il nous paraît évident que -*òu*- et -*ŏu*- ont pu rimer ensemble; v. p. ex. *sous* (solus): -*ous* < ŏl + s v. Hamel, Car. et Mis. I, p. CXXIV sq.; *vous* (vos): *fous* (follis) Löseth, Er. vv. 1035—6.

[4]) V. Tobler, Aniel² XXIX; v. Hamel, Car. et Mis. I, p. CXX sqq.

[5]) V. pour les *Congés* de Bodel: Rom. IX, 229; pour *Li Vers de le Mort:* Windahl, l. c. XXIII.

[6]) V. Tobler Aniel² XXVI; v. Hamel l. c.; Windahl, l. c. XXII. Jean Bodel donne *liu: -iu* Cong. 113 (v. Raynaud, Rom. IX, 236).

normande [1]), retrouvable aussi en Champagne [2]). Si cependant nous ne croyons pas devoir considérer *leus* comme une preuve contre le caractère artésien de la langue de cette chanson, c'est parce que la même forme ne paraît pas être tout à fait inconnue aux textes picards en général [3]) et qu'elle se trouve spécialement chez Gautier d'Arras [4]). On peut donc croire que la forme *leus* existait en artésien encore au temps de Conon de Béthune. [5])

---

[1]) V. Meyer-Lübke, Gramm. I, 190 (§ 196).
[2]) V. Förster, Cligès LXIII.
[3]) V. dans *Renart le Nouvel* (écrit à Lille 1288) *osteus: leus*, à côté de *morteus: seus* (s o l u s) (Tobler, Aniel² XXIX). Cf. aussi le *Miserere* du Renclus de Moiliens str. XXXVI, 11, où „le sens du vers et l'autorité des mss." demandent *leu: -eu*, mais où l'éditeur (M. v. Hamel) n'a pas osé garder ce mot (v. v. Hamel, Car. et Mis. I, p. CXXIII; CXXVI, note 7; t. II, 337).
[4]) V. Löseth, Er. *deus* (d u o s): *leus* 3540—1; cf. cependant aussi Löseth, Ille: *lieus: soutieus* (s u b t i l i s) 1673—4.
[5]) Quant à la manière dont s'est développée la forme *leus* (c'est-à-dire: *löus*), nous ne saurions regarder *leus* comme une simple réduction phonétique de *lieus* (v. Meyer-Lübke, Gramm. I, 190 [§ 196]). Un changement direct de *lòus* en *leus* (cf. p a u c u m > *pòu* > *peu*) nous semble bien plus naturel; cf. Bartsch-Horning, Langue et litt. franç. 20; Geijer, Studier i fransk linguistik 19, note 3; Wilmotte, Moyen-Age III, 178, note. C'est une autre question que d'expliquer *lieus*. A cause de la non-existence d'une forme *fieus* (f o c u s), on serait tenté de voir dans l'*i* de *lieus* un son produit d'une manière anormale sous l'influence de la liquide *l* (v. Bartsch-Horning, l. c. 20). Il semble pourtant plus sûr d'admettre un développement (dialectal) l o c u s > *lòus* > *luous* > *lueus* > *lieus (lïus)*; v. G. Paris, Rom. XVII, 623; XVIII, 156; Meyer-Lübke, Gramm. I, 190 (§ 196). Dans f o c u s la labiale *f* aurait empêché le développement de *ueu* en *ieu*; la triphthongue *ueu* se serait réduite en *u* (v. des exemples de *fus.-us* chez Örtenblad, Etude sur le dév. des voy. lab. ton. 74—5). Un développement postérieur de *leus* en *lieus*, par suite de la diphthongaison de l'*e* (v. Tobler, Aniel²

4) *-i.* Parmi les mots à la rime de la chanson *1314*, nous voyons des mots où une dentale à disparu après l'*i*: *menti* (mentivit), *bailli* (*bajuliti), *failli* (*falliti, irr.), *vi* (vidi), *ni* (nidum), *honi* (*haunitum), *servi* (servitum), *meri* (*merītum). On a vu répéter très souvent qu'une telle chute n'était pas propre à l'ancien dialecte „picard", qu'au contraire ce dialecte gardait la dentale non appuyée (et les prétérits en *-ivit* peuvent être associés aux mots à dentale non appuyée [1]) beaucoup plus longtemps que celui de l'Ile-de-France [2]). Cette assertion, ainsi conçue, est cependant erronée. Il n'a pu s'agir que du dialecte picard parlé en Flandre et en Hainaut [3]). Le picard occidental-méridional, et spécialement l'artésien, avait perdu de bonne heure la dentale non appuyée [4]).

XXVI), nous semble impossible. D'abord on ne voit pas ce qui aurait alors empêché que *feus* ne devînt *fieus*. Puis (et c'est notre raison principale) *leus* n'a pas pu donner *lieus*, parce que les mots en *-eus* < -osus, etc., avec lesquels *leus* a pu rimer, n'ont pas donné *-ieus*. C'est que *öu* (noté *eu*) ne se diphthonguait plus en *iöu*.

[1]) V. Meyer-Lübke, Gramm. I, 500 sq. (§ 557); cf. v. Hamel, Car. et Mis. I, p. CXXXIX.

[2]) Tobler, Aniel² XXV; Förster, ZföG. 1874, p. 138; Jahrb. N. F. I, 199; Chev. II esp. XLVIII; G. Paris, Rom. VI, 441; Knauer, Zur. afr. Lautlehre 31; Neumann, Laut- u. Flexionsl. 103; Suchier, ZfrP. II, 275; Auc. u. Nic.³ 60.

[3]) Cf. G. Paris, Alexis 275; Rom. IX, 152.

[4]) V. G. Paris, Rom. VI, 441; Wilmotte, Rom. XVII, 549. Cf. aussi v. Hamel, Car. et Mis. I, p. CXXXIX; Windahl, Vers de le Mort XXV; et pour un temps même antérieur à notre poète: *Eracle* de Gautier d'Arras: *oubli*: *li* 359—60, *merci*: *ci* 4468—9, *tu*: *vertu* 597—8, 763—4, 5724—5 (éd. de Löseth). *Li dis dou vrai aniel* ne s'oppose pas à notre assertion (v. Tobler, Aniel² XXV).

5) **-ie.** Parmi les mots à la rime de la chanson *1125*, il n'y en a aucun où *-ie* soit la forme picarde (wallonne, lorraine, bourguignonne)[1]) de *-iée*. C'est donc en quelque sorte une preuve négative contre la provenance picarde de la chanson. On peut cependant aussi croire que cette contraction n'existait pas (ou du moins que *-ie* de *-iée* ne s'employait pas en rime avec *-ie* de *-i t a)* en Artois au temps de notre poète, car ni Gautier d'Arras (vers 1160)[2]), ni même Jean Bodel (en 1205)[3]) ne donnent des exemples de *-iée* > *-ie* : *-ie* (-i t a)[4]).

6) **-iés.** La rime *seriés* : *-iés 1314* semble prouver que la terminaison *-iés* (impf. et cond.) était monosyllabique. Autrement le mot aurait sans doute dû rimer en *-és*, comme *nient* en *-ent 15, 629* et *1623*. Cela s'accorde avec l'habitude picarde de traiter déjà de bonne heure *-iés* comme une syllabe[5]).

Si nous résumons les faits, nous pouvons dire que les chansons *1125* et *1314* ont dû être écrites en dialecte picard. Pour *1125* parle 2), pour *1314* ce qui est dit sous 1) et 6). Aucune preuve du contraire n'existe.

---

[1]) V. v. Feilitzen, Ver del juïse, XXXI, note 9, 1) (M. v. F. énumère les opinions proférées dès Diez jusqu'en 1883 sur l'étendue et la formation de cette forme contractée).; v. Hamel, Car. et Mis. I, p. CXVIII; Windahl, Vers de le Mort XXII; Bartsch-Horning, Langue et litt. franç. 10, 55; Meyer-Lübke, Gramm. I, 240 sqq. (§ 267).

[2]) Nous avons consulté *Ille et Galeron* et *Eracle* d'après les éditions de Löseth.

[3]) V. Raynaud, Rom. IX, 228.

[4]) Cf. aussi P. Meyer, Rom. I, 205 sq.

[5]) V. Suchier, ZfrP. II, 281; Auc. u. Nic.³ 72.

Comme les deux chansons ont été écrites peu de temps avant la 3:ième croisade, nous pouvons *a priori* dire que la flexion, tant celle des noms que celle des verbes, doit encore être en bon état. Pour certains cas les rimes des chansons peuvent constater ce fait:

1) le cas-sujet sing. des noms masculins a la terminaison -s: *preus, leus, seus 1125; amans, talans, dolans, garans, poissans, vengiés 1314*.

2) le cas-sujet sing. des féminins de la 3:ième déclinaison latine a aussi -s: *desirans, grans, pitiés 1314*.

3) le cas-sujet de la forme neutrale des adjectifs (participes) est sans -s: *meri 1314*.

4) le cas-sujet plur. des masculins des deuxième et troisième déclinaisons latines est sans -s: *menour 1125; anemi, bailli, failli 1314*.

5) la forme du féminin des adjectifs (et participes) de la 3:ième déclinaison latine n' a pas d'*e* analogique: *meillour* (rég. s.) *1125; vaillans* (rég. pl.), *desirans* (suj. s.), *grans* (suj. s.) *1314*.

6) la 1:ère pers. sing. du prés. de l'ind. de *dire* est encore *di* (sans -s analogique) *1314* (bis).

Examinons maintenant les rimes des autres chansons. Quant à la phonologie, les faits suivants se présentent:

1) **-aine.** Dans la chanson *1420* on a *paine* (p o e n a): -*aine* (-a n a). Cette rime est impossible en francien; on la trouve, au contraire, dans le domaine picard[1]).

---

[1]) V. Rossmann, Rom. Forsch. I, 159; Knauer, Zur. afr. Lautlehre 17; Raynaud, Rom. IX, 228; v. Feilitzen, Ver del juïse XCII; v. Hamel, Car. et Mis. I, p. CXIII; Windahl, Vers de le Mort XXI.

2) *-anche.* Cette rime provient uniquement de -antia (-ancia) dans les chansons *629* et *1623*.

3) *-ans.* La voyelle tonique est toutes les fois *a* dans *629*[1]). L's provient de dentale $+$ *s*.

4) *-ant.* Parmi les vingt-cinq rimes en *-ant* de la chanson *1859*, il y a le mot *atent* (attendit). Cette rime parle contre une provenance picarde de la chanson[2]).

5) *-aus.* La rime *chiaus* (ecce-illos): *-aus* (-alices(?), -allos, -alsi, -alos, -ales) dans *1420* est propre au dialecte picard[3]). Cf. 1).

6) *-ens.* La chanson *629* ne présente que des rimes avec un *e* étymologique, preuve négative pour une origine picarde. Une preuve positive est fournie par la rime *sens* (sensum): *-ens* (ent $+$ s)[4]). Dans la chanson *1960*, on a à côté de *entenaemens* (*intendimentum $+$ s) le part. prés. *desdaignans* (*disdignantem $+$ s); *bienvoillans* (bene-*volientem $+$ s) et *joiens* (*gaudientem $+$ s) peuvent, par analogie, avoir *-ans*. *Obediens* (obedientem $+$ s), mot savant, s'écrit en général avec *e*, mais se retrouve aussi avec *a*[5]). Quant à *talens* (talentum $+$ s), les deux orthographes se

---

[1]) Nous admettons naturellement -antem pour *tous* les participes présents.

[2]) V. p. 140. *dolant* (dolentem) *1859*, 1, 6 est possible en picard; v. p. 141, n. 2.

[3]) V. Suchier, ZfrP. II, 275; Auc. u. Nic.³ 66. Dans Gautier d'Arras nous trouvons cependant le développement normal: *deus* (duos): *eus* (illos) Er. 2151—2 (éd. de Löseth).

[4]) V. p. 141.

[5]) V. p. ex. Guischart, Cod. Harl. 4388 (Suchier, Reimpredigt 70).

retrouvent[1]). A cause de *entendemens: desdaignans* la chanson ne peut pas avoir été écrite en dialecte picard.

7) *-ent.* Les chansons *15, 629* et *1623* ne donnent que des rimes avec ĕ, ē ou ĭ étymologiques, parmi lesquelles *talent* (talentum) *629* et *1623* (cf. *talans 1314*). Est à remarquer le mot *nient* (nec-*entem) *15, 629* et *1623*. Cette forme dissyllabique existait en picard[2]).

8) *-ente.* La chanson *1960* ne donne que des rimes avec e étymologique.

9) *-i.* La chanson *1128* admet, parmi les rimes, des mots où une dentale non appuyée est tombée: *failli* (*fallītum, irr.), *traï* (tradītum), *oï* (audītum). De ce fait on ne peut tirer aucune conclusion (v. p. 144).

10) *-ie.* Cette rime, qui se trouve dans les chanson *15, 629, 1128, 1325, 1574, 1859* et *1960*, n'est qu'une seule fois la forme contractée de *-iée: atachie* (*attaccata) *1859*. Le manque de cette contraction dans les chansons *15, 629, 1128, 1325, 1574* et *1960* ne peut pourtant pas être considéré comme une preuve contre un langage picard[3]). On pourrait au contraire dans le mot *atachie* de *1859* voir un indice que cette chanson serait postérieure aux autres chansons. D'un autre côté, la rime *atachie: -ie* est en contradiction avec ce que nous avons dit sous 4) de la rime *-ant*. Il faut donc admettre ou que la str. 5, qui contient *atachie*, a été ajoutée plus tard (elle ne se trouve que dans les mss. T¹M), ou que

---

[1]) V. p. 141, note 3.
[2]) V. p. ex. dans *Eracle* de Gautier d'Arras *noient: sifaitement* 677—8 (éd. de Löseth).
[3]) V. p. 145.

l'auteur a admis par négligence ou par „licence poétique" le mot *atent* parmi les rimes en *-ant*[1]).

11) ***-iere.*** Il y a à remarquer que, parmi les mots à la rime de la chanson *1325*, il y a aussi *entiere* (integra) et *maniere* (manuariam), dont les formes regardées comme spécialement picardes sont *entire* et *manire*[2]). Il est cependant fort douteux que ces formes, dont *entire* est phonétiquement régulière et *manire* probablement une forme analogique, soient propres seulement au dialecte picard; on les trouve un peu partout[3]). D'un autre côté, *entiere et maniere* se trouvent aussi dans des textes picards, incl. des textes en dialecte artésien[4]). Dans aucun de nos cas *-iere* ne provient de *-erra*, développement propre surtout à la partie orientale du domaine picard[5]). Il paraît d'ailleurs qu'une telle rime, à

---

[1]) Quelques exemples d'une telle „licence" chez des poètes picards sont donnés par Haase, Verh. der pik. u. wall. Denkm. 41.

[2]) V. Neumann, Laut- u. Flexionsl. 57.

[3]) Cf. Raynaud, Rom. IX, 229.

[4]) V. Knauer, Zur afr. Lautlehre 9; Raynaud, Bibl. de l'Ec. des Chartes XXXVII, 9; Rom. IX, 229; Neumann, Laut- u. Flexionsl. 61; Windahl, Vers de le Mort XXII, 36 (str. LXXXVII. 2) et 121 (str. CCIV, 1); v. Hamel, Car. et Mis. I, pp. CXVII et 3 (Car. str. IV, 3); II, 205 (Mis. str. CXXXIV, 9); Löseth, Eracle, vv. 147–8 (*maniere: proiere*); Bartsch Horning, Langue et litt. franç. 300, I. 24: *entier: -ier* (Audefroi le Bâtard).

[5]) V. G. Paris, Alexis 269; Bartsch-Horning, Langue et litt. franç. 13. En Artois la diphthongaison de *e* entravé ne paraît pas avoir été entièrement inconnue. (v. Tobler, Aniel² XXII; cf. pour le dialecte d'Aire: de Wailly, Bibl. de l'Ec. des Chartes XXXII, 307 sq.), mais il y a pourtant des textes artésiens qui ne la présentent pas une seule fois; v. p. ex. les œuvres de Gautier d'Arras et, pour un temps postérieur à celui de Conon de Béthune, *Li vers de le Mort* (Windahl, l. c. XXI; XXX).

cause de la nature différente des deux *ie*, ne se rencontre pas en ancien français [1]).

12) **-is.** Dans les chansons *1420*, *1574* et *1960* il y a des rimes où -*is* vient de -it + s. Au contraire, la chanson *1325* ne présente pas, dans ses cinq rimes en -*is*, la réduction de -i t + s en -*is*. Comme cette réduction est propre au dialecte picard, mais non au dialecte francien [2]), on serait tenté d'y voir une preuve sûre pour la provenance picarde des trois premières chansons. Cependant nous avons vu sous 6) que la chanson *1960* contient une rime qui exclut l'idée d'une origine picarde. Il faut donc, si l'on ne veut pas admettre que le poète ait employé une langue plus ou moins mixte, croire que la chanson en question, tout en étant écrite en langue francienne, date d'une époque où, dans ce dialecte, z (= ts) était déjà réduit à s. Or cette réduction ne s'est faite, d'après M. Meyer-Lübke, qu'au XIVe siècle dans le français du Centre [3]). S'il en était vraiment ainsi, nous ne pourrions admettre une origine francienne pour la chanson, car des mss. qui la donnent (KMNOPR^{1}T^{2}U^2), il ne paraît y en avoir qu'un seul (R^1) qui soit postérieur au XIIIe siècle [4]). On peut cependant avec certitude reculer cette réduction d'un grand nombre d'années. M. Schwan [5]) la place déjà dans la seconde moitié du XIIIe

---

[1]) V. Knauer, Zur afr. Lautlehre 9.
[2]) V. p. 141, note 4.
[3]) V. Meyer-Lübke, Gramm. I, 505 (§ 561).
[4]) V. Raynaud, Bibl. des Chans. I, 55 (K) 78 (M), 95 (N), 111 (O), 128 (P), 139 (R^1), 153 (T^2), 173 (U^2); cf. Schwan, Afr. Lhs. 19 (M), 80 (R^1), 86—7 (KNP), 119 (O), 175 (U^2).
[5]) V. Schwan, Gramm. des Afr. 88 (§ 319).

siècle, M. Horning [1] va même jusqu'à la fixer à la fin du XIIe. Rien ne nous empêche donc de croire la chanson *1960* écrite en langue francienne de la première moitié du XIIIe siècle, tous les mss. cités étant au moins de la seconde moitié du même siècle. Quant à la chanson *1325*, le fait que dans les cinq rimes en *-is*, *s* remonte à une *s* latine, peut être purement accidentel. D'ailleurs, on remarque aussi dans les chansons *1420* et *1574* une certaine tendance de préférer à la rime des mots en *s* pure. N'oublions pas qu'encore Gautier d'Arras faisait une distinction entre *z* et *s*.[2]

13) *-ise.* Parmi les mots à la rime de la chanson *1623*, nous avons aussi *justise* (justitiam) et *servise* (servitium, irr.). Ces formes avec *s*, tout en étant inconnues aux *chartes* picardes, où on trouve les mots écrits avec *c* ou *ch* (aussi *sc* et *ss*)[3], sont fréquentes et même les plus ordinaires chez les *poètes* picards[4]. Leur emploi dans la chanson *1623* ne nous dit donc rien.

14) *-ois.* Parmi les mots à la rime de la chanson *1837* où *s* correspond à une *s* latine, nous avons *cois* (*quetus), ce qui est une preuve en faveur de la langue picarde de la chanson[5].

15) *-on.* Nous trouvons à la rime de la chanson *1859* deux fois *bon* (bonum, boni). La forme picarde

---

[1] V. Bartsch-Horning, Langue et litt. franç. 33.

[2] V. p. 141, note 4.

[3] V. Siemt Lat. c vor e u. i im Pik. 10, 11; Horning, ZfrP. VII, 194; Lat. c vor e u. i im Rom. 41.

[4] V. Siemt, l. c.; Horning, Lat. c. 41–2; v. Hamel, Car. et Mis. I, p. CXXXVII.

[5] V. p. 141; cf. pourtant 12).

ordinaire du XIIIe siècle est *boin* [1]). Comme on trouve cependant en picard aussi la forme *bon*, surtout, paraît-il, à une époque plus reculée [2]), elle ne nous oblige pas à démentir l'origine picarde de la chanson *1859*. Cf. 10).

16) **-our.** *amour* dans la chanson *303*, *jour* et *amour* dans *1128*, *amor* dans *1960* montrent que dans ces trois chansons -orem n'était pas encore parvenu au degré -*eur*. Ce fait peut très bien s'accorder avec la rime -*eus* de *1125*, vu que la diphthongue *ŏu* venant de *ó* s'est développée le plus tôt devant *s* [3]).

17) **-ous.** La chanson *1325* présente parmi les rimes en -*ous* de -osum le mot *vous*, dont il ne paraît pas avoir existé une forme *veus* [4]). Or comme la chanson *1125* demande -*eus* de -osum (v. p. 142), on pourrait en conclure que la chanson *1325* ne provient pas de Conon de Béthune, comme présentant un état de langue antérieur à celui de la chanson *1125*. Cette conclusion n'est cependant pas absolument nécessaire: on peut se figurer que précisément dans le dernier quart du XIIe siècle, la diphthongue *ŏu* était en train de passer à *öu*,

---

[1]) V. les chartes d'Aire (de Wailly, Bibl. de l'Ec. des Chartes XXXII, 308) et du Ponthieu (Raynaud, Bibl. de l'Ec. des Chartes XXXVII, 14, 32). Pour le dialecte d'Arras, v. Windahl, Vers de le Mort XXXI.

[2]) V. Raynaud, Bibl. de l'Ec. des Chartes XXXVII, 14. Les deux œuvres connues du Renclus de Moiliens (fin du XIIe siècle) présentent toujours *bon* (v. van Hamel, Car et Mis. I, p. CXXVII), ainsi que les chartes du Vermandois (v. Neumann, Laut- u. Flexionsl. 44).

[3]) V. Schwan, Gramm. des Afr. 78 (§ 284). Cf. v. Hamel, Car. et Mis. I, pp. CXXV sq.

[4]) V. G. Paris, Rom. X, 48.

de sorte qu'un poète pouvait la faire rimer aussi avec des mots comme *leus* et *morteus*. En effet, nous rencontrons une pareille hésitation entre *-ous* et *-eus* dans un contemporain de Conon de Béthune, le Renclus de Moiliens [1]).

18) *-u (-ut)*. Dans la chanson *15* nous trouvons deux prétérits, *connut* et *fu(t)*, en rime avec le participe *dechëu*. Si *dechëu* n'est pas une simple faute (commune alors à la source de *tous* nos mss.) pour *dechut* (prét. ou part. [2])), nous avons ici affaire à une rime bien embarrassante. Deux interprétations sont possibles: ou il nous faut, à cause de *dechëu*, admettre la prononciation sans *t*, non seulement pour *fu(t)*, qui se rencontre déjà de bonne heure privé de sa consonne finale [3]), mais aussi pour *connu(t)*, ou bien il faut, à cause de *connut*, prononcer *dechëut*. Une rime *connu: dechëu* ne peut appartenir qu'à la langue du XIIIe siècle [4]), et la chanson ne pourrait conséquemment pas être de Conon de Béthune. Quant à l'autre alternative, la rime *connut: dechëut*, elle semble aussi, eu égard à ce que nous avons dit plus haut (v. p. 144), ne pas pouvoir être attribuée à notre

---

[1]) V. v. Hamel, Car. et Mis. I, pp. CXXV sq.; cf. encore Jean de Condé (Tobler, Aniel² XXX).

[2]) Pour l'explication de ces participes, plus courts d'une syllabe que les participes réguliers, v. Suchier, ZfrP. II, 270 sqq.; cf. v. Hamel, Car. et Mis. I, p. CLVII.

[3]) V. Bartsch-Horning, Langue et litt. franç. 33; Meyer-Lübke, Gramm. I, 500 (§ 557). M. Mall (Computus 81) associe même complètement *fu* aux mots à dentale non appuyée; une rime *fut: -ut* (prét.) est cependant loin d'être inconnue; v. Suchier, Reimpredigt XXI.

[4]) On admet en général que le *t* entravé n'a disparu qu'au XIVe siècle (v. Meyer-Lübke, Gramm. I, 501 [§ 557]), mais nos mss. ne nous permettent pas d'aller au-delà du XIIIe siècle.

poète, car quoiqu'il soit incontestable qu'après *u* le *t* non appuyé s'est conservé plus longtemps qu'après les autres voyelles [1]), il était pour sûr tombé en Artois au temps de Conon de Béthune, puisque déjà Gautier d'Arras rimait *tu: vertu* [2]).

En résumant les faits, nous obtenons les résultats suivants pour le côté phonologique de la langue de nos chansons:

15. 7) et 10) laissent la question de dialecte indécise. 18) semble attester une origine plus récente que l'époque de Conon.

303. 16) ne dit rien.

629. 2), 3), 7) et 10) laissent la question de dialecte indécise. 6) parle en faveur du dialecte picard.

1128. 9), 10) et 16) laissent la question de dialecte indécise.

1325. 10), 11) et 12) laissent la question de dialecte indécise. 17) peut s'expliquer.

1420. 1), 5) et 12) fournissent des traits caractéristiques au picard.

1574. 10) laisse la question de dialecte indécise. 12) est propre au picard.

1623. 2), 7) et 13) laissent la question de dialecte indécise. 2) et 7) parlent cependant plutôt en faveur du picard.

1837. 14) est propre au picard.

1859. 4) parle contre le picard; 10) fournit une preuve sûre pour ce dialecte, mais semble attester une

---

[1]) V. Mall, Computus 22.
[2]) V. p. 144, note 4.

origine plus récente de la chanson; 15) ne prouve rien. La contradiction entre 4) et 10) peut s'expliquer par une négligence quant aux rimes sous 4).

1960. 6) parle décidément contre le dialecte picard. 12) semble parler pour lui, mais peut aussi tout simplement indiquer une origine plus récente que l'époque de Conon. 8), 10) et 16) laissent la question de dialecte indécise.

Quant au côté morphologique de la langue des chansons, les rimes nous présentent les faits suivants:

1) Le cas-sujet sing. des noms masculins de la deuxième et de la troisième déclinaison latine a en règle une -s: *hardemens 303; mestiers, fiers, premiers, desiriers, amans, mescheans, garans, joians, amans 629; amis 1325; traïs, baillis 1420; baillis 1574; cois, Rois 1837; talens, obediens, bienvoillans, entendemens, joiens, faillis, esbahis, amis, deservis 1960.* Les seules exceptions sont *coraige 15* [1]) et *hom 1859.* La dernière forme, venant directement du latin h o m o, n'a rien d'extraordinaire; la forme analogique n'apparaît que sporadiquement. Quant à la forme *coraige* (*coraticum), elle semble bien indiquer une provenance plus récente que le XIIe siècle pour la chanson *15;* car bien qu'on trouve déjà de bonne heure des exemples d'un remplacement du cas-sujet par le cas-régime [2]), ce n'est qu'au XIIIe siècle qu'une véritable confusion des cas commence [3]). Cependant il ne

---

[1]) V. p. 126.
[2]) V. p. ex. Mall, Computus 28 sq.
[3]) V. Schwan, Gramm. des Afr. 98 sq. (§ 342).

faut pas être trop rigoureux sur ce point; on sait que les mots venant des noms latins en -er, -or, tels que *maistre, pere, emperere, sire*, ne suivent que dès le XIIe siècle l'analogie des mots latins en -us¹), et admettent alors même des exceptions. Or les noms de la deuxième déclinaison latine en -us qui, en français, se terminent par la voyelle d'appui *e* (comme ceux en -*age*), se rattachent précisément par cet *e* aux mots en -*re*, et se rencontrent quelquefois sans -*s* au cas-sujet du sing²).

2) Le vocatif a la forme du cas-sujet: *amis 1574*.

3) Le cas-sujet sing. des féminins de la troisième déclinaison latine a -*s: grans 629; desdaignans 1960*. Trois exemples sans -*s* se présentent cependant: *rien(s) 15*³), *image 1128* et *gent 1623*. Quant à *image* (du cas-rég. imaginem), il se rattache visiblement à cause de sa terminaison, aux mots de la 1:^{ère} déclinaison. Pour les deux autres chansons *(15* et *1623)* nous sommes, au contraire, en contradiction avec la langue de *1314* (v. p. 146), et on pourrait être tenté de leur donner, à cause de ce trait, une origine plus récente (XIIIe siècle). Cependant, comme encore vers la fin du XIIe siècle une hésitation entre la forme primitive (sans -*s*) et la forme analogique se voit chez quelques auteurs⁴), l'existence

---

¹) V. Schwan, Gramm. des Afr. 94 (§ 336).

²) V. p. ex. *orage* (suj.) :-*age* dans le *Roman de Troie* de Benoît de Sainte-More (d'après Bartsch-Horning, Langue et litt. franç. 182, l. 17).

³) V. p. 127.

⁴) V. Schwan, Gramm. des Afr. 100 (§ 346, 2). Le cas-sujet *gent* se trouve dans Gautier d'Arras (v. Löseth, Ille, v. 1574).

d'une forme sans -*s* n'infirme pas nécessairement l'attribution des chansons à Conon de Béthune. On peut donc voir dans *rien(s)*, *gent* d'anciens nominatifs, conservés à cause des besoins de la rime. Ce qui a été dit sous 1), à propos de *coraige* dans la chanson *15*, nous conduit cependant à regarder *rien(s)* plutôt comme une formation analogique postérieure.

4) Le cas-sujet plur. des masculins n'a pas d'*s*: *mien, aver 15; usage 1837; felon, bon, mesdisant, chantant, bordon, larron, gloton, souffrant 1859*.

5) Le féminin des adjectifs de la troisième déclinaison n'a pas encore l'*e* analogique: *grans 629; grant*[1]), *plaisant 1859; desdaignans 1960* [2]).

6) La forme absolue du pronom personnel de la 3.ième pers du féminin au sing. est *li 1128 (bis)*.

7) La 1.ère pers. sing. du prés. de l'ind. des verbes de la 1.ère conjugaison latine n'a pas d'-*e*: *cant 303; aor 1960*. Cependant *prie 1128*. Cette dernière forme ne nous force pas nécessairement d'attribuer une origine plus récente à la chanson *1128*, car bien que l'-*e* ne devienne habituel que dans la seconde moitié du XIVe siècle [3]), il n'est pas inconnu même à la fin du XIIe [4]).

---

[1]) V. pour cette forme *(en grant)* l'explication donnée par M. A. Tobler, Aniel² 21 sq.

[2]) *Cortoise* (lat. *cortensis) et *franchoise* (lat. *francensis) *1837* se rencontrent dès les temps les plus anciens (v. G. Paris, Alexis 115). *Franchoise* pourrait d'ailleurs aussi être regardé comme la forme féminine analogique de *franchois* < *franciscus, dont la forme féminine régulière était *franc(h)esche;* v. Suchier, Grundr. der rom. Phil. I, 624, note.

[3]) V. Schwan, Gramm. des Afr. 130 (§ 433).

[4]) V. p. ex. le Renclus de Moiliens (v. Hamel, Car. et Mis. I, p. CLIII).

8) La 1:ère pers. sing. des verbes latins en -ēre et -ĕre n'a pas encore une -s analogique: *trai, sai, dedui, sui 303; di 1128; semon 1859.*

9) La 3:ième pers. sing. du prés. de l'ind. des verbes en -icare se voit sous la forme analogique [1]) -ie: *fausnie 1128.*

10) Le présent du subj. des verbes latins en -are a deux fois un -e à la 1:ère pers. du sing.: *envoise, coise 1837.* Cet *e* s'explique sans doute comme un *e* de soutien (-tiem).

11) Le prés. du subj. du verbe *dire* est *die* (dicam) *1574.*

Quant à la syntaxe, nous n'avons à mentionner que le fait suivant:

12) Le part. p. s'accorde avec un régime direct qui suit: *dite 629.*

Voici les résultats qu'a donné cet examen. La chanson *15* paraît, d'après 1) et probablement aussi 3), appartenir à une époque plus récente que celle de Conon de Béthune. Aussi la chanson *1128* présente, d'après 7), un trait relativement moderne, mais qui, au fond, ne dit rien. Enfin, la chanson *1623* nous montre, d'après 3), une forme de langue qui est en une certaine contradiction avec la langue de la chanson *1314*, mais qui peut être considérée comme un archaïsme voulu par le poète.

---

[1]) V. Bartsch-Horning, Langue et litt. franç. 15—6.

b). *Le nombre de syllabes.*

Voici les faits qui concernent la phonologie des mots:

1) Un *e (a, o,* protonique français en hiatus avec la voyelle suivante, persiste encore dans les cas où il a disparu depuis. Pour *1125* et *1314* on a les exemples: *eŭreus* 1125, 4, 7; *dĕusse 1314,* 1, 1; *pechĕour* 3, 7; *ĕur* 6, 2. 5; *cheanche* 6, 5; *plĕust* 6, 7 (cf. aussi *fe(s)ist 1314,* 6, 7). Les autres chansons présentent les cas suivants: *dechëu 15,* 3, 5; *vĕu 303,* 2, 3; *dĕust 629,* 5, 3; *ĕust 1325,* 1, 7; *conĕue 1574,* 1, 7; *ëustes* 2, 4; *eage* 5, 2; *paour 1623,* 4, 3; *Roïne 1837,* 2, 1; *mirëor 1960,* 2, 3; *(pavor* 3, 5*);* etc. Cf. *de(s)ist 1859,* 1, 10. Il y a pourtant *une* exception: *ramentu* (re-ad-mentem-*habuti) *1859,* 2, 4. D'après M. Suchier [1]), l'amuïssement de *e* devant une voyelle tonique aurait eu lieu plus tôt dans le domaine picard qu'en Ile-de-France, donc déjà avant la seconde moitié du XIIIe siècle [2]). *Ramentu* serait ainsi une preuve de plus pour le langage picard de la chanson *1859* (cf. p. 148); mais cette forme paraît prouver en même temps que la chanson n'a pas été écrite en dialecte artésien, car, outre que la chanson *1314* n'a pas de formes contractées, même des textes artésiens du XIIIe siècle conservent régulièrement une telle voyelle protonique [3]).

---

[1]) V. Suchier, Auc. u. Nic.^{3} 66.

[2]) V., pour cette date, Schwan, Gramm. des Afr. 82 sqq. (§§ 298—312).

[3]) V. p. ex. *Li Vers de le Mort* (Windahl, l. c. XVIII); *Aniel,* vv. 5—6, 263—4, 271—2 (éd. de Tobler).

2) Une question assez difficile à résoudre est si la terminaison de la 2:ⁿᵈᵉ pers. plur. de l'imparf. de l'ind. et du cond.: *-iés* (la 1:ᵉʳᵉ pers. manque dans nos chansons) compte une ou deux syllabes. La chanson *1314* donne un exemple: *seriés* 3, 3, où les mss. nous permettraient aussi de lire *seriës*, mais où la rime paraît exiger la forme contractée (v. p. 145), qui est propre au picard[1]). Les autres exemples sont: *savriés 1574*, 3, 6 et *estiés* 6, 4, que la classification des mss. nous permettrait de compter pour des mots trisyllabiques [2]). Comme le langage de la chanson présente à la rime un trait picard (v. p. 150), il vaut naturellement mieux lire ici *-iés* en une syllabe. Peut être cette réduction de *-iës* en *-iés* n'est-elle au fond qu'un fait d'analogie: la terminaison *-iés* du prés. et de l'imparf. du subj. aurait pu de bonne heure en picard exercer une influence sur *-iës* [3]). A cette place il y a lieu de remarquer que les vers *1325*, 1, 9 et 12, où entre le mot *fussiés* (écrit *fuissies* dans les deux mss. [T²M] qui donnent la chanson), sont trop courts d'une syllabe, si on admet *deux* syllabes pour ce mot. On serait par conséquent tenté de lire *fussïés*, contrairement à l'usage [4]). Comme cependant on a v. 8 *fuïsse* (T²M), en lisant d'après les mss. *vostre͡ amïs*, on peut clairement voir

---

[1]) V. p. 145, note 5.
[2]) *1574*, 3, 7, un groupe de mss. (PKNO) donne *auriez* (qu'on pourrait lire *averiez*), forme que la classification des mss. nous permettrait d'introduire. Le témoignage de ce groupe a cependant peu de valeur. Les autres mss. ne présentent pas le cond. du verbe *avoir*.
[3]) Cf. Schwan, Gramm. des Afr. 85 (§ 313).
[4]) V. Tobler, Versbau 66.

que c'est le radical même que le copiste (ou l'auteur?) a prononcé dissyllabiquement *(fuïss-)* [1]). Ajoutons encore à cette place que la contraction en une syllabe n'a pas eu lieu pour *nïent*, qui se trouve *15*, 2, 7. 8 (bis); *629*, 3, 5; *1623*, 2, 4. Cf. p. 148.

3) L'élision a lieu: 1:o) dans les mêmes conditions qu'en français moderne, 2:o) pour la voyelle de *li* (pron. conj.), *si* (lat. sic) et *se* (lat. si; devant d'autres mots que *il, ils*). Concernant 1:o), il faut remarquer quelques cas d'hiatus. En voici les exemples pour les chansons *1125* et *1314*: *ke* (conj. expl.) *il 1125*, 2, 4 (cas incertain!); *1314*, 4, 8 (cas incertain!); *ke* (conj. comp.) *onkes 1314*, 5, 4 (cas restitué!). Un tel hiatus facultatif se rencontre dans des textes de la même époque [2]). Pour les autres chansons on a: *savoie jou autre 303*, 3, 2; *jou en 1128*, 2, 7; *ke* (conj. expl.) *i 1420*, 4, 3; *rai jou oï 1574*, 4, 3; *ke* (conj. expl.) *on 1623*, 2, 1; *puis ke il 1960*, 4, 4. Comme dans les mêmes chansons se trouvent des exemples d'élision pour les mêmes mots, il n'y a rien à dire de ce fait. Les cas *303*, 3, 2 et *1574*, 4, 3 peuvent d'ailleurs s'expliquer par la position de *jou* (cf. au contraire *revenroie je ariere 1325*, 1, 5 [si la leçon est bonne] [3])). Quant au second point, il faut d'abord noter que *li*, comme d'habitude, ne perd sa voyelle que devant *en* [4]): *629*, 4, 4 et *1420*, 2, 6; cf. *li os*

---

[1]) V., pour cette formation, Zemlin, Der Nachlaut i .19.

[2]) V. p. ex. Le Renclus de Moiliens (v. Hamel, Car. et Mis. I, p. XCVII).

[3]) Cf. v. Feilitzen, Ver del juïse. XC.

[4]) V. Hofmann-Vollmöller, Münchener Brut XX; Suchier, Auc. u. Nic.³ 87; Tobler, Versbau 51; v. Hamel, Car. et Mis. I, p. XCIX.

303, 4, 4; 5, 4; *li ai 629*, 5, 1; *li a 1574*, 1, 4; *li irai 1837*, 3, 2. La voyelle de *si* (lat. sic) s'élide dans plusieurs cas: *s'irons 1125*, 3, 3; *s'est 1128*, 5, 6; *s'ai 1837*, 1, 4; *s'iert 1960*, 6, 3. Elle ne s'élide pas: *si aim 629*, 7, 2; *si en 1314*, 1, 5. 7; *1960*, 1, 7. Aucune conclusion ne peut être tirée de ce fait [1]). De même on a pour *se* (lat. si), à côté de nombreux cas d'élision dans les chansons *1125, 629, 1128, 1420* et *1837: se on 1623*, 2, 3 (cas incertain!) et *se ele 1960*, 3, 6 [2]).

4) L'apocope de la voyelle *e*, résultant sans doute de la prédominance des cas où elle s'élide devant une voyelle suivante, se rencontre pour *or(e) (1314,* 5, 2. 3; *303*, 2, 1; 3, 3; *1420*, 1, 1; *1574*, 4, 5. 8; *1623*, 3, 2), *encor(e) (303*, 5, 1; *1420*, 1, 8; *1574*, 5, 6; *1837*, 1, 7; 2, 3; *1859*, 2, 7; 5, 9) et *com(e) (1125*, 1, 1; 6, 2; *1314*, 5, 6; *303*, 1, 1. 7; 2, 2; 3, 5; 5, 5; etc.). On a cependant aussi: *ore 1574*, 4, 2; *come 1960*, 4, 2, ce qui ne dit rien. Au contraire on n'a pas d'exemple de *el* < illa (et par analogie *els*), forme essentiellement picarde [3]), mais qui ne paraît pas avoir eu cours en Artois [4]): *ele 629*, 3, 6; 4, 7; *1128*, 3, 5; 4, 2; *1420*, 2, 4. 5; *1574*, 1, 5; 4, 4; *1960*, 3, 3; 5, 3; *eles 1125*, 5, 6. Ici il faut bien ranger aussi l'enclise du pron. pers. masc. *le: jel 1574*, 3, 3; *1623*, 3, 7 (cas incertain!); *1859*, 1, 6. Aussi la

---

[1]) Cf. v. Hamel, Car. et Mis. I, p. XCVIII.
[2]) Cf. v. Hamel, Car. et Mis. I, p. XCVII.
[3]) V. v. Feilitzen, Ver del juïse LXXXV.
[4]) V. p. ex. *Vers de le Mort*, str. XIV, v. 12; etc. (éd. de Windahl); cf. aussi, pour les chartes d'Aire, de Wailly, Bibl. de l'Ec. des Chartes XXXII, 296.

forme correspondante du féminin permet l'enclise: *jel* (sc. *me sanlanche*) *1314*, 7, 2 (cas incertain!) et *nel* (sc. *saveur*) *1859*, 4, 9. Cette enclise atteste la forme picarde *le* pour *la*[1]). Au contraire, la contraction de *de*, *a* et *en* avec l'article féminin au sing. *(del, al, el)*, qui se rencontre dans quelques contrées picardes[2]), ne se montre pas dans nos chansons; v. *de le 1125*, 1, 2; 6, 3; *1314*, 1, 4; *a le 1125*, 7, 3; *629*, 1, 7; *1623*, 4, 1; *en le 1125*, 6, 4. La contraction ne paraît pas avoir eu lieu en Artois[3]).

5) Le trait, fréquent surtout en picard, d'intercaler un *e* devant *r* au fut. et au cond. des verbes en *-re* et *-oir*[4]), se rencontre dans les cas suivants: *naisteront 1125*, 4, 6 (cas incertain!) et *averai 1325*, 2, 8 (T²M). Au contraire la forme non allongée est demandée par: *1314*, 6, 2 *(avra); 303*, 2, 6 *(avroit); 629*, 3, 3 *(devroie); 1574*, 3, 6 *(savriés);* 3, 7 *(prendroit);* 6, 5 *(avront);* 6, 8 *(savrés); 1623*, 3, 8 *(metrai); 1960*, 5, 4 *(aroit);* etc. Comme les formes allongées se retrouvent un peu partout, on peut se demander si l'on n'a pas plutôt affaire à un fait d'analogie (d'après les verbes de la conjugaison en *-er*)[5]) qu'à un développement phonétique résultant de la nature de la liquide *r*.

---

[1]) Cf. v. Hamel, Car. et Mis. I, p. XCIX.

[2]) V. Förster, Chev. II esp. LV; Neumann, Laut- u. Flexionsl. 119 sqq.

[3]) V. Windahl, Vers de le Mort XXVIII; de Wailly, Bibl. de l'Ec. des Chartes XXXII, 293 (chartes d'Aire).

[4]) V. Förster, Chev. II esp. LVII sq.; Neumann, Laut- u. Flexionsl. 113; Suchier, Auc. u. Nic.³ 72.

[5]) Cf. v. Feilitzen, Ver del juïse LXXXVII.

6) La chute d'un *e* devant *r* se rencontre dans *vrai 1859*, 5, 1, tandis qu'on a *verai 1960*, 3, 3. Les deux formes se trouvent chez les mêmes auteurs ¹). Par contre la réduction (peut-être analogique) de *-erai* des verbes de la 1:ère conjugaison en *-rai (jetrai* etc.), qui est propre à certains dialectes du Nord ²), mais pas à l'artésien ³), ne se trouve pas dans nos chansons: *chanterai 15*, 1, 6; *oblierai 629*, 3, 7; *ameroit 1574*, 5, 5.

Les faits suivants concernent la morphologie des mots:

7) Les masculins en -e r de la 2:nde décl. latine ne semblent pas encore avoir l'*s* analogique au cas-sujet: *vostre⌢amis 1325*, 1, 8 (cf. p. 160). En vue de ce qui a été dit pp. 155—6 sur *corage 15*, 1, 1, il est aussi à noter que, *1859*, 3, 7, on a *salvages/ hom*.

8) Le cas-sujet plur. des noms masculins est encore sans -*s: juene⌢et 1125*, 6, 7. Cf. pp. 146 et 157.

9) La forme féminine des adjectifs qui en latin ont la même forme pour le masc. et le fém., est toujours sans *e*: *meillour, 1125, 7, 3; 1314*, 1, 4; *tel 1314, 5, 5; loial 15, 3, 4; quel 3, 7; grant 303, 5, 2; 1574, 4, 4; meillour 629, 1, 7; 1623, 4, 1; grans 1325, 1, 2; quels 1859, 3, 2;* etc. *Douche* (lat. dulcis) *1325*, 1, 1 n'est pas une dérogation de l'usage; cette forme se trouve dans les plus

---

¹) V. p. ex. *Li Vers de le Mort* p. p. Windahl: *verai* str. CCXV, 4; *vrai* str. LXII, 1; CLXXV, 4; CCLV, 9.

²) V. Suchier, Auc. u. Nic.³ 72.

³) V. p. ex. Windahl, Vers de le Mort XXIX (Il y a exception pour quelques verbes où une nasale termine le radical: *donra* etc.).

anciens monuments de la littérature française[1]). L'étymologie du mot est donc *dulcium[2]). Cf. pp. 146 et 157.

10) L'adjectif possessif des deux premières personnes du pluriel au sing. présente quelquefois dans nos chansons les formes raccourcies qui sont propres au picard[3]): *no* (rég. ms.) *1125*, 3, 5; *no* (suj. fém.) *1125*, 3, 8; *vos* (suj. ms.) *1325*, 2, 4; *vo* (rég. ms.) *1574*, 1, 8. Cf. *nostre* (rég. ms.) *1125*, 1, 7; *vostre* (suj. fém.) *1325*, 1, 2; *vostre* (suj. ms.) *1325*, 1, 8; *vostre* (suj. ms.) *1574*, 2, 5; *vostre* (rég. ms.) *1574*, 4, 2; 6, 2; *vostre* (rég. ms.) *1623*, 3, 1.

11) La 1:ère pers. sing. du prés. de l'ind. des verbes en -*er* montre partout la forme primitive sans -*e*: *cant 15*, 1, 5; *aim 303*, 1, 3; *desir* 1, 8; 5, 3; *os* 4, 4. 5; 5, 4; *parol* 4, 7; *devis* 5, 1; *aour* 5, 3; *desir 629*, 6, 6; *aim* 7, 2; *chant 1859*, 1, 5. Cf. p. 157.

12) Le sing. du prés. du subj. des verbes en -*er* n'a pas encore un -*e* analogique: *cant 629*, 1, 4; *gart* 4, 6; *aint 1420*, 2, 4[4]). Cf. aussi *voist 1125*, 4, 2; *doint 303*, 1, 4; *puist 629*, 1, 3; *doint 1420*, 4, 2; *doint 1623*, 4, 6; *puist* 4, 8; *voist 1859*, 3, 10; *doinst 1960*, 3, 3, où le manque de l'*e*, quoique ordinaire, n'est pas fondé sur l'étymologie (cf. la 1:ère pers. *doigne, puisse, voise*).

13) La 1:ère pers. plur. du prés. de l'ind. a la terminaison -*ons*: *avons 1125*, 3, 1; *laissons*, 3, 7. On re-

---

[1]) V. Suchier, Reimpredigt XXXII; Grundr. der rom. Phil. I, 624.

[2]) Cf. v. Hamel, Car. et Mis. II, Gloss. s. v. *douch*.

[3]) V. Suchier, Auc. u. Nic.⁸ 69; Grundr. der rom. Phil. I, 577, 626; Schwan, Gramm. des Afr. 123 (§ 408, Anm.). Cf. pourtant v. Feilitzen, Ver del juïse LXXXV.

[4]) Cf. sur *envoise, coise 1837*, 1, 1. 3 p. 158.

garde en général la terminaison *-omes* comme propre au picard [1]); Gautier d'Arras a cependant l'une et l'autre [2]).

Quant à la syntaxe, il n'y a qu'un fait à remarquer:

14) Le part. passé s'accorde dans *un* cas avec le régime direct qui le suit: *ai mise me cure 1128*, 5, 3. Il reste inflexible: *ai vëu et li et se biauté 303*, 2, 3; *ai jou dit des barons me sanlanche 1314*, 7, 1; *tolu m'avés le vie 1128*, 2, 3; *a mis s'entente 1960*, 4, 6. La question reste indécise pour: *ai dit(e) as autres folie 1325*, 2, 2; *ai dit (dis) mos d'Artois 1837*, 2, 6. Les deux constructions sont possibles en ancien français [3]). Le part. passé de *faire*, qui peut en ancien français s'accorder avec le régime de l'infinitif, régi par le part. [4]), est invariable dans le seul cas qui se présente: *M'a fait dire folie 1128*, 1, 3. Cf. p. 158.

Enfin il y a à noter un fait lexicographique:

15) La forme savante *verité 1574*, 6, 8, à côté de *vreté 303*, 1, 6. Nous avons rencontré les mêmes doublets dans *Li Vers de le Mort* [5]).

Le résultat final de cet examen du nombre de syllabes des mots, c'est que toutes les chansons peuvent avoir

---

[1]) V. Diez, Gramm.⁵ 567; G. Paris, Alexis 275; Förster, ZföG. 1874, 138; Suchier, Auc. u. Nic.³ 70.

[2]) V. Löseth, Er. *departons* (*departumus): *sermons* (sermonem + s) 5728—9 à côté de *homes* (homines): *combatom* (*combattumus) 5598—9. Cf. Windahl, l. c. XXIX.

[3]) V. Brunot, Préc. de gramm. hist. 523.

[4]) V. Tobler, Verm. Beitr. 171.

[5]) V. Windahl, l. c. str. XC, 4 et str. CLXXVII, 6.

été écrites par le même poète, excepté *1859*, qui, d'après 1), ne paraît pas avoir été composée en dialecte artésien.

§ 5. *Conclusion*.

Les recherches critiques, faites d'après différents points de vue, sur la paternité de Conon de Béthune relativement aux chansons qui lui ont été attribuées, nous ont amené aux résultats suivants:

Les chansons *1125* et *1314* ont avec certitude été composées par Conon de Béthune, puisqu'une chanson, écrite contre notre poète, y fait des allusions évidentes (v. pp. 101 sqq.). Les attributions d'auteurs des mss. indiquent en outre d'une manière tout à fait sûre que Conon de Béthune est l'auteur de la chanson *1125* (v. p. 99).

Les chansons *303*, *629*, *1128*, *1325*, *1420*, *1574*, *1623* et *1837* peuvent être de Conon de Béthune, puisque rien n'y parle précisément contre une telle origine, excepté, pour la chanson *1420*, son style pénible (v. p. 110).

Les chansons *15*, *1859* et *1960*, au contraire, ne sont pas, selon toute probabilité, de notre poète. Contre une telle provenance, quant à la chanson *15*, parlent surtout: 1:o) la forme tellement simple de la versification (v. p. 123) et 2:o) quelques traits dans la langue de la chanson (v. pp. 153 et 155). La chanson *1859* semble exclue à cause de quelques faits de langue (v. p. 147 et surtout p. 159). On peut encore ajouter une particularité de style (v. p. 110). La chanson *1960* enfin ne peut pas être de Conon de Béthune, à cause de sa langue (v. p. 147). Si l'on ajoute à tous ces faits que précisément les chansons *15*, *1859* et *1960* ont très peu de chances d'être de Conon de Béthune d'après les attributions d'auteurs des mss. (v. p. 100), il est assez clair que Conon de Béthune n'en est pas l'auteur.

Chapitre IV.

Groupement chronologique des chansons de Conon de Béthune.

Nous avons vu plus haut (pp. 104 et 106) que les chansons *303*, *629* et *1837* sont des „chansons d'amour", dans lesquelles le poète déclare de différentes manières sa passion pour une dame, qui pourrait être *la Comtesse* mentionnée *1837*, 1, 7. Dans les deux premières chansons, le poète dit expressément qu'il n'a pas encore fait à sa dame un véritable aveu de son amour:

303, 4, 3—4: *N'encor n'est pas si grans mes hardemens*
              Ke je li os dire les maus ke trai
5, 1—4: *Encor devis coment je li dirai*
           Le grant dolour ke j'en trai sans anui,
           Ke tant l'aour et desir, cant j'i sui,
           Ke ne li os descovrir me raison

629, 2, 2—4: *C'orgueus et hardemens fiers*
Seroit, se je me pensée
Li descovroie premiers
3, 1—4: *Tant ai chelé men martire*
Tous jours a toute le gent
Ke bien le devroie dire
A me dame soulement
4, 5—6: *Au descovrir men talent,*
Se gart bien de l'escondire
5, 1—2: *Fous sui, ki ne li ai dite*
Me dolour, ki est si grans.

S'il est permis de croire que tout ce qui est dit dans les chansons se base sur des faits réels et sur les vrais sentiments du poète, il faut admettre que la chanson *629* est celle des deux que le poète a composée la première, car il y dit:

1, 1—2: *Canchon legiere a entendre*
Ferai — — — — — —
5—6: *Ne par autres messagiers*
N'iert ja me dolours mostrée,

d'où on a le droit de conclure qu'il n'a pas l'intention de déclarer formellement son amour à la dame de son cœur, quoiqu'il laisse entrevoir, dans la même chanson, que

— — besoings et desiriers
Et chou c'on ne puet atendre (2, 5—6)

pourraient l'amener à déclarer sa passion, avant que sa dame l'eût devinée. Malgré cette assertion, que le poète ne parlera jamais de son amour que dans des chansons, il s'écrie dans la chanson *303*, 5, 1—2:

Encor devis coment je li dirai
Le grant dolour ke j'en trai sans anui,
et on voit très bien qu'il ne s'agit plus d'un aveu exposé dans les termes vagues d'une „chanson d'amour", puisque le poète dit:

4, 5:   — *devant li n'en os parler ne sai*
et 5, 3—4: — *tant l'aour et desir, cant j'i sui,*
    Ke ne li os descovrir me raison,

d'où on voit qu'il connaissait de près la personne qu'il aimait, et qu'il méditait la manière de lui découvrir ses sentiments dans une entrevue personnelle.

La chanson *1837* montre que Conon de Béthune sait déjà que sa dame connaît son amour, mais qu'il n'est pas plus avancé pour cela, parce qu'il ne l'a pas priée de répondre à ce sentiment. Il se demande:

— — — — *Dirai li men corage?*
Li irai jou dont s'amour demander? (3, 1—2)

et ajoute amèrement:

Oïl, par Deu! car tel sont li usage
C'on n'i puet mais sans demant rien trover (3, 3—4).

Cette chanson est donc la troisième, quant au temps, des chansons qui nous ont été conservées.

Viennent ensuite les deux chansons de croisade: *1125* et *1314*, composées avant la croisade de 1190—92. De la chanson *1125* on peut aussi dire, à cause de la str. 6, v. 4 *(il fu mors en le crois que Turc ont)*, qu'elle est avec certitude postérieure à la prise de Jérusalem (en 1187). La chanson *1314* a été écrite au plus tôt en 1188, après l'établissement de la *dîme saladine* (v. 3, 1: *Vous ki dismés les croisiés* et 4, 3—4: *Ki sont croisié a loier Por dismer clers et borjois et serjans)*, et au plus tard en 1189, car on voit par la str. 7, v. 3 *(s'en prendent a men maistre d'Oisi)* que Huon d'Oisy était encore en vie; or il mourut en 1189 (v. p. 101, note 3). Il est bien difficile de dire avec certitude laquelle des deux chansons est antérieure. Nous croyons cependant devoir mettre en premier lieu la chanson *1125*, parce que l'autre *(1314)* nous représente le poète tellement irrité contre les „barons" qu'il serait bien étonnant qu'il n'eût montré aucune trace de cette irritation dans une autre chanson de croisade écrite peu de temps après la première, et nous voyons que la chanson *1125* ne contient que des exhortations sans aucune violence à prendre part à la croisade. Dans les deux chansons, Conon de Béthune exprime son chagrin de devoir quitter sa dame.

Suivent maintenant les chansons *1128*, *1325*, *1420* et *1623*, dans lesquelles le poète se plaint sur différents tons de la „trahison" de sa dame [1]), qui eut lieu probablement pendant son séjour en Terre-Sainte [2]):

1128, 4, 1—2: *N'a pas grant vasselage*
                Fait, s'ele m'a traï

---

[1]) S'agit-il ici encore de la „Comtesse" (v. p. 168)? C'est ce que nous ne saurions dire avec certitude. Des mots:
Si ne vos nomerai mie (1325, 2, 12)
on pourrait tirer la conclusion qu'il est question maintenant (et alors aussi dans les chansons *1125* et *1314*) d'une autre dame.

[2]) Nous ne voyons pas bien la raison qui a conduit M. P. Paris (Romancero 85 sqq.) et d'autres à admettre comme incontestable que Conon de Béthune a écrit ces chansons (sont citées par P. Paris les chansons *15*, *1325* et *1623*) *avant* son départ pour la Terre-Sainte. Les vers 4—5 de la chanson *1325*, str. 2 *(Mal ait vos cuers covoitous, Ki m'envoia en Surie!)* prouvent bien le contraire.

1325, 2, 6:   *Fausse estes, voir, plus ke pie*
1420, 1, 2—4:   *— — ne kier mais amer,*
                S'en tel leu n'est c'on ne sache mentir
                Ne dechevoir ne fausser
1623, 1, 7—8:   *Je n'en cantai fors d'une soulement,*
                Ki bien forfist ke venjanche en fust prise.

Nous croyons que ces chansons doivent se suivre dans l'ordre dans lequel nous venons de les énumérer pour les raisons données ci-dessous, naturellement avec la réserve faite plus haut (p. 169): qu'elles ne contiennent pas de pures fictions poétiques, car en ce cas il vaudrait autant ne pas essayer d'en établir la chronologie. Dans les quatre chansons, il est fait allusion à une chanson (ou plusieurs) où le poète a médit des femmes et de l'amour:

1128: 1, 1—4: *Se rage et derverie*
              Et destreche d'amer
              M'a fait dire folie
              Et d'amour mesparler
1325, 2, 1—2: *Pour une k'en ai haïe*
              Ai dite as autres folie
1420, 3, 1—3: *Assés i a de cheles et de chiaus*
              Ki dïent ki j'ai mespris
              De chou ke fis covretures de saus
1623, 1, 3—5: *La me sovint de gent de male guise,*
              Ki m'ont mis sus menchonge a escïent:
              Ke j'ai canté des dames laidement.

La chanson *1128* vient en premier lieu, parce qu'elle contient quelques passages qui semblent indiquer que c'est là *pour la première fois* que le poète déclare formellement rompre tout commerce avec sa belle:

4, 5—8: — *puis k'il est ensi*
K'ele a tort m'i desgage,
Je li rent sen homage
Et si me part de li
5, 6—8: *S'est bien tens et mesure*
Et raisons et droiture
Ke li rende s'amour.

Après la chanson *1128* vient la chanson *1325*, où le poète, tout en gardant en assez bon souvenir sa dame (str. 1), la traite plus bas dans la même chanson de „fausse" (2, 6), l'accuse de l'avoir envoyé perfidement „en Syrie" (2, 5) et s'écrie indigné:

Ne mais por vous
N'averai mes eus plorous (2, 7—8).

Il n'est pas encore question d'un nouvel amour dans cette chanson, mais dans la chanson *1420* nous lisons déjà:

1, 7—8: — — — *loial amour chertaine*
Vourai encor recovrer
2, 1—2: *Ki vouroit or loial amour trover*
Si viegne a moi por coisir.

Enfin, dans la chanson *1623*, le poète nous dit:

3, 3—4: *Ke m'est ou cuer une autre amours assise,*
Ki me rekiert et alume et esprent [1]).

---

[1]) M. Dinaux (Trouv. artésiens 397) a cru que ces mots contiennent une allusion, non à un amour charnel, mais à l'amour de Dieu, manifesté dans la participation aux croisades. La méprise est explicable par le fait que Dinaux dans sa copie (c'est-à-dire celle de M. P. Paris, Romancero 89—90), n'a pas reproduit la 4:ième strophe *(A le meillour* etc.). Cette strophe montre bien qu'il s'agit d'un vrai amour humain. Cf. Scheler, Trouv. belges 277.

La seule chanson qui nous reste à mentionner, *1574*, ne saurait, si elle est de Conon et s'appuie sur des faits réels, avoir sa place qu'après la chanson *1623*, parce qu'il n'y est pas question d'une „trahison", mais d'une certaine froideur de la part de la dame (v. p. 105). Cette dame pourrait donc être l'objet du „nouvel amour" du poète. Si elle ne contient qu'une fiction poétique [1]), on peut également la mettre à la fin, parce qu'elle est assez spirituelle pour être l'œuvre d'un poète arrivé au point culminant de sa carrière poétique. Dans tous les cas, la chanson ne peut avoir été écrite plus tôt qu'en 1192, car ce n'est que de cette année que date le Marquisat de Boniface [2]), et il doit bien s'agir (str. 5, v. 7) de ce personnage célèbre (v. p. 105) [3]).

Disons maintenant, parvenu à la fin de cet essai d'un groupement chronologique des chansons, que nous ne sommes nullement convaincu d'avoir vraiment trouvé le meilleur ordre. D'abord il n'est pas tout à fait sûr que toutes ces chansons soient vraiment de Conon de Béthune, et puis ces chansons ne reflètent pas nécessairement des faits réels et des sentiments véritablement éprouvés.

---

[1]) La mention des démarches du „Marchis" et du „Barrois" (5, 7—8) n'empêche pas que la chanson ne soit entièrement une fantaisie. Les personnages en question (v. p. 105) pourraient bien être pris seulement comme types: le grand homme d'Etat et le brave guerrier.

[2]) V. L'art de vér. les dates III, 632 b, sq.

[3]) M. P. Paris (Romancero 109) le croit aussi, ce qui ne l'empêche pas d'indiquer plus tard, à un autre endroit (Chron. de Fr. I, 838, n. 3), Conrad de Montferrat (marquis en 1188—1192; v. L'art de vér. les dates III, 632 a) comme le personnage dont il s'agit ici.

Voici maintenant le résumé des résultats de notre groupement chronologique:

629	de	la	liste	de	Raynaud	= I
303	"	"	"	"	"	= II
1837	"	"	"	"	"	= III
1125	"	"	"	"	"	= IV
1314	"	"	"	"	"	= V
1128	"	"	"	"	"	= VI
1325	"	"	"	"	"	= VII
1420	"	"	"	"	"	= VIII
1623	"	"	"	"	"	= IX
1574	"	"	"	"	"	= X.

Chapitre V.

Essai de restitution de la langue originale des chansons.

Quant il s'agit d'éditer un texte quelconque dont on ne possède pas la rédaction originale, on peut se laisser guider par deux principes pour établir l'orthographe du texte. Ou bien on donne, avec quelques restrictions peut-être, l'orthographe d'une des copies, en général de celle qui paraît se rapprocher le plus de l'original par l'âge et le dialecte; ou bien on essaye de reconstituer, tant bien que mal, la langue qu'on suppose avoir été celle de l'auteur. La première méthode, outre qu'elle est très commode, a l'avantage de ne pas promettre plus qu'elle ne peut donner; elle est d'ailleurs a recommander toutes les fois qu'on veut faire connaître d'une manière exacte l'orthographe de tel ou tel ms., connaissance qui peut être d'une grande utilité pour l'étude de la langue. C'est surtout le cas quand on a affaire à un ms. peu connu et qui présente des traits dialectaux remarquables. La seconde méthode est beaucoup plus arbitraire, de sorte que les résultats n'en sont presque jamais bien sûrs. L'individualité du poète joue toujours un grand rôle dans son langage, et peut-être surtout dans son orthographe. La méthode de reconstitution a cependant l'avantage d'essayer du moins de s'approcher du vrai, en d'autres mots, d'être plus scientifique, et elle nous paraît préférable dans les cas où le texte original a passé par les mains de *plusieurs* copistes avant d'arriver jusqu'à nous, et où par conséquent la langue du texte existant a peu de chances d'être un reflet quelque peu exact de celui de l'original.

C'est cette seconde méthode que nous croyons devoir suivre pour nos chansons, et non seulement par la raison que nous venons d'indiquer (notre classification des mss. montre suffisamment à combien de remaniements le texte original a été sujet), mais aussi par un autre motif, que voici: Aucun de nos mss. ne contient toutes les chansons de notre poète; il faudrait donc, si on ne voulait pas reconstruire la langue de l'original, ou bien donner une partie du texte avec l'orthographe d'un ms., d'autres parties avec celle d'autres mss., ou bien reconstruire la langue de telle et telle chanson d'après l'orthographe d'un ms. qui ne la contient pas. La première manière d'agir a le grand désavantage de ne tenir *aucun* compte de la langue de l'auteur et choque nécessairement les yeux d'un lecteur attentif. La seconde exige, contre le principe de la méthode elle-même, une reconstruction, mais une reconstruction de pure fantaisie, faite dans un but essentiellement esthétique. Elles sont donc condamnables toutes les deux. Il ne reste qu'à ajouter que nous ne considérons pas comme pratique de donner par le texte de nos chansons un échantillon de la langue d'un de nos mss. L'étude de la langue d'un ms. doit se faire, non en en donnant quelques fragments, mais par un examen minutieux de l'ensemble, tel que Wackernagel l'a fait pour le ms. C.[1].

Après avoir admis que, pour les chansons de Conon de Béthune, un essai de reconstitution de la langue originale vaut mieux que la reproduction fidèle de la langue d'un ms., il faut établir les principes d'après lesquels se fera cette reconstitution. Les rimes et le mètre nous renseignent naturellement sur plusieurs points, mais ils laissent aussi bien des points essentiels complètement douteux. La question est maintenant de savoir si l'on doit, pour ces derniers points, essayer de tirer de la langue des mss. mêmes des conclusions sur la langue originale, ou s'il faut chercher des points de repère pour la détermination de cette langue hors de la langue des mss. Puisqu'on sait que Conon de Béthune s'est servi du dialecte artésien (v. p. 135), on serait tenté de rele-

---

[1] V. Wackernagel, Afr. Lieder u. Leiche 121—164.

ver dans nos mss. toutes les formes picardes et, de reconstruire d'après elles la langue de notre poète. Mais en agissant ainsi, on s'exposerait à commettre de graves erreurs, car les formes picardes peuvent aussi bien provenir d'un copiste quelconque que de l'auteur lui-même; or, il est mauvais en principe de mêler ensemble les parlers de différentes personnes, alors qu'on ne sait pas si elles prononçaient quelque peu de la même manière. En effet, il est facile de prouver que précisément les mss. à orthographe plus ou moins picarde contiennent des picardismes provenant de quelque copiste. On n'a qu'à examiner la langue de quelque poète non picard dont un de ces mss. contient des chansons, pour être convaincu de ce fait. Ainsi le ms. **a** est écrit dans le dialecte d'Arras (vers la fin du XIIIe siècle ou même plus tard[1]) par un copiste qui a introduit dans les chansons du roi de Navarre de nombreux picardismes, p. ex. c (k) pour ch champ. *(cantant, caut, castoie, kanter)*, ch pour c champ. *(rechois, chil, fache, chou, chelui, puchele)*, s pour z champ. *(saues, fais* [pt.], *eskapes)*, au pour ou champ. *(caup)*, etc.; le ms. **T**[1] montre également des picardismes dans les chansons du même poète: *cancon, coisi, sacies, chi, outraige, partis, vaudroit* etc. etc.

Si donc on ne peut pas tenir compte de la langue générale des mss., parce qu'il est extrêmement difficile d'y faire la part du copiste et celle de l'auteur, il ne reste qu'à chercher ailleurs des moyens de reconstruire la langue de notre poète.

---

[1]) V. Schwan, Afr. Lhs. 52.

Il s'agit maintenant en premier lieu de définir avec précision le dialecte qu'a dû employer Conon de Béthune[1]). Nous n'avons parlé jusqu'ici que du dialecte *artésien;* mais ce mot n'en dit pas assez. La langue qui se parlait en Artois variait certainement selon les localités; on le sait même avec une certitude absolue pour beaucoup de cas particuliers[2]). De quelle localité Conon de Béthune a-t-il alors employé le dialecte? On serait tenté de répondre tout de suite: de la ville de Béthune. En considérant cependant que notre poète, appartenant à une famille seigneuriale, devait être peu influencé par le langage des classes moyennes, tel que nous le trouvons dans la plupart des anciennes chartes, nous pouvons plutôt admettre qu'il parlait le langage le plus employé par les hommes de lettres de l'Artois. Cette langue était naturellement la langue du chef-lieu du pays: Arras. Cette supposition devient d'autant plus probable, quand on sait que la ville de Béthune ne se trouve qu'à une distance de 29 kilomètres d'Arras.

C'est donc la langue employée par les poètes originaires d'Arras que nous essayerons de rétablir pour le texte des dix chansons de Conon de Béthune. Nous n'avons pas, il est vrai, sous la main d'œuvre poétique

---

[1]) Cela va sans dire que nous pensons en premier lieu à la langue *écrite;* la valeur phonétique exacte des lettres n'est pas encore fixée pour bien des cas.

[2]) Nous citerons ici deux cas: 1:o) *e* entravé se trouve diphthongué en *ie* dans les chartes d'Aire (v. de Wailly, Bibl. de l'Ec. des Chartes XXXII, 307 sq.), mais non dans des textes écrits par des poètes d'Arras; 2:o) *a* libre devient *ei* encore à Saint-Omer, mais pas plus au sud (v. Suchier, Grundr. der rom. Phil. I, 602).

datant exactement du temps où notre poète composa ses chansons (1180—1195 environ). Nous essayerons d'y remédier, autant que possible, en comparant la langue employée par Gautier d'Arras dans *Ille et Galeron* (écrit en 1157 [1]) et *Eracle* (écrit vers 1160 [2]) avec celle des œuvres écrites par des natifs d'Arras au XIIIe siècle. Citons en premier lieu *Les Congés* de Jean Bodel (de l'année 1205 [3]). Dans les cas où les rimes de cette œuvre ne contiennent pas les indications nécessaires, nous aurons recours à des œuvres postérieures, comme les chansons d'Audefroi le Bâtard (XIIIe siècle [4]) et surtout *Li Vers de le Mort* (milieu du XIIIe siècle [5]). Enfin, la copie de cette dernière œuvre dans le ms. Paris, Bibl. nat. f. fr. 375 (anc. 6987) a également été faite par un natif d'Arras, le nommé Jean Mados, en 1288 [6]).

Ajoutons qu'en restituant une orthographe uniforme pour nos chansons, nous ne croyons nullement donner à chaque mot son aspect original; au moyen-âge une orthographe réglée n'était pas — autant que de nos jours — le signe d'une éducation soignée. D'ailleurs, qui dit que le premier exemplaire de chacune de nos chansons ait été *écrit* par Conon de Béthune lui-même? Nous essayerons tout simplement de donner l'orthographe que Conon de Béthune aurait employée, s'il avait voulu (et pu) écrire d'une manière conséquente.

---

[1]) V. G. Paris, Litt. franç. 106 (§ 66).
[2]) V. G. Paris, Litt. franç. 82 (§ 51).
[3]) V. Raynaud. Rom. IX, 219.
[4]) V. G. Paris, Litt. franç. 176 (§ 118).
[5]) V. Windahl, l. c. XXXIX; cf. G. Paris, Rom. XX, 139, n. 1.
[6]) V. Windahl, l. c. VIII.

Dans l'examen suivant, qui laissera de côté, autant que possible, les questions de langue communes aux dialectes picard et francien, nous prendrons pour point de départ, quant à la phonologie, les sons du latin vulgaire.

I. Phonologie.

§ 1. *Voyelles.*

A.

A tonique libre. Cette voyelle est rendue par *ei* dans beaucoup de textes „picards" *(aveis* [*habatis], *teil* [talem]) [1]. La diphthongaison ne se rencontre cependant pas en Artois [2], si ce n'est tout au Nord-Ouest du pays [3]. Nous écrivons donc: *mostrée* (monstrata) I, 1, 6; *chelé* (celatum) I, 3, 1; *amer* (amare) II, 2, 6; *dismés* (decimatis) V, 3, 1; etc.

A tonique libre + l devant une cons. La rime *morteus* (mortales) IV, 3, 7: *-eus* (-osum) indique le développement *-eu-* < *-al-*. Cela concorde avec l'usage dans Gautier d'Arras [4] et Jean Bodel [5], ainsi qu'avec celui

---

[1] V. G. Paris, Alexis 407; Suchier, ZfrP. II, 277; Auc. u. Nic.³ 70; Neumann, Laut- u. Flexionsl. 4, 15—6, 19.

[2] V. Zemlin, Der Nachlaut i 22, 29; Schwan, Rom. Stud. IV, 361 (Aire); Windahl, Vers de le Mort XXX (J. Mados); Meyer-Lübke, Gramm. I, 215 (§ 226).

[3] V. Suchier, Grundr. der rom. Phil. I, 602; Meyer-Lübke, l. c. (Saint-Omer).

[4] V. dans *Eracle* (éd. de Löseth) *teus* (talis): *Deus* (Deus) 587—8, 5884—5 à côté de *leu* (locum): *Deu* 131—2, 5274—5, 6084—5 et de *deus* (duos): *leus* 3540—1.

[5] V. Raynaud, Rom. IX, 229: *teus: ëureus* (*agurosus).

dans *Li Vers de le Mort* [1]). Dans ce dernier poème on a d'ailleurs aussi -*iu*- (ou -*ieu*) [2]), et -*ieü*- se rencontre souvent dans d'autres textes picards [3]). Nous écrivons: *keus* (qualis) V, 5, 1.

A devant une combinaison de sons, donnant pour résultat une des consonnes chuintantes g et ch (-aticum > -*age*, -apiam > -*ache*). Les textes picards présentent souvent -*ai*- (peut-être avec la prononciation è [4])) au lieu de -*a*- [5]), et cette notation -*ai*- se rencontre également dans les chartes du Vermandois [6]), du Ponthieu [7]) et d'Aire [8]). La notation par *a* simple est cependant beaucoup plus ordinaire, et elle a été sans doute propre au dialecte d'Arras, à en juger non seulement par l'orthographe du copiste Jean Mados [9]), mais aussi par la prononciation actuelle à Arras [10]). Nous écrivons donc: *outrage* (*ultraticum) II, 2, 5; *langage* (*linguaticum) III, 1, 5; *sachent* (sapiant) IV, 2, 5; *eage* (*ætaticum) IV, 5, 1; *rage* (*rabia) VI, 1, 1; *messagiers* (*missaticarios) I, 1, 5; *sachiés* (sapiatis) IV, 2, 4; 6, 5; 7, 3; etc.

---

[1]) V. Windahl, l. c. XXIII *(morteus)*.

[2]) V. Windahl, l. c. XXII *(signerius* [*senioralis]: *fieus* (filius) etc. str. CXXVI).

[3]) V. p. ex. v. Hamel, Car. et Mis. I, p. CXX sq.

[4]) V. Meyer-Lübke, Litt. bl. 1890, 186 (n:o 5).

[5]) V. Förster, Chev. II esp. XXXII sq.; cf. Zemlin, Der Nachlaut i 20.

[6]) V. Neumann, Laut- u. Flexionsl. 4, 11 sq.

[7]) V. Raynaud, Bibl. de l'Ec. des Chartes XXXVII, 19.

[8]) V. de Wailly, Bibl. de l'Ec. des Chartes XXXII, 308.

[9]) V. Windahl, l. c. XXX.

[10]) V. Meyer-Lübke, Gramm. I, 218 (§ 232).

Habuit a donné régulièrement *ot;* c'est aussi la forme employée tant par Gautier d'Arras [1]) que par Jean Mados [2]). On n'a donc pas à tenir compte de la forme *eut*, qui, d'après M. Schwan, appartenait aux dialectes du Nord [3]). Nous écrivons: *ot* X, 1, 2; 3, 2.

A des mots atones illa(m), mea(m), tua(m), sua(m) est rendu par *e* dans les textes picards [4]), incl. ceux d'Arras [5]). Si nous avons bien restitué le vers V, 7, 2, la forme *jel* (sc. *me sanlanche*) démontre à l'évidence que Conon de Béthune aussi prononçait *le*. Nous écrivons donc: *le (sc. canchon)* I, 1, 3; *le meillour* I, 1, 7; *me pensée* I, 2, 3; *se valours* I, 2, 1; etc.

A protonique libre dans *cadantem, *cadantiam doit régulièrement se changer en *e* (cf. caballum > *cheval*), et les formes avec *a* sont probablement dues à une assimilation postérieure (cf. *eage* > *aage*). Le copiste Jean Mados donne les deux formes [6]), ce qui nous autorise à choisir la forme primitive pour notre poète. Nous écrivons donc: *mescheans* (minus-*cadantem + s) I, 5, 5; *cheanche* V, 6, 5; etc.

---

[1]) V. Ille et Galeron (éd. de Löseth): *ot* (audit): *ot* (habuit) 1189—90; pour la prononciation *out* parle cependant *ot: vot* (vŏluit) Eracle 901—2 (éd. de Löseth).

[2]) V. Li Vers de le Mort (éd. de Windahl) CXIV, 3; CXX, 11; CLXXII, 4.

[3]) V. Schwan, Gramm. des Afr. 138 (§ 449); cf. aussi Suchier, Auc. u. Nic.³ 67; Behrens, Unorg. Lautvertretung 82—3.

[4]) V. Diez, Gramm.⁵ 480; Suchier, Auc. u. Nic.³ 65.

[5]) V. la langue du copiste Jean Mados, où cependant on trouve quelques exemples avec *a* (Windahl, l. c. XXXIII).

[6]) V. Windahl, l. c. XXXI.

A atone devant une combinaison de sons, donnant pour résultat une consonne mouillée. Au lieu de *ai* on trouve souvent un simple *i* dans les textes du Nord-Est de la France [1]), et particulièrement dans le langage du copiste Jean Mados [2]). Comme cet affaiblissement est cependant peu régulier, on peut croire que Conon de Béthune employait encore exclusivement la forme primitive. Nous écrivons par conséquent: *graignour* (grandiorem) IV, 2, 4.

E.

É tonique libre devant une consonne nasale ou gn, ainsi que é tonique entravé, combiné avec un yod postérieur, devant une cons. nas. Cet *é* doit être rendu par *ai* dans nos chansons, comme l'atteste déjà la rime *paine* (pœna): *-aine* (-ana) VIII, 1, 5 [3]). Nous écrivons donc: *ensaigne* (*insĭgnat) II, 3, 6; *ramaint* (re-ad-mĭnet) IV, 1, 4; *faintise* (*fĭnctum + -ise) IX, 3, 6; etc.

É tonique entravé dans la terminaison lat. -ĭllus. Pour cette terminaison, on a en picard *-iaus* [4]); cf. *chiaus* (ecce-ĭllos): *-aus* VIII, 3, 1. Nous écrivons donc aussi: *chiaus* IV, 5, 5; V, 6, 8.

---

[1]) V. Bartsch-Horning, Langue et litt. franç. 11.

[2]) V. Windahl, l. c. XXXI.

[3]) V. p. 146 et note; cf. encore dans *Eracle* de Gautier d'Arras: *mains* (mĭnus): *mains* (manus) 3440—1; etc. (éd. de Löseth).

[4]) V. plus haut p. 147, note 3.

É entravé devant une consonne nasale. Le dialecte picard garde la lettre *e*[1]; cf. la rime *sens* (sēnsum) II, 3, 7: *-ens.* Nous écrivons donc aussi: *prendent* (prēndant) V, 7, 3; *pensée* (pēnsatam) I, 2, 3; etc. Font cependant exception, outre *lĭnguaticum, qui se trouve sous la forme *langage* partout dans l'ancien français, les mots sĭm(i)lare et sĭn(e) (+ s)[2]. Nous écrivons donc: *sans* II, 1, 4; V, 6, 2; etc.; *sanlanche* (*sĭmilantiam) I, 6, 3; V, 5, 5; 7, 1; *sanloit* X, 2, 5. Remarquons aussi à cet endroit que in-odio, *inamicum se retrouvent sous les formes *anui, anemi* dans le langage du copiste Jean Mados[3]. Par conséquent nous écrivons: *anui* II, 4, 8; 5, 2; *anoieuse* (*inodiosam) IV, 4, 1; *anoious* VI, 3, 4; *anemi* V, 3, 4.

É atone devant une combinaison de sons, donnant pour résultat une consonne mouillée. Au lieu de *ei* on trouve souvent un simple *i* dans les textes du Nord-Est de la France[4], et particulièrement dans le langage du copiste Jean Mados[5]. Comme cet affaiblissement est loin d'être régulier, nous croyons devoir attribuer la prononciation antérieure *(ei)* à notre poète. Nous écrivons par conséquent: *conseillier* (*consĭliare) II, 3, 2; *enseignier* (*insĭgnare) II, 3, 3. Cf., sur *a* atone dans une position analogue, p. 184.

---

[1] V. plus haut p. 141, note 1.
[2] V. Haase, Das Verh. der pik. u. wall. Denkm. 45; cf., pour la langue de Jean Mados, Windahl, l. c. Gloss.
[3] V. Windahl, l. c. Gloss.
[4] V. Förster, Chev. II esp. XXXIX; Bartsch-Horning, Langue et litt. franç. 17; Wilmotte, Moyen Age I, 7.
[5] V. Windahl, l. c. XXXI.

É atone dans de-ĭllum, in-ĭllum *devant les mots commençant par une consonne.* On trouve pour ces mots en artésien les formes *dou, ou* et *du, u*[1]). Nous choisissons les formes *dou, ou* comme étant employées par le Renclus de Moiliens [2]). Nous écrivons donc: *dou* II, 5, 5; *ou* II, 1, 3; etc.

È.

E tonique libre dans Dĕus. Dans le picard on trouve en général *Dieus, Dius* [3]), et le patois actuel d'Arras présente la forme *Dius* [4]). Il est cependant très douteux que cette forme ait prévalu en Artois au temps de notre poète, parce que Gautier d'Arras connaît la prononciation *Deus* [5]), forme qui se trouve également dans *Le Jeu Saint-Nicolas* de Jean Bodel [6]). Si nous nous rappelons en outre que, déjà dans les plus anciens monuments de la langue française, *e* de *Deus* avait la valeur

---

[1]) V. le langage du copiste J. Mados (Windahl, l. c. Gloss.). On y trouve aussi l'orthographe *del*, dont nous ne pouvons naturellement tenir compte ici. La vocalisation de *l* était accomplie déjà dans la première moitié du XIIe siècle (v. Schwan, Gramm. des Afr. 90 [§ 326]).

[2]) V. v. Hamel, Car. et Mis. I, p. CL. M. Neumann (Laut- u. Flexionsl. 67) regarde ces formes comme „echt pikardisch".

[3]) V. Suchier, ZfrP. II, 301; v. Hamel, Car. et Mis. I, p. CXX; Windahl, l. c. XXII.

[4]) V. Suchier, Auc. u. Nic.³ 68.

[5]) V. Eracle (éd. de Löseth): *leu* (locum): *Deu* 131—2, 5274 —5, 6084—5 à côté de *deus* (duos): *leus* 3540—1. Pour le cas-régime on a, dans *Eracle*, aussi *regardé* (re-ex-*wardatum): *Dé* 6420 —1. Cf. Tobler, Aniel² XXIX.

[6]) V. Raynaud, Rom. IX, 229.

phonique de *e* venant d'un *a* latin [1], et que la forme *morteus* (mortales) est assurée pour la langue de notre poète (cf. aussi le développement de locus), il nous paraît tout à fait probable que notre poète se servait aussi de la forme *Deus*. Par conséquent nous écrivons: *Deus* II, 1, 4; *Deu* III, 3, 3; etc.

È tonique libre devant l + consonne. La question est de savoir si dans le langage de Conon de Béthune, le résultat de -èl- était -*ieu*- ou -*iu*-. On considère en général -*iu*- comme la notation spécialement picarde [2], et la prononciation actuelle d'Arras remonte, en effet, à -*iu*- [3]. Voici ce qui nous semble parler en faveur de *iu* (venant de *ieu* = *iöu* par un effet d'assimilation) déjà pour le temps de notre poète. On a dans Gautier d'Arras des rimes telles que *Grieu* (Græcum): *pieu* (*pīum) [4]; or comme nous croyons que *ieu*, à cette époque, avait encore la valeur de la diphthongne *iöu* (cf. p. 142, note 2), et qu'un développement *iu* > *iöu* nous semble invraisemblable, tandis que la réduction de *iöu* en *iu* peut facilement s'expliquer phonétiquement, nous préférons lire, à l'endroit cité, *Griu: piu* [5]. La notation *ieu*, assez fré-

---

[1] V. Bartsch-Horning, Langue et litt. franç. 8, 12.

[2] V. Suchier, Auc. u. Nic.³ 67.

[3] V. Suchier, l. c. 68.

[4] V. Löseth, Ille vv. 6285—6. Cf., dans les *Congés* de Jean Bodel, *pensiu* (*pensivum), *eskiu* (germ. *skiuhan): *Mahiu* (*Mahæum), *liu* (locum), etc. (Raynaud, Rom. IX, 236 [str. X]).

[5] Dans *Li dis dou vrai aniel* (p. XXIX) M. Tobler dit préférer, pour son poème, la notation *ieu* à cause de la co-existance de formes en *eu* pour les mêmes mots. Cette raison ne tient pas, si, comme nous le croyons, *ieu* ne s'est pas développé de *eu* (= *öu*), mais est dû à un développement dialectal de *eu* primitif *(= eu)* en *ieu (Deus > Dieus)* ou de *ueu* en *ieu (*lueus > lieus).* Cf. p. 143, n. 5.

quente dans les mss. picards du XIIIe siècle, peut, ou bien, tout en signifiant *iu*, avoir été empruntée au dialecte de l'Ile-de-France, ou bien indiquer un développement phonétique postérieur, à une époque où *eu* avait déjà la valeur phonique de *ö* [1]). — Nous écrivons donc: *mius* (mĕlius) II, 1, 2.

È tonique libre dans intĕgrum. La forme *entiere*, qui paraît propre au dialecte d'Arras [2]), est demandée par la rime VII, 1, 2. Nous écrivons donc aussi: *entier* X, 5, 6.

È tonique entravé dans tĕrra *etc*. La diphthongaison de cet *è* n'est pas propre au dialecte d'Arras [3]). Nous écrivons donc: *pert* (perdit) II, 3, 7; etc.

È entravé devant une consonne nasale. Cet *è*, aussi bien que l'*é* dans la même position (v. p. 185), est en général noté par *e* dans les textes picards [4]). Les rimes de nos chansons servent à constater le fait (v. pp. 141, 147, 148). Quant aux mots connus dans lesquels en picard *en* peut équivaloir à *an* [5]), nous préférons garder l'orthographe étymologique dans tous les cas où la rime ne demande pas le contraire. Par conséquent nous écrivons: *dolens* (dolĕntem + s) [6]) II, 4, 1; V, 2, 8; *escïent*

---

[1]) M. Neumann (Laut- u. Flexionsl. 42) semble croire qu'en picard *ieu* a toujours été postérieur à *iu;* mais *mius* a naturellement dû passer par *mieus (ĕ > ie)*.

[2]) V. p. 149, note 4.

[3]) V. p. 149, note 5. Cf. encore Suchier, Grundr. der rom. Phil. I, 602.

[4]) V. p. 141, note 1.

[5]) V. p. 141, notes 2 et 3.

[6]) *Dolentem*, quoique venant de dolēre, a dû avoir ĕ; v. Marx, Hülfsbüchlein für die Ausspr. der lat. Vok. 1.

(scientem) ¹⁾ IX, 1, 4 *(: -ent)*; *nïent* (nĕc-*entem) ²⁾ I, 3, 5; IX, 2, 4 *(: -ent)*; *tens* (tempus) ³⁾ II, 5, 6; IV, 3, 5; VI, 5, 6; IX, 3, 1; *talent* (talentum) I, 4, 5; IX, 3, 2 (: *-ent*); III, 1, 3; *trenleront* (*trem(u)lare-*habunt) ⁴⁾ V, 3, 5; mais *dolans (: -ans)* V, 2, 6; *talans (: -ans)* V, 2, 2; *penitanche* (pœnitentiam) *(: -anche)* V, 2, 5; etc.

È entravé devant ll + consonne. A -ĕll- correspond dans le dialecte picard *-iau-* ⁵⁾. Nous écrivons donc: *biautés* (*bellitatem + s) I, 6, 2; *oisiaus* (aucellus) V, 5, 6; etc.

È atone devant une combinaison de sons, donnant pour résultat une consonne mouillée. Au lieu de *ei* on trouve souvent *i* dans les textes picards du XIIIᵉ siècle ⁶⁾. Comme cet affaiblissement y est aussi peu régulier que celui de *ai* et *éi* en *i* (v. pp. 184 et 185), nous préférons pour nos chansons la forme antérieure, et écrivons par conséquent: *meillour* (mĕliorem) I, 1, 7; 7, 2; IV, 1, 2; 7, 3; *Seignour* (sĕniorem) IV, 1, 7; etc.

È atone dans nĕc-*entem. Nous avons à choisir entre *nïent* et *noient*, formes qui ne dérivent pas *directement* d'un mot latin *necentem (*c* intervocal devant la voyelle tonique aurait donné *-is-*; cf. lĭcere > *loisir*), mais de *ni* < nĕc + *ent* < *entem. *Nïent* doit donc être la forme primitive, d'où, d'un côté, *nient* (mono-

---

¹) Cf. Haase, Das Verh. der pik. u. wall. Denkm. 42.
²) Cf. Haase, l. c. 45.
³) Cf. Haase, l. c. 45—6.
⁴) Cf. Haase, l. c. 46.
⁵) V. Suchier, Auc. u. Nic.³ 66.
⁶) V. p. ex. la langue du copiste Jean Mados (Windahl, l. c. XXXI); cf. Bartsch-Horning, Langue et litt. franç. 13.

syllabique), d'un autre, nïent, noüent[1]). Nous expliquons la forme très fréquente noient comme une simplification orthographique de noüent, d'où suit que nous préférons écrire nïent, aussitôt que la rime est en -ent. Donc: nïent (: -ent) I, 3, 5; etc.

*Aetaticum donne régulièrement eage, d'où par assimilation aage. Nous choisissons ici, comme ailleurs [2]), la forme antérieure: eage IV, 5, 1; X, 5, 2.

I.

I libre devant l + consonne. Pour -il- on a en picard -iu- ou -ieu- [3]). La prononciation actuelle d'Arras est, d'après M. Suchier [4]), -iu-. Comme encore au temps de Gautier d'Arras -iu- primitif a dû être conservé [5]), nous écrivons aussi: *fius* (fīlius) III, 2, 2; *viuté* (vīlitatem) IX, 4, 4.

Ó.

Ó tonique libre devant s. C'est dans cette position que le développement de l'ó paraît avoir eu lieu le

---

[1]) Les trois formes se trouvent à la rime dans *Li Vers de le Mort* (éd. de Windahl): nïent str. CCXCI, 3, nient LXXXIV, 9, nüent CCLXXVII, 10.

[2]) Cf. p. ex. sur *cheant chaant* p. 183.

[3]) V. Förster, Chev. II esp. XLIV; cf. l'usage dans les chartes d'Aire (de Wailly, Bibl. de l'Ec. des Chartes XXXII, 309) et du Ponthieu (Raynaud, Bibl. de l'Ec. des Chartes XXXVII, 16, 26).

[4]) V. Suchier, Auc. u. Nic.³ 68.

[5]) V. p. 187.

plus vite [1]. Aussi avons-nous dans la chanson IV (str. 3—4) les rimes *leus* (locus), *morteus* (mortales): *-eus* (-osum), *preus* (prodem + s), *seus* (solus) [2]. D'un autre côté, la chanson VII nous présente (str. 2) les rimes *vous* (vos): *-ous* (-osum) [3]. Conon de Béthune hésitant entre les deux prononciations, nous choisissons, ici comme ailleurs, celle qui est antérieure, excepté naturellement dans les cas (dans la chanson IV) où la rime demande l'autre prononciation. Nous écrivons donc: *preus* IV, 3,2; *honteus* (*haun(i)tosus) 3, 4; *joieus* (*gaudiosus) 4, 2; *prechïeus* (pretiosus) 4, 4; *seus* 4, 5; *ëureus* (*agurosus) 4, 7, ainsi qu'aux rimes féminines correspondantes: *oiseuse* (otiosam) IV, 3, 1; *doloreuse* (dolorosam) 3, 3; *angoisseuse* (*angustiosam) 3, 6; *honteuse* 3, 8; *anoieuse* (*inodiosam) 4, 1; *savoreuse* (*saporosa) 4, 3; *glorïeuse* (gloriosam) 4, 6; *espeuse* (spōnsa) 4, 8 [4]. Dans tous les autres cas, nous écrivons -*ous*; l'orthographe -*os* est naturellement exclue par le fait même que Conon a employé des rimes en -*eus*: on ne peut supposer chez la même personne la prononciation -*os* à côté de -*eus* dans des cas identiques; de -*ous* à -*eus*, les deux degrés voisins indiqués par l'orthographe, il n'y a, au contraire, qu'un pas.

---

[1] V. Schwan, Rom. XIII, 258; Gramm. des Afr. 78 (§ 284); cf. v. Hamel, Car. et Mis. I, p. CXXV.

[2] Cf. p. 142.

[3] Cf. p. 152.

[4] Si vraiment la voyelle posttonique a pu exercer une influence conservatrice sur la voyelle tonique *ŏ* (v. Förster, Cligès LVIII; Suchier, Grundr. der rom. Phil. I, 601), ce n'est du moins pas ici le cas; car -*eus* et -*euse* correspondent nécessairement.

Ó tonique libre dans toute autre position que devant s. L'orthographe *eu* est exclue par les rimes *amour* (amorem) II, 3, 1; *jour* (diŭrnum) VI, 5, 4; *amour* 5, 8 [1]). La notation *ou* (non *o*) est demandée par le fait qu'on a déjà dans quelques cas *-eus* (v. ci-dessus). Nous écrivons donc: *dolours* (dolōrem + s) I, 1, 6; *chou* (eccehōc?) [2]) I, 2, 6; III, 1, 4; V, 6, 4; 7, 2; *soulement* (sōla-mente; accent secondaire!) I, 3, 4; IX, 1, 7; *jou* (egō) [2]) I, 3, 7; II, 1, 8; 2, 1; 3, 2; IV, 1, 6; VI, 2, 7; X, 4, 3 [3]); *prou* (*prōdi) IV, 3, 1; *ou* (ubi) IV, 7, 2; VI, 1, 8; *paour* (pavŏrem) [4]) IX, 4, 3; etc.

Ó tonique entravé. L'orthographe *ou* est exigée par la rime *jour: humour* (humōrem) etc. VI, 5, 4 (cf. ci-dessus). Nous écrivons donc aussi: *tous* (*tōttos) I, 3, 2; etc., quoique plusieurs mss. donnent encore les formes plus rapprochées à l'étymologie des mots: *tos*, etc.

Ó atone dans la syllabe initiale. La plupart des mss. écrivent encore *o*, et comme rien ne nous oblige à accepter la diphthongaison en *ou* déjà pour le temps de notre poète, nous écrivons: *mostrée* (mōnstrata) I,

---

[1]) Cf. p. 152.

[2]) Cf. *çou: jou* Eracle 195—6, 395—6 (éd. de Löseth). *Jou* est une forme spécialement picarde; v. Suchier, Auc. u. Nic.³ 73.

[3]) Nous écrivons *jou* dans les cas où le mot se trouve en hiatus avec le mot suivant, ou quand il suit le verbe (exc.: VII, 1, 5); partout ailleurs nous employons la forme atone *je (j')*.

[4]) La forme analogique (?) *pĕur* (cf. it. *paura*) est employée dans *Li Vers de le Mort* (v. str. CIX, 5; éd. de Windahl); mais Gautier d'Arras rime encore *empereeur: peeur* Er. 725—6, 1209—10, 1279—80 (éd. de Löseth).

1, 6; *doblée* (duplata) I, 2, 1; *por* (*pōr) I, 3, 6; *cortoisie* (*cōrtensia) I, 4, 3; etc.

Ó atone dans la syllabe protonique non initiale. On a considéré comme un trait caractéristique du picard l'affaiblissement en *e* de cet *ó* [1]). On en trouve, en effet, de fréquents exemples, non seulement dans le langage du copiste Jean Mados [2]), mais aussi dans les chartes d'Aire [3]) et du Ponthieu [4]). Si nous préférons néanmoins l'orthographe *o*, c'est que l'autre *(e)* n'est nullement constante, ni dans *Li Vers de le Mort*, ni dans les chartes; on peut donc supposer que Conon de Béthune a encore prononcé et écrit *o*. Par conséquent nous écrivons: *doloreuse* (dolōrosam) IV, 3, 3; *savoreuse* (*sapōrosa) IV, 4, 3; *descolorée* (dis-colōratam) X, 2, 2; *seignorie* (*seniōriam) X, 4, 4; *seignorage* (*seniōraticum) X, 6, 2; etc.

Les accusatifs protoniques meŭm, tuŭm, suŭm. Les formes picardes en sont: *men, ten, sen* [5]). Nous écrivons donc aussi: *men* I, 3, 1; *sen* II, 3, 7; etc.

Les formes meŭs meós, tuŭs tuós, suŭs suós. D'après Diez [6]), *mis tis sis* (peut-être des formes analogiques d'après *mi ti si*) seraient propres au picard. Cependant on ne trouve que les formes ordinaires *(mes,*

---

[1]) V. Bartsch, Germania VIII, 220.

[2]) V. Windahl, l. c. Gloss.: *dolereus* (dolōrosum), *gloutenie* (*gluttōniam), *honerer* (honōrare), etc.

[3]) V. de Wailly, Bibl. de l'Ec. des Chartes XXXII, 310.

[4]) V. Raynaud, Bibl. de l'Ec. des Chartes XXXVII, 10.

[5]) V. Diez, Gramm.⁵ 480; Suchier, Auc. u. Nic.³ 65; cf. v. Hamel, Car. et Mis. I, p. CLI; Windahl, l. c. XXXIII.

[6]) V. Diez, Gramm.⁵ 480.

tes, ses) dans le langage du copiste Jean Mados [1]), ainsi que dans les chartes d'Aire [2]). Nous écrivons donc aussi: *mes* I, 6, 4; *ses* III, 2, 2; etc.

Ò.

Ò libre devant l + consonne. Le développement regardé comme régulier est celui de -òl- en *-ueu-*, *-ieu-* (*vŏlet > vieut*) [3]). D'après M. Ulbrich [4]), la forme picarde ordinaire de *volet serait *viaut*, forme qui se trouve d'ailleurs en Champagne [5]). Cependant la réduction très commune dans ce mot de *ueu* à *eu (veut)* est constatée pour le picard par Le Renclus de Moiliens [6]), et spécialement pour l'artésien d'Arras par *Li Vers de le Mort* [7]). Nous écrivons donc: *veut* I, 4, 7; IV, 4, 1; 7, 2; et par analogie *org(u)eus* (*orgŏlius) I, 2, 2 [8]); *keurai* (*cŏlgĕre-habeo; acc. sec.) VI, 5, 4. A ces mots il faut probablement ajouter *eus* (ŏculos) IV, 7, 1; VII, 2, 8, rimant dans *Li Vers de le Mort* aussi bien en *-eus* qu'en *-ieus* [9]).

---

[1]) V. *Vers de le Mort*, XVII, 1: *ses;* etc. (éd. de Windahl).

[2]) V. de Wailly, Bibl. de l'Ec. des Chartes XXXII, 296 sq. Cf. Suchier, Auc. u. Nic.³ 82: *mes, tes ses*.

[3]) Cf. Meyer-Lübke, Gramm. I, 190 (§ 196).

[4]) V. ZfrP. II, 539.

[5]) V. Meyer-Lübke, Gramm. I, 191 (§ 196).

[6]) V. v. Hamel, Car. et Mis. I, p. CXXIII; cf. Suchier, Auc. u. Nic.³ 68; Grundr. der rom. Phil. I, 603.

[7]) V. Windahl, l. c. XXIV (*veus* de *vŏles).

[8]) Cf. Windahl, l. c. XXIV *(orgeus: -eus)*; par contre *orguieus: mieus* (mĕlius) Mis. str. LXXXV (v. Hamel, l. c. I, p. CXXI).

[9]) V. Windahl, l. c. XXIV. D'après M. Örtenblad (Etude sur le dév. des voy. lab. ton. 51, n. 4) *eus* serait la forme picarde par excellence.

Ŏ tonique libre dans les mots en -ŏcum. D'après la rime *leus* (lŏcus): *-eus* IV, 3, 5, il faut admettre le développement -ŏcum > -*eu* ¹). Nous écrivons donc aussi: *leu* VIII, 1, 3; *jeu* (jŏcum) II, 3, 3 ²).

Ŏ libre dans le verbe jŏcare. Ce verbe a donné (régulièrement?) *juee* > *jue* (jŏcat) ³) et *joer* (jŏcare). Il paraît cependant qu'en picard le radical tonique *(ju-)* s'est introduit aussi dans les formes à désinence accentuée ⁴). *Li Vers de le Mort* constate ce fait pour le dialecte d'Arras du milieu du XIII⁰ siècle ⁵). Nous écrivons donc, non seulement *jue* II, 3, 7, mais aussi *juer* II, 3, 4. Par analogie avec *jue*, nous rendons la 3.ième pers. plur. du prés. de l'ind. du verbe *pooir* par *puent* (contraction de *pueent* < *potent) IV, 6, 8 ⁶).

Ŏ tonique libre dans bŏnum. Il faut choisir entre les deux formes picardes *bon* et *boin* ⁷). Quoique le copiste Jean Mados emploie exclusivement la dernière forme,

---

¹) V. p. 142.

²) Cf. dans *Eracle* de Gautier d'Arras: *jeu: leu* 999—1000, 1245 —6, etc.; *jeus: feus* (fŏcus) 4758—9 (éd. de Löseth).

³) V. dans *Li Vers de le Mort: jue: -ue* XXXVII, 8; etc. (éd. de Windahl).

⁴) V. Behrens, Unorg. Lautvertretung 53.

⁵) V. Windahl, l. c. str. LXXVII, 9; CXIX, 11 *(juer: -uer)*.

⁶) Cf. *puent: -uent* Car. LXXXVI, 7 (éd. de v. Hamel).

⁷) V. pour ces formes pp. 151—2. Dans Gautier d'Arras on trouve encore *buen* (v. Löseth, Ille: *buens: suens* 6281—2; etc.), qui est peut-être la forme primitive, d'où seraient sorties d'un côté la forme *bon*, par un effet de monophthongaison (cf. Böhmer, Rom. Stud. III, 600), d'un autre côté la forme *boin* (cf. Raynaud, Bibl. de l'Ec. des Chartes XXXVII, 32). Contre un développement *buen* > *boin* parle cependant le fait qu'on ne trouve nulle part, que nous sachions, *hoim* (de hŏmo) à côté de *huem (hoem)* et *hom*.

nous croyons pourtant devoir admettre pour notre poète la forme normale *bon*. Le Renclus de Moiliens (contemporain de Conon de Béthune) n'emploie qu'elle [1]), et elle se trouve encore dans les plus anciennes chartes du Ponthieu [2]); cf. aussi la rime *bon*: *-on* dans la chanson *1859* [3]), qui a été écrite par un poète picard quelconque [4]). Nous préférons donc écrire: *bon* IV, 5, 8; V, 6, 4; *bones* II, 1, 2; etc.

O entravé devant l. Pour -ŏ l- le picard a régulièrement -*au*- [5]), et cette même prononciation se retrouve spécialement dans *Li Vers de le Mort* [6]). Comme cependant Gautier d'Arras rime encore -ŏ l-: -ó- [7]), nous n'osons pas admettre la prononciation -*au*- pour le temps de Conon de Béthune. Nous écrivons donc: *fous* (fŏllis) I, 5, 1; *retout* (re-tŏllit) 5, 7; *cous* (*cŏlpos) [8]) II, 5, 7; *vourai* (*vŏlere-habeo) VI, 2, 2; VIII, 1, 8; *vousist* (*vŏlsisset) V, 5, 3; etc.

O atone devant une combinaison de sons, donnant pour résultat une consonne mouillée. Au lieu de *oi* on

---

[1]) V. v. Hamel, Car. et Mis. I, p. CXXVII.

[2]) V. Raynaud, Bibl. de l'Ec. des Chartes XXXVII, 13 sq.

[3]) V. p. 151.

[4]) V. pp. 154—5 et 159.

[5]) V. Tobler, Aniel² XXX; Förster, Chev. II esp. XLVI; Suchier, Auc. u. Nic.³ 65.

[6]) V. Windahl, l. c. XXI.

[7]) V. Löseth, Er. *vous* (vos): *fous* (fŏllis) 1035—6. Cf. aussi v. Hamel, Car. et Mis. I, p. CXXIV sq.

[8]) M. Meyer-Lübke (Gramm. I, 32 [§ 17], 140 [§ 131]) fait remonter *cous* à *cólpus (gr. κόλαφος) et conclut de là que non seulement -ŏl-, mais aussi -ól- a donné -*au*- en picard. En admettant *cŏlpus (lat. cl. cŏlaphus) on n'a pas besoin d'une telle supposition; d'ailleurs mŭltum n'a jamais donné *maut* dans l'ancien picard.

trouve très souvent en picard un simple *i*[1]). Nous choisissons ici, comme pour *a*, *é* et *è* dans la même position (v. pp. 184, 185 et 189), la notation primitive. Donc: *orgoillouse* (*orgŏliŏsam) IX, 4, 5.

Ŏ atone libre en général. Cet *ŏ* doit rester dans l'orthographe, aussi bien que l'*ó* (v. pp. 192—3). Nous écrivons donc: *volentiers* (*vŏlentario + *s* parag.) I, 1, 4; *dolours* (dŏlorem + s) I, 1, 6; etc.

AU.

Au dans le mot paucum. En picard nous trouvons le plus souvent *peu*[2]), où nous considérons *eu* comme un développement postérieur de *ŏu* (venant de *au* + *u*); cf. lŏcus > *leus*. Aussi dans *Li Vers de le Mort* nous avons *peu* (: -*eu*), à côté de *poi* (: -*ói*)[3]), ce dernier remontant peut-être à pauco[4]). Donc: *peu* II, 4, 7; etc.

§ 2. Consonnes.

a) *Palatales.*

K.

K (lat. cl. *c*) *initial ou médial postconsonnantique devant la voyelle a.* En picard, incl. le dialecte artésien,

---

[1]) V. p. ex. le langage du copiste Jean Mados (Windahl, l. c. XXXI).
[2]) V. Schwan, ZfrP. XII, 210.
[3]) V. Windahl, l. c. XXIV.
[4]) V. W. Meyer, ZfrP. IX, 143. Faut-il, à cause de *iluec* (illo-lŏco), *avuec* (apud-hŏc), admettre que *c* ne se soit conservé qu'après *ŏ*?

on a en général la notation *c* ¹). Seul le cas où *k* se trouve devant un *a* libre (se changeant postérieurement en *e*) demande ici notre attention. Faut-il p. ex. écrire *ceval (keval)* ou *cheval?* Nous répondons: *cheval*. En voici les preuves: d'abord le poème artésien *Li dis dou vrai aniel* demande la même notation pour -*ca* et -*cia* (-*tia*) ²), puis nous avons dans *Li Vers de le Mort* la rime *bouce* (bucca): *courouce* (*corruptiat) ³), enfin (ce qui met notre supposition hors de doute) nous avons la rime *franke* (francam), *blance* (*blankam): -*ance* (-antia) dans une chanson attribuée à *Guillaume de Béthune* (le frère de Conon) par le seul ms. (a) qui la contient ⁴). Nous écrivons donc: *canchon* (cantionem) I, 1, 1; etc., mais *chevalier* (caballarium) II, 2, 7; *pechier* (peccare) V, 2, 4; *conchie* (concacat) V, 5, 6; etc.

K correspondant à un k germanique. Cette consonne suit exactement les règles du *k* latin devant un *a* libre. Nous écrivons par conséquent: *riches* (germ. *rîkja*) II, 2, 8; *riche* IV, 6, 7; X, 5, 4; *lasches* (vha. *lask) IV, 5, 7; *franchise* (*frankitiam) IX, 3, 8; *marchis* (*markensis) ⁵) X, 5, 7; etc.

---

¹) V. Diez, Gramm.⁵ 106; Suchier, Auc. u. Nic.³ 59. Cf. aussi la carte IV dans „Grundr. der rom. Phil." p. p. Gröber, tome I.

²) V. Tobler, Aniel² XX sqq.

³) V. Windahl, l. c. XXIV.

⁴) Cette chanson (Rayn. *1176*) n'a pas été reproduite par M. Scheler, dans ses *Trouvères belges*, parmi les autres chansons attribuées à Guill. de Béthune. Nous la donnons dans un appendice (App. II) d'après la copie de la Bibl. de l'Arsenal à Paris 3101—2.

⁵) La forme actuelle *marquis* est sans doute un emprunt francisé fait à l'italien (*marchese*); cf. Körting, Lat.-rom. Wörterb. s. v. *markensis. M. Meyer-Lübke (Gramm. 117 [§ 105]) préfère regarder *mar-

K (lat. cl. c) initial ou médial postconsonnantique devant è é i et devant yod + voyelle. En picard on a en général la notation *ch* [1]). *C*, qui se retrouve aussi très souvent, n'indique certainement pas une prononciation différente; cette notation, qui n'amenait pas de confusion pour la prononciation [2]), était due, sans doute, à l'influence du français du Centre. Nous écrivons donc: *chou* (ecce-hoc) I, 2, 6; *chelé* (celatum) I, 3, 1; *Franche* (Franciam) IX, 4, 1; etc.

K dans la terminaison -icare précédée d'une consonne douce. On trouve dans certains textes picards la notation *-ch-* pours *-g-* francien (vindicare > *venchier*) [3]). Ce fait ne paraît cependant pas être propre au dialecte d'Arras, puisque *Li Vers de le Mort* distingue soigneusement entre *-gier* et *-chier (-cier)* [4]). Nous écrivons donc: *vengier* IV, 3, 3; etc.

K posttonique intervocal dans la terminaison -cem. Le picard avait *s* dans les cas où le francien mon-

---

quis comme „une formation composite de **marchis* (cette forme n'est pas du tout inconnue) et **marqueis*". M. Rossmann (Rom. Forsch. I, 157) veut expliquer l'*i* de *marquis* par l'influence de la gutturale précédente. Cependant, une gutturale qui n'a pas été palatalisée, mais qui a conservé son caractère vélaire, n'a pas pu développer un *i* pour former la triphthongue *iei (marquieis)*.

[1]) V. Diez, Gramm.⁵ 106; Suchier, Auc. u. Nic⁸ 63. Gautier d'Arras paraît encore faire une distinction entre *c* et *ch* (dans *sache* etc.).

[2]) Cf. Tobler, Aniel² XXI—XXII.

[3]) V. Förster, Chev. II esp. LIV.

[4]) V. Windahl, l. c. str. XXXI, XXXIV, XC, CV, CXXVIII, CXLVII, CXCVI, CCVI, CCLXIV, CCLXXVI, etc. Font naturellement exception les mots qui aussi en français moderne ont *-cher: esracier* (**exradicare*) CXLVII, 3; *chevaucier* (caballicare) XC, 6; etc.

trait un *z* ¹). Nous écrivons donc: *crois* (crucem) IV, 6, 4.

K dans la forme dicit. D'après M. Förster ²), *dist* serait la forme picarde du mot. On trouve, en effet, cette forme chez le copiste Jean Mados ³). Cependant, comme elle ne paraît pas résulter d'un développement phonétique régulier (cf. *fait* < facit), nous n'osons pas supposer qu'elle ait existé à Arras au temps de notre poète. Le Renclus de Moiliens fait rimer *dit* en *-it* et en *-ist* ⁴). Nous écrivons donc: *dit* I, 3, 5.

K dans la forme facio. En picard on trouve les formes *fach (faich)*, *fas* et *fais* ⁵), dont la première (écrite souvent *fac*) est regardée comme spécialement typique pour le dialecte en question ⁶). A côté de *fach* on rencontre aussi *fas* (avec *s* pour *z* francien), dans les chartes d'Arras ⁷), et comme *faz* ⁸) est la forme employée à la rime par Gautier d'Arras ⁹), nous admettons la forme normale aussi pour notre poète. Donc: *fas* IV, 7, 4; V, 1, 6.

---

¹) V. Suchier, Auc. u. Nic.³ 63; cf. pour le dialecte d'Arras, Windahl, l. c. XXV. Gautier d'Arras sépare cependant encore *z* et *s*; cf. p. 141, n. 4.

²) V. Förster, Chev. II esp. LX.

³) V. Windahl, l. c. str. CLXXXI, 8.

⁴) V. v. Hamel, Car. et Mis. I, p. CXLIII.

⁵) V. Siemt, Lat. c. 26—7.

⁶) V. Tobler, Aniel² XXII; Suchier, Auc. u. Nic.³ 69.

⁷) V. Siemt, l. c. 26.

⁸) Dans Gautier d'Arras *z* n'avait pas encore la valeur de *s* (v. pp. 141, n. 4 et ci-dessus n. 1).

⁹) V. *baraz* (*barratus): *faz* Er. 1093—4 (éd. de Löseth).

Kw (= lat. cl. qu) initial. La notation *k* était générale dans le domaine picard, surtout devant les voyelles *e, i;* devant *a, o, u* on écrivait plutôt *c* [1]). La notation *qu*, qui se retrouve assez fréquemment, n'est qu'une réminiscence étymologique. Nous écrivons donc: *ki* (qui) I, 1, 7; *ke* (quod) I, 1, 3; *keus* (qualis) V, 5, 1; etc., mais *car* (quare) I, 1, 2; *c'on* (quod homo) I, 1, 4; *cant* (quantum) I, 3, 6; etc.

Kw médial dans aquam. On regarde en général *iaue* comme la forme typique du picard [2]). Dans *Li Vers de le Mort* nous avons cependant *eue (: -eue)* [3]), formation régulière de aquam. Nous préférons donc écrire: *eue* VI, 5, 2 [4]).

G.

G initial devant a. La conservation de *g* latin est considérée comme un trait caractéristique du dialecte picard [5]). Pour gaudia on trouve cependant en artésien (et ailleurs) très souvent *joie* [6]), et de ce fait (*j* n'est pas étymologique!) on peut avec certitude conclure à une prononciation palatalisée. Nous écrivons donc: *joi*

---

[1]) V. la langue du copiste J. Mados, ainsi que celle des chartes d'Aire (de Wailly, Bibl. de l'Ec. des chartes XXXII, 302 sqq.).

[2]) V. p. ex. Schwan, Gramm. des Afrz. 55 (§ 196, Anm.).

[3]) V. Windahl, l. c. XXIV.

[4]) Des trois mss. qui contiennent la chanson VI, deux (T²M) donnent *eue*, le troisième (e) par erreur *seue*.

[5]) V. Diez, Gramm.⁵ 365; G. Paris, Alexis 89; Suchier, Auc. u. Nic.³ 60; Bartsch-Horning, Langue et litt. franç. 30.

[6]) V. Windahl, l. c. XXXII; cf. Suchier, l. c.

ans (*gaudiantem + s) I, 6, 5; V, 1, 7; *joieus* (*gaudiosus) IV, 4, 2; etc.

G dans le mot *borgensem. Vu l'orthographe *borgois* en picard (et ailleurs), à côté de l'italien *borghese* et du provençal *borgues*, on serait tenté d'admettre pour ce mot l'explosive *g* [1]). Comme cependant le français moderne a *bourgeois*, et qu'il est difficile de croire à un emprunt (de l'italien?) pour un mot aussi vulgaire que *borgois*, nous préférons voir dans *g* de *borgois* une notation purement étymologique. Une prononciation avec *g* aurait pu, croyons-nous, exister tout au plus dans les dialectes du Nord où *k* germanique ne devint pas *ch*, donc pas dans le dialecte d'Arras (v. pp. 197—8). Nous écrivons par conséquent: *borjois* V, 4, 4.

b) *Dentales.*

T.

T intervocal devenu final en français, ainsi que *t dans les terminaisons* -avit, -ivit. Nous avons vu plus haut (pp. 144 et 148) que quelques-unes de nos chansons donnent des exemples de la chute de cette consonne. Nous écrivons donc: *chelé* (celatum) I, 3, 1; *escu* (scutum) II, 5, 8; *resgardà* (re-ex-*wardavit) X, 2, 1; *sofri* (*sofferivit) IV, 3, 6; etc. Quant à *fuit*, nous adoptons également la forme sans *t: fu* [2]) IV, 6, 4; X, 1, 3; etc.

---

[1]) Cf. Diez, Gramm.⁵ 365.
[2]) V. p. 153.

T + s. La notation picarde avec *s* simple est attestée par nos chansons (v. pp. 142, 147, 150, 151). Nous écrivons donc: *hardemens* (*hardimentus) I, 2, 2; *tous* (*tottos), I, 3, 2; etc.

T + yod dans le suffixe -ītia (-ītium?). Les formes *justise* (*justītiam) IX, 2, 3, *servise* (*servītium, irr.) IX, 3, 1 sont données par la rime (cf. p. 151).

T postconnantique + yod devant une voyelle. En picard t y donne *ch*, très souvent noté par un simple *c* [1]). La notation *ch* est demandée déjà par la rime *Franche* (Franciam): *-anche* (-antiam) V, 2, 8 et IX, 4, 1 (cf. p. 199). Cf. en outre la rime *abondance* (abundantia): *franke* (francam) dans Guill. de Béthune (App. II, str. 1, vv. 7—8). Nous écrivons donc: *canchon* (cantionem) I, 1, 1; *vantanche* (*vanitantiam) V, 1, 5; *menchonge* (*men(ti)tioniam) IX, 1, 4; etc. [2]).

L.

L après ī devant une consonne. En picard *l* ne disparaît pas, comme dans le dialecte francien [3]). Nous écrivons donc: *fius* (filius) III, 2, 2; *viuté* (vilitatem) [4]) IX, 4, 4. Cf. p. 190.

---

[1]) V. Diez, Gramm.[5] 106—7; Suchier, Auc. u. Nic.[3] 63; Bartsch-Horning, Langue et litt. franç. 33.

[2]) Dans nos chansons on ne trouve pas de ces mots où il y aurait à hésiter entre les prononciations *tsch (ch)* et *s (s, ss)*; v. Siemt, Lat. c. 17 sqq.; cf. Windahl, l. c. XXV.

[3]) V. Suchier, Auc. u. Nic.[8] 61. Cf., pour le dialecte d'Arras, Windahl, l. c. str. CXXVI, 6: *fieus* (filius): *Dieus* (Deus), etc.

[4]) En francien on trouve en général *vilté* (et non *vité*); c'est que cette forme a été refaite sur l'adjectif *vil*.

c) *Labiales.*

P.

P dans *sapēre-habeo, *etc.* Vers la fin du XIIIe siècle, ce *p* est tombé en artésien dans les formes à radical monosyllabique du futur et du conditionnel (*sarai* etc.)[1]. Comme cependant Gautier d'Arras donne encore la rime riche *savra: navra*[2], nous préférons écrire: *savriés* X, 3, 6; *savrés* X, 6, 8.

B.

B dans habere-habeo, *etc.* Vers la fin du XIIIe siècle, ce *b* est tombé en artésien dans les formes à radical monosyllabique du futur et du conditionnel[3]. Gautier d'Arras le conserve cependant encore, comme le montre la rime *n'avra: navra*[4]. Cf. ci-dessus sur *p* dans la même position. Nous préférons donc écrire: *avroit* II, 2, 6; *avra* V, 6, 2; *avront* X, 6, 5[5].

---

[1] V. le langage du copiste J. Mados (Windahl, l. c. Gloss. s. v. *savoir*).

[2] V. Löseth, IIIe vv. 1719—20.

[3] V. le langage du copiste J. Mados (Windahl, l. c. Gloss. s. v. *avoir*). Cf. v. Feilitzen, Ver del juïse LIX.

[4] V. Löseth, IIIe 1099—1100.

[5] A l'appui de cette orthographe (par *v*), la forme *averai* VII, 2, 8 peut encore servir.

W.

W germanique initial. On trouve ce *w* dans certains textes picards [1]); le copiste Jean Mados l'emploie aussi en alternant avec *g (gu)* [2]). Il nous semble cependant très douteux que cette notation ait jamais prévalu en Artois, du moins dans les noms communs. Nous préférons donc écrire: *gart* (*w a r d e t; vsax. *wardôn*) I, 4, 6; *gueriere* (*w e r r a r i a; germ. *wërra*) VII, 1, 12; etc.

d) *Nasales.*

N.

N postvocal + yod. Pour -*ng*- francien on trouve souvent -*gn*- dans des textes picards [3]). Comme cependant la première formation se rencontre aussi bien dans Gautier d'Arras [4]) que dans le langage du copiste J. Mados [5]), nous n'hésitons pas à l'employer dans nos chansons: *menchonge* (*m e n (t i) t i o n i a m) IX, 1, 4.

N dans le préfixe c o n- *devant v.* Cette *n* a disparu dans l'orthographe du copiste Jean Mados [6]). Nous

---

[1]) V. Suchier, Auc. u. Nic.³ 70; Meyer-Lübke, Gramm. I, 38 (§ 18). Cf. aussi, pour les chartes du Ponthieu, Raynaud, Bibl. de l'Ec. des Chartes XXXVII, 329.

[2]) V. Windahl, l. c. XXXII.

[3]) V. Förster, Jahrb. N. F. I, 198; Chev. II esp. LI. Cf. Suchier, Auc. u. Nic.³ 71, qui mentionne la même formation hors du domaine picard.

[4]) V. dans *Eracle: songe* (s o m n i u m): *mençonge* 547—8; *estrange* (*e x t r a n e i): *change* (*c a m b i u m) 753—4; etc.

[5]) V. Windahl, l. c. Gloss. s. v. *estrange.*

[6]) V. Windahl, l. c. XXXI sq. Cf. Neumann, Laut- u. Flexionsl. 74.

écrivons donc aussi: *covenra* (convenire-habet) IV, 1, 2; *covent* (conventum) VII, 1, 6; etc.

§ 3. *Emploi de consonnes doubles.*

On ne peut tirer du langage du copiste Jean Mados aucune règle sur la gémination des consonnes [1]). Comme nous tenons à être aussi conséquent que possible dans notre orthographe, nous préférons écrire d'une manière constante des consonnes simples, choisissant cette alternative à cause de l'usage, dans beaucoup de textes picards, de simplifier les consonnes doubles [2]). Nous n'étendons cependant pas cette orthographe à *s* (dure) et à *r* dans les cas où il y avait en latin deux *r* séparées par d'autres sons. Nous écrivons donc: *ele* (illa) I, 3, 6; *sofranche* (*sofferantiam) I, 6, 1; *noris* (nutritus) III, 2, 7; *poront* (*potere-*habunt) V, 3, 4; etc. mais *messagiers* (*missaticarios) I, 1, 5; *morrai* (*morire-habeo) I, 6, 1; *parra* (parere-habeo) IV, 3, 2; 6, 2; *secorront* (succurrere-*habunt) IV, 6, 2; etc.

§ 4. *Métathèse.*

Cons. + er en cons. + re dans des syllabes protoniques. Cette métathèse se rencontre souvent dans des textes picards [3]), aussi dans le langage du copiste J.

---

[1]) V. Windahl, l. c. XXXII.
[2]) V. Förster, Chev. II esp. XLVII; Neumann, Laut- u. Flexionslehre 70.
[3]) V. Suchier, Auc. u. Nic.³ 64.

Mados [1]), et, à ce qu'il paraît, même déjà dans Gautier d'Arras [2]). Nous écrivons donc: *covretures* (*coperturas) VIII, 3, 3, *vreté* (veritatem) II, 1, 6 [3]).

§ 5. *Intercalation de consonnes.*

Entre l—r, n—r, m—l. L'absence des consonnes auxiliaires *(d* et *b)* entre les consonnes mentionnées ci-dessus est considérée comme propre au dialecte picard [4]). Dans Gautier d'Arras on trouve cependant la rime riche *emblée* (involatam): *assemblée* (assimilatam) [5]), qui paraît démontrer qu'en picard l'absence des consonnes d'appui n'était nullement primitive. La rime (incertaine, il est vrai) *angle* (angulum): *ensemble* (ms. *ensanle*) dans le même auteur [6]) témoigne déjà de la disparition de la consonne d'appui. Dans *Li Vers de le Mort* on a des preuves pour *-anlent* [7]), mais parmi les rimes en *-endre* (de -endere) on a au contraire le mot *cendre* (cinerem) [8]); cependant ce dernier mot peut être regardé une exception (due au dialecte francien?). Nous préférons écrire, non seulement: *sanlanche* (*similantiam) I, 6, 3; V, 5, 5; 7, 1; *faura* (fallere-habet) IV, 2, 3. 4; *tren-*

---

[1]) V. Windahl, l. c. XXXII.
[2]) V. Löseth, Er. *povreté* (paupertatem, influencé par *povre*): *vreté* 4820—1, 4984—5.
[3]) *Verité* X, 6, 8 est un mot demi-savant.
[4]) V. Suchier, Auc. u. Nic.[8] 60.
[5]) V. Löseth, Ille vv. 964—5, 1547-8, 4346—7.
[6]) V. Löseth, Ille vv. 5735—6.
[7]) V. Windahl, l. c. XXVI.
[8]) V. Windahl, l. c.

leront (*tremulare-*habunt) V, 3, 5; etc., mais aussi: *covenra* (convenire-habet) IV, 1, 2; *manront* (manere-*habunt) IV, 5, 2; etc.

II. Morphologie.

§ 1. *Article.*

Cas-sujet sing. de l'article féminin. La forme *li* est en général considérée comme typique pour le dialecte picard¹). La question est seulement de savoir si cette forme, analogique sans doute, avait remplacé la forme normale *le* (de illa) ²) déjà dans la seconde moitié du XIIe siècle. Le fait que nous rencontrons dans une de nos chansons la forme élidée *l'* (*l'amours* X, 1, 7), parle déjà contre la forme *li*, dont la voyelle ne s'élide pas ³). Si l'on considère en outre qu'aucun de tous nos mss. ne donne la forme *li*, il faut bien admettre que, selon toute vraisemblance, Conon de Béthune se servait encore de la forme normale *le*. Nous écrivons donc: *le sanlanche* (illa *similantia) I, 6, 3; etc.

§ 2. *Substantifs.*

Substantifs de la deuxième déclinaison latine. La distinction des cas est encore observée, comme l'a montré

---

¹) V. p. ex. Suchier, Grundr. der rom. Phil. I, 626—7.
²) V. G. Paris, Rom. VI, 370 sqq.
³) V. v. Hamel, Car. et Mis. I, p. CL. Dans Gautier d'Arras nous lisons aussi: *De Deu soit l'eure beneoite* Er. 1823 (éd. de Löseth).

notre dépouillement des rimes pp. 146 et 155—7. Quant à la forme du vocatif, elle est pareille à celle du cas-sujet, d'après le témoignage d'une de nos chansons (v. p. 156); nous écrivons donc aussi: *Noblés* (*Nobilittus) I, 7, 1; *vassaus* [1]) (vassallus) X, 3, 3; 5, 1.

Substantifs masculins de la troisième déclinaison latine. Les mots qui, en ancien français, avaient adopté le radical du cas-régime au cas-sujet, prennent l'-*s* analogique (v. pp. 146 et 155). Quant aux mots à deux radicaux, il ne s'agit ici que du cas-sujet singulier des mots latins baro et homo. On sait que l'-*s* analogique avait commencé à s'introduire dès la première moitié du XIIe siècle [2]), mais les formes primitives se conservent encore longtemps à côté des autres, comme nous l'a d'ailleurs montré la rime *hom: -on 1859*, 3, 7 (v. p. 155). Nous écrivons donc plutôt: *bér* V, 5, 5; *hom* VII, 2, 3 [3]).

Substantifs féminins de la troisième déclinaison latine. Les rimes nous ont montré (pp. 146 et 156) que le cas-sujet du sing. a la désinence -*s*, excepté dans les mots *gent* (gentem) IX, 2, 7 et *image* (imaginem) VI, 3, 1. Comme nous voyons dans ces mots des restes de l'ancien usage, nous admettons partout ailleurs les formes avec -*s*. Donc aussi au vocatif: *Amours* IV, 1, 1; etc.

---

[1]) Le vocatif *vassal* paraît d'ailleurs s'être introduit assez tôt; v. A. Beyer, ZfrP. VII, 34.

[2]) V. Schwan, Gramm. des Afr. 94 (§ 336, 2) et 97 (§ 339, Anm. 1).

[3]) Ce qui parle encore pour la forme *hom*, c'est que l'absence de ce mot dans les deux mss. qui donnent la chanson VII, peut aisément s'expliquer par sa consonance avec le mot précédent *com*. Cf. P. Meyer, Rom. IX, 145.

§ 3. Adjectifs.

Féminin des adjectifs latins à forme commune pour le masculin et le féminin. Nous avons pu voir par les rimes (pp. 146 et 157), ainsi que par le mètre (p. 164), que notre poète garde encore la forme primitive, sauf dans quelques mots connus.

Déclinaison des adjectifs. Les rimes et le mètre nous ont montré (pp. 146, 155—7 et 164) que la déclinaison des adjectifs est encore observée. Cf. ci-dessus sur la déclinaison des substantifs. Les mots latins en -er paraissent, d'après VII, 1, 8 *(vostre amis;* v. p. 164*)*, ne pas encore avoir pris l'*-s* analogique au cas-sujet; nous écrivons donc aussi: *autre* IX, 2, 8.

Cas-sujet plur. masc. de l'adjectif indéfini *tōttus. Comme Gautier d'Arras donne encore la forme primitive *tuit*[1]*)*, nous croyons devoir aussi la garder, bien que le Renclus de Moiliens emploie *tout* à la rime [2]*)*. Nous écrivons donc: *tuit* IV, 5, 1; etc.

§ 4. Pronoms.

Pronoms personnels toniques me te se. On trouve souvent dans des textes picards les formes *mi ti si* [3]*)*,

---

[1]*)* V. *tuit: destruit* (destructi) Er. 749—50 (éd. de Löseth),
[2]*)* V. v. Hamel, Car. et Mis. I, p. CXLIX.
[3]*)* V. Förster, Chev. II esp. LVI; Neumann, Laut- u. Flexionsl. 22; Suchier, Auc. u. Nic.³ 70, 75; v. Feilitzen, Ver del juïse XXX.

dues sans doute à l'analogie de *li (lui)* [1]. Les poètes d'Arras que nous avons consultés, emploient cependant exclusivement les formes normales *moi toi soi* [2]). Nous écrivons donc aussi: *moi* II, 5, 5; etc.

Pronoms possessifs conjoints des première et seconde personnes du pluriel. Nous avons vu (p. 165) que nos chansons admettent aussi bien les formes normales *(nostre, vostre)* que les formes raccourcies *(no, vo)*. Les mss. indiquent toujours quelle forme il faut employer.

Cas-sujet sing. masc. du pronom possessif voster. L'-*s* analogique ne paraît pas y avoir été ajoutée, d'après VII, 1, 8 *(vostre⁀amis);* cf. p. 210. Nous écrivons donc aussi: *vostre* X, 2, 5.

§ 5. *Verbes.*

Première pers. sing. prés. de l'ind. des verbes en -are. Nous avons avons vu plus haut (pp. 157 et 165), par la rime et le mètre, que les verbes, à une exception près *(prie* VI, 2, 7), n'ont pas encore dans nos chansons l'-*e* analogique. Nous écrivons donc aussi: *aour* (adoro) II, 5, 3.

Première pers. sing. prés. de l'ind. des verbes en -ēre et -ĕre. Les rimes nous ont montré (pp. 146 et

---

[1]) Cf. v. Feilitzen, l. c. XXVI, note 3.
[2]) Pour Gautier d'Arras, v. Löseth, Er. 299—300: *voi* (video): *moi*, etc.; pour Jean Bodel, v. Raynaud, Rom. IX, 234 *(toi: -oi* Cong. 18); pour Audefroi le Bâtard, v. Bartsch, Afr. Rom. u. Past. 71, l. 35, etc.; pour *Li Vers de le Mort*, v. Windahl, l. c. XXVIII.

158) que l'-s analogique manque encore dans nos chansons. Nous écrivons donc: *sui* (sum + anal. de fui[?]) I, 5, 1; *sai* (sapio) II, 2, 4; *doi* (debeo) II, 2, 5; *trai* (*trago) II, 5, 2; etc.

Première pers. sing. prés. de l'ind. de certains verbes dont le radical se termine par une dentale ou une nasale (demand-, am-, etc.). C'est un fait connu qu'on trouve dans des textes picards des formes comme *demanch (demanc), ainch (ainc)* [1]. Si, avec M. Suchier [2], on cherche l'explication de cette formation dans l'influence analogique de *fach*, il faut *a priori* rejeter ces formes pour nos chansons, puisque nous y admettons la forme normale *fas* (v. p. 200). Si, au contraire, on voit dans *demanch* le résultat picard d'un *demandio analogique, ces formes ne défendent pas mieux leur place dans nos chansons, car on a aussi bien dans Jean Bodel [3] que dans *Li Vers de le Mort* [4] les formes normales à la rime. Nous écrivons donc: *part* (*parto) IV, 1, 5. 6; VI 4, 8; *redout* (re-dubito) IX, 4, 5; *rent* (*rendo) VI, 4, 7; *aim* (amo) I, 7, 2; II, 1, 3; etc.

Troisième pers. sing. prés. de l'ind. du verbe vadere. Au lieu de la forme régulière *vet*, on trouve aussi bien dans Gautier d'Arras [5] que dans *Li Vers de le*

---

[1] V. Förster, Chev. II esp. LVII; Suchier, Auc. u. Nic.³ 69; Bartsch-Horning, Langue et litt. franç. 52.

[2] V. ZfrP. III, 462.

[3] V. Bartsch, Afr. Rom. u. Past. 288, l. 30 *(rent: -ent)*; Raynaud, Rom. IX, 237 (v. 163: *ain: -ain*), 241 (v. 371: *cuit: -uit*).

[4] V. Windahl; l. c. str. CLVI, 8; CLXXXVIII, 10 *(cuit: -uit)*.

[5] V. *fait: revait* Er. 649—50, *vait* 967—8, etc.

Mort.[1]) la forme *vait*, formée d'après *fait*. Nous écrivons donc aussi: *vait* II, 5, 5; IV, 1, 7.

Prés. du subj. des verbes en -are. Nous avons vu plus haut (p. 165) que nos chansons ne donnent pas, sauf deux exceptions spéciales, à la 3:ième pers. sing. des formes analogiques avec -*e*. Par conséquent nous écrivons aussi: *ramaint* (re-ad-minet) IV, 1, 4.

Prés. du subj. du verbe donare. Il faut choisir entre *doint* (*doniet) et doinst (de l'ind. *doins* < *donio + s anal.). La dernière forme est celle du copiste J. Mados[2]); mais comme l'auteur du *Vers de le Mort* se sert à la rime de la forme *doing* au prés. de l'ind.[3]), nous choisissons naturellement aussi pour le subjonctif le radical *doin*-: *doint* II, 1, 4; VIII, 4, 2; IX, 4, 6.

Prés. du subj. des verbes prendere, *rendere. On trouve dans des textes picards les formes *prenge*, *renge*[4]), qui, ou bien remontent à *prendiam, *rendiam (v. contre cette étymologie verecundium > *vergogne*), ou bien sont des formes analogiques postérieures[5]). Nous lisons cependant dans Gautier d'Arras: *praigne: adaigne* (ad-dignat)[6]) à côté de *prenge: losenge*[7]), et dans

---

[1]) V. Windahl, l. c. str. CCXCIX, 6 *(vait: -ait)*.

[2]) V. Windahl, l. c. str. XL, 3.

[3]) V. Windahl, l. c. str. CCLXX, 1; cf. *doigne* (3e pers. prés. du subj.): *-oigne* str. CX, 9.

[4]) V. p. ex. Horning, Rom. Stud. V, 714; cf., pour les chartes d'Aire, de Wailly, Bibl. de l'Ec. des Chartes XXXII, 300.

[5]) V. Suchier, Grundr. der rom. Phil. I, 618.

[6]) V. Löseth, Ille 1505—6.

[7]) V. Löseth, Ille 4197—8.

Jean Bodel: *rende, prende: -ende* ¹). C'est cette dernière formation, qui est la normale (lat. prendam), que nous croyons devoir admettre aussi pour notre poète: *prende* V, 6, 3; *prendent* V, 7, 3; *rende* VI, 5, 8.

Prés. du subj. des verbes venire, *tenire. Des textes picards présentent *vienge, tienge* ²). Comme le copiste J. Mados emploie les formes avec *n* mouillée ³), nous faisons de même: *viegne* VIII, 2, 2; *tiegne* IX, 4. 4.

Le plusqpf. fuissem, fuisses *etc.* Le radical monosyllabique *fus-* est demandé, pour nos chansons, par *fust* I, 7, 3; IV, 1, 3; *fusse* II, 3, 1; etc. Nous écrivons donc aussi: *fusse* VII, 1, 8; *fussiés* VII, 1, 9. 12, où le mètre semble exiger *fuïsse, fuïssiés* ⁴).

Plusqpf. du subj. du verbe facere. On a à choisir entre les radicaux *fes-* et *fe-* ⁵). La premier radical est propre au dialecte picard en général ⁶), et nous le trouvons spécialement dans les textes originaires d'Arras ⁷). Nous écrivons donc: *fesist* V, 6, 7.

Plusqpf. du subj. des verbes habere, debere, placere. La terminaison *-euisse* au lieu de *-éusse* se

---

¹) V. Raynaud, Rom. IX, 241 (str. XXXII).

²) V. p. ex. Horning, Rom. Stud. V, 714.

³) V. Windahl, l. c. str. LII, 2 *(viengnes)*, CII *(viegne: tiegne)*.

⁴) Cf. pp. 160—1. Il nous faut ajouter une syllabe à chacun des vers en question; v. le *Texte*.

⁵) Les deux radicaux sont irréguliers: *fesis* correspond à *mesis* (misissem), *feïs* à *veïs* (vidissem). La forme normale serait *foisis* (cf. vicinum > *voisin*); cf. Schwan, Gramm. des Afrz. 152 (§ 482, 1).

⁶) V. Suchier, Auc. u. Nic.³ 68. sq.; Behrens, Unorg. Lautvertretung 84—5.

⁷) Pour Gautier d'Arras, v. Löseth, Eracle 4968—9: *fesisse: demesisse*; 6308—9: *tramesis: fesis*; pour *Li Vers de le Mort*, v. Windahl, l. c. str. XXXII: *fesist: mesist, presist*.

rencontre dans des textes picards [1]). Le copiste J. Mados se sert cependant exclusivement de la forme ordinaire [2]). Nous écrivons donc: *dëust* I, 5, 3; *dëusse* V, 1, 1; *plëust* V, 6, 7; *ëust* VII, 1, 7; *ëustes* X, 2, 4; etc.

III. Syntaxe.

Accord du part. passé avec le rég. dir. qui suit. Nous avons vu plus haut (pp. 158 et 166) que, dans nos chansons, le participe, tantôt s'accorde avec un régime direct suivant, tantôt reste invariable. Pour les cas non fixés par la rime ou le mètre, nous choisissons la forme plus ancienne: *j'ai dis mos d'Artois* III, 2, 6; *ai dite as autres folie* VII, 2, 2. Nous écrivons aussi: *cheste paine C'Amours m'a faite endurer* VIII, 1, 5—6, à cause de la place du rég. dir. (devant le part.).

IV. Lexique.

Donique. Choix entre *donc* et *dont*. La dernière forme (provenant d'une confusion avec *dont* < de-unde?) se trouve dans *Li Vers de le Mort* [3]). Nous écrivons par conséquent: *dont* III, 3, 2; V, 2, 7; X, 3, 4. 6; *adont* V, 2, 5; 3, 7.

*Ha-hora [4]). Choix entre *ore* et *or*. Nous avons

---

[1]) V. Förster, Chev. II esp. LVIII.
[2]) V. Windahl, l. c. Gloss. s. vv. *avoir*, *devoir*.
[3]) V. Windahl, l. c. str. CCXXXII, 7: *dont: -ont*.
[4]) L'étymologie ad-horam, admise par beaucoup de romanistes, nous paraît improbable, parce que la chute de *d* intervocal est postérieure à la contraction de *a—o*; cf. adoro > *aour*.

trouvé les deux formes dans nos chansons (v. p. 162). D'après notre principe de conserver, dans les cas douteux, la forme plus ancienne, nous écrivons: *ore* II, 2, 3; IV, 3, 2; 6, 2. 7; V, 7, 1; X, 1, 7. 8.

Pietatem. Choix entre *pitié* et *pité* [1]). Comme nous avons *pitiés: -iés* V, 6, 3, nous écrivons aussi: *pitiés* I, 4, 4; *pitié* V, 1, 8; 3, 8.

Disons en terminant que nous ne sommes nullement convaincu d'avoir trouvé pour tous les cas une notation correspondant à peu près à la prononciation de Conon de Béthune et aux habitudes orthographiques du temps; nous avons, malgré nous, dû puiser dans des sources trop séparées par le temps. Nous avons passé sous silence des questions orthographiques sans aucune importance pour la prononciation (comme le choix entre *besoing* et *besoig*, *longuement* et *longhement*, etc.); nous avons dans ces cas adopté l'orthographe la plus commune. Quant aux cas où il y aurait à hésiter entre une formation populaire normale *(aour, choilent)* et une formation savante *(ador)* ou analogique *(celent)*, nous avons préféré la formation régulière. Enfin, nous n'avons pas tenu compte des traits de langue qui ne se rencontrent que d'une manière tout à fait sporadique dans le domaine „picard"; dans ces cas, l'usage habituel a guidé notre choix.

---

[1]) Nous regardons *pitié* comme la forme normale (cf. Meyer-Lübke, Gramm. I, 318 [§ 376], 415 [§ 462]); *pité* est, croyons-nous, une forme analogique d'après les substantifs en *-té*, beaucoup plus nombreux que ceux en *-tié*.

II.

Texte.

Nota. Nous n'indiquons en général, au bas des pages, que des variantes de sens. Cependant nous donnons aussi des variantes de langue dans les cas où il nous paraît utile de renseigner le lecteur sur des divergences entre la langue du texte rétabli et celle des mss. Toutes les variantes reproduisent exactement l'orthographe du ms. qui suit immédiatement la leçon. Par des lettres en italiques nous désignons qu'il nous a fallu, faute des signes nécessaires, résoudre une abréviation.

I.

(Rayn. *629*).

(I, 1)
Canchon legiere a entendre
Ferai, car bien m'est mestiers
Ke cascuns le puist aprendre
Et c'on le cant volentiers,
Ne par autres messagiers
N'iert ja me dolours mostrée
A le meillour ki soit née.

(I, 2)
Tant est se valours doblée
C'orgueus et hardemens fiers
Seroit, se je me pensée
Li descovroie premiers,
Mais besoings et desiriers
Et chou c'on ne puet atendre,
Fait maint hardement emprendre.

Chans. I. Cette chanson est donnée par les mss. R¹ (f. 10 r⁰— f. 10 v⁰), T² (f. 101 r⁰ — f. 101 v⁰) et e (f. 2 v⁰). Elle est attribuée à *Mesire quesnes* par R¹, à *Me sire quenes* par T²; elle est anonyme dans e. La musique est notée dans les mss. R¹ et T².

Str. I: 2. que T²; il (mest) R¹. — *5.* car (par) e; autre e, R¹; messagier e.

Str. II: 1. montee e. — *2.* orgiex e, que orguelz R¹; hardement R¹. — *3.* (se) ia T². — *5.* besoing R¹. — *6.* (et) con (con) T²; que on R¹.

(I, 3)
>
> Tant ai chelé men martire
> Tous jours a toute le gent,
> Ke bien le devroie dire
> A me dame soulement,
> C'Amours ne li dit nient;
> Ne por cant, s'ele m'oblie,
> Ne l'oblierai jou mie.

(I, 4)
>
> Por cant, se je n'ai aïe
> De li et retenement,
> Bien fera et cortoisie,
> S'aucune pitiés l'en prent.
> Au descovrir men talent,
> Se gart bien de l'escondire,
> S'ele ne me veut ochire.

(I, 5)
>
> Fous sui, ki ne li ai dite
> Me dolour, ki est si grans.
> Bien dëust estre petite,
> Par droit, tant sui fins amans;
> Mais je sui si mescheans
> Ke cankes drois m'i avanche,
> Me retout me mescheanche.

Str. III: 5. dist T²e. — 6. et non pour quant ce (moublie) R¹. — 7. (ne) moublirai R¹.

Str. IV: 1. se] *manque dans* R¹. — 2. (li) ne e; recouurement R¹. — 4. saucume T²; se aucune R¹; p*ertie (plus un petit crochet au-dessus de p)* R¹.

Str. V: 1. Faus R¹; fui q*uant* e. — 2. dolors T²; grant R¹. — 4. fin e. — 6. quan que droit R¹. — 7. ne (retaut) T².

(I, 6) Tous i morrai en sofranche,
Mais se biautés m'est garans,
De me dame, et le sanlanche,
Ki tous mes maus fait plaisans,
Si ke je muir tous joians;
Ke tant desir se merite
Ke cheste mors me delite.

(I, 7) Noblés, je sui fins amans,
Si aim le meillour eslite
Dont onkes canchons fust dite.

II.

(Rayn. *303*).

(II, 1) Si voirement com chele dont je cant
Vaut mius ke toutes les bones ki sont,
Et je l'aim plus ke rien ki soit ou mont,
Si me doint Deus s'amour sans dechevoir;
Ke tel desir en ai et tel voloir,

Str. VI: 1. Tout R¹; morroi e. — 2. la (biautes) e; biaute R¹. — 3. a (la) R¹. — 6. ma (merite) R¹. — 7. amors T², mort R¹.
Str. VII: 1. Noblet T²e, Robers R¹. — 2. ainc e, ai R¹. — 3. fu T².

Chans. II. Cette chanson est donnée par les mss. C (f. 224 v⁰ —225 r⁰), H (f. 227 r⁰ 1) et U¹ (f. 28 r⁰ — v⁰). Elle est attribuée à *Cunes de betunes* par C et est anonyme dans H et U¹.

Str. I: 1. de cui (ge) H. — 2. altras que (son) H. — 3. er cum (eo) H; de rien de ces H; ke (soit) C. — 5. ai] da (?) H. —

O tant o plus, Deus en set le vreté,
Si com malades desire santé,
Desir jou li et s'amour a avoir.

(II, 2) Or sai jou bien ke riens ne puet valoir
Tant com cheli de cui j'ai tant canté,
C'ore ai vĕu et li et se biauté,
Et si sai bien ke tant a de valour
Ke je doi faire et outrage et folour
D'amer si haut — ke ne m'avroit mestier —;
Et non por cant maint povre chevalier
Fait riches cuers venir a haute honour.

(II, 3) Ains ke fusse sorpris de cheste amour,
Savoie jou autre gent conseillier,
Et or sai bien d'autrui jeu enseignier
Et si ne sai mie le mien juer;
Si sui com chil ki as escas voit cler
Et ki tres bien ensaigne autres gens,

6. deus tant *et* (pl') H. — 7. com li C, cu*m* hom H; la (santeit) C.

Str. II: *1.* E si sai (bien) H; nom H. — *2.* (cum) fai (celi) H; cele U¹; gie ai (cante) H, ia U¹. — *3.* que ie ai bien veu (li) H. — *4.* (que) la a tant (de) H. — *5.* ien (doi) C; cuit faire (oltrage) H. — *6.* plus (alt) H; (haut) ne maueroit C; no*n* (aureit) H. — *7.* (no) p*er* tant H. — *8.* fai H; poier H.

Str. III (= str. *IV dans* H): *1.* (que) + ie C; (che) ie sui de cest amor apris H. — *2.* jou] bien H; ensignier C. — *3. Manque dans* H; d'] *manque dans* C; ensigniers C. — *4.* e savoit bien de lo meillor zuer H. — *5.* aissi cu*m* cel que H. — *6.* quant il sor enseigne

Et cant il jue, si pert si sen sens
K'il ne se set escoure de mater.

(II, 4) Hé, las! dolens je ne sai tant canter
Ke me dame perchoive mes tormens,
N'encor n'est pas si grans mes hardemens
Ke je li os dire les maus ke trai,
Ne devant li n'en os parler ne sai,
Et cant je sui aillours, devant autrui,
Lors i parol, mais si peu m'i dedui
C'un anui vaut li deduis ke j'en ai.

(II, 5) Encor devis coment je li dirai
Le grant dolour ke j'en trai sans anui,
Ke tant l'aour et desir, cant j'i sui,
Ke ne li os descovrir me raison;
Si vait de moi com fait dou campion
Ki de lonc tens aprent a escremir,
Et cant il vient ou camp as cous ferir,
Si ne set rien d'escu ne de baston.

al altra gen H; laut*re* gent U¹C. — *7.* (si) per (pert) C; isi H; (son) sen U¹C,H. — *8.* qui U¹; defendre H; dou U¹.

Str. IV (manque dans H): *1.* iries C. — *2.* mon torme*n*t U¹C. — *4.* trais C. — *7.* parouls C. — *8. Manque dans* C.

Str. V (= str. III dans H*): 1.* Trestout C; gie pens assez co que (ie) H. — *2.* mas quant ie sui a p*rese*nt devant lei H; trais U¹; anuit C. — *3.* gie ne li pos rie*n* dire ne no sai H; la dout C. — *4.* Ke] *manque dans* H. — *5.* chel es (de) H; comme (dou) C; es H. — *6.* qe longamen apres H. — *7.* mais H; (kant) ceu U¹, se C; al colp al cha*m*p H; a (cols) C. — *8.* il (ne sap) H, se C.

III.

(Rayn. *1837*).

(III, 1) Mout me semont Amours ke je m'envoise,
Cant je plus doi de canter estre cois;
Mais j'ai plus grant talent ke je me coise,
Por chou s'ai mis men canter en defois;
Ke men langage ont blasmé li Franchois
Et mes canchons, oiant les Campenois,
Et le Contesse encor, dont plus me poise.

(III, 2) Le Roïne n'a pas fait ke cortoise,
Ki me reprist, ele et ses fius, li Rois.
Encor ne soit me parole franchoise,
Si le puet on bien entendre en franchois;
Ne chil ne sont bien apris ne cortois,
S'il m'ont repris, se j'ai dis mos d'Artois,
Car je ne fui pas noris a Pontoise.

(III, 3) Deus! ke ferai? Dirai li men corage?
Li irai jou dont s'amour demander?
Oïl, par Deu! car tel sont li usage

Chans. III. Cette chanson est donnée par les mss. M (f. 45. v° 1) et T² (f. 99 r°), la str. III aussi par e (f. 2 v°), où elle a l'air de n'être qu'une suite de la chanson IX (Rayn. *1623*). La chanson est attribuée à *Quènes* par M, à *Me sire quenes* par T²; elle est anonyme dans e. La musique est notée dans les mss. M et T².

Str. I: 4. (sai) nus T²M.
Str. II: 1. ne fist pas T². — 6. dit. T²M.
Str. III: 2. et irai ali por merci e. — 3. oie e; teus est li vsages e. —

C'on n'i puet mais sans demant rien trover;
Et se je sui outrajous dou trover,
Si n'en doit pas me dame a moi irer,
Mais vers Amour, ki me fait dire outrage.

IV.

(Rayn. *1125*).

(IV, 1) Ahi! Amours! com dure departie
Me covenra faire de le meillour
Ki onkes fust amée ne servie!
Deus me ramaint a li, par se douchour,

---

4. conne doné mais riens sans demander e; trouer *etc. etc. jusqu'à la fin manque dans* M *à cause d'une déchirure*. — *5.* (se) gi e; de parler e. Entre les vv. *5 et 6 il y a un vers intercalé dans* e: si mait diex ni doi auoir damage. — *6.* se (nen) T²; ne sen (doit) e. — *7.* a (amors) e; amors T²e; font T².

Chans. IV. Cette chanson est donnée par les mss. C (f. 1 v⁰—2 r⁰), H (f. 227 r⁰ 2—v⁰ 1), K (p. 93, 2—94, 2), M (f. 46 v⁰ 2—47 r⁰ 1), N (f. 39 r⁰ 2—v⁰ 2), O (f. 90 v⁰ 1—91 r⁰ 1), P (f. 29 v⁰ 2—30 v⁰ 1), R² (f. 40 r⁰—v⁰), T² (f. 100 r⁰—v⁰), V (f. 74 r⁰ 2—v⁰ 1), X (f. 67 v⁰ 2—68 r⁰ 2), a (f. 23 v⁰), x (f. 1) et y (p. 54). Elle est attribuée à *Cunes de betunez* par C, à *Quenes* par M, à *Mestres quesnes chl'r* par R², à *Me sire quenes* par T², à *Mesire Quenes de Bietune* par a, à *Mes sires quenes de Betune* par x, au *chastelain de couci* par KNX, au *chastelains de conci* par P; elle est anonyme dans H, O, V et y. La musique est notée dans les mss. K, M, N, O, P, R², T², V, X et x (?).

Str. I. (vv. *1—4 manquent dans* y). — *1.* He R², Hai V, Oimi Ox; si (dure) Ox. — *2.* moi (couuenra) a;H; couient faire aperdre (la) Cx; sofrir per (la) H; por (la) PXKNV. — *3.* fust] *manque dans* x *à cause d'une déchirure*. — *4.* ramaine T², ramoint O, ramainst Cx;

Si voirement ke m'en part a dolour!
Las! c'ai jou dit? Ja ne m'en part jou mie!
Se li cors vait servir nostre Seignour,
Li cuers remaint dou tout en se baillie.

(IV, 2) Por li m'en vois sospirant en Surie,
Car je ne doi faillir men creatour.
Ki li faura a chest besoing d'aïe,
Sachiés ke il li faura a graignour;
Et sachent bien li grant et li menour
Ke la doit on faire chevalerie
Ou on conkiert Paradis et honour
Et los et pris et l'amour de s'amie.

(IV, 3) Deus! tant avons esté prou par oiseuse,
Ore i parra ki a chertes iert preus;

alui V. — *5.* vraiement R²,a;X,V; con ien(par) PXKNV,OCˣ,Hy; com
... em vait x; pert (a) V. — *6.* dieus (qai) a;PXKNV,OxCˣ; ka (ie)
T², que ai R²; *et* (ne) R², ie O; che ne men depart (mie) Hy. — *7.*
ainz ua mes cors PXKNV; mos (cors) Hy. — *8.* mes (cuers) PXKNV,
Hy; touz li miens cuers remaint (en) OxCˣ; (del) tor H.

  Str. II: *1.* lui R²; soiipnant x; (en) su en (sulie) R²; sulie R²;x.
— *2.* que P,OxCˣ; nus ne doit falir son a;PXKNV,OxCˣ. — *3.* quant
V; quar qui le (li y) faut en ses besoignes un dia (besoig saia y) Hy; (ki)
la a; (faudra) cest besougne V. — *4.* sache OxCˣ; ben cre que deus
(cades y) li faldreit al Hy; de uoir quil f. (faudra li OxCˣ) PXKNV,
OxCˣ. — *5.* si a; sachiez PXKN,Ox. — *7.* on i R², con i PXKNV, con
en OxCˣ. — *8.* pris *et* los T²MR²;PXKN,Ox; (pris) a y; (et) amor H;
(de) sa vie x.

  Str. III (= str. VI dans T²M, manque dans R²a;PXKNV,Hy):
1. Lonc tens OxCˣ; (preu) por xCˣ. — *2.* or verra on T². —

S'irons vengier le honte doloreuse,
Dont cascuns doit estre iriés et honteus;
Car a no tens est perdus li sains leus
Ou Deus sofri por nous mort angoisseuse;
S'ore i laissons nos anemis morteus,
A tous jours mais iert no vie honteuse.

IV, 4) Ki chi ne veut avoir vie anoieuse,
Si voist por Deu morir liés et joieus,
Ke chele mors est douche et savoreuse
Dont on conkiert le regne prechïeus,
Ne ja de mort n'en i morra uns seus,
Ains naisteront en vie glorïeuse.
Ki revenra mout sera ëureus;
A tous jours mais en iert honours s'espeuse.

3. quil voist xC^x; uescu auons a (honte) O. — *4.* donc O; touz li monz est (et x) OxC^x. — *5.* qua nostre M, quant a (en x) noz OxC^x. — *6.* por nos soffri OxC^x; glorieuse T^{2}M, et engoisse x, engoisse C^x. — *7—8.* or ne nos (vos x) doit retenir nule honors daler uengier ceste perde (h.) OxC^x.

Str. IV (= str. V dans T^{2}MR^{2}a, str. III dans PXKNV, manque dans Hy): *1.* Qor (Qui or x) uuet Ox; (Ki) or (ne) C^x; mener honteuse uie N; honte et (uie) O, honte x; honteuse PXK(N)V. — *2.* s .. oit x; saille morir por dieu PXKNV; voit R^2; (uoist) morir liez et bauz (et) OxC^x; ioianz V,Ox: — *3.* car PXKNV,OxC^x; telle R^2, ceste PX KNV; bone et glorieuse PXKNV. — *4. Manque dans* P; donc M; con en X, quen i KNV; ou conquis est paradis et honors OxC^x; glorieus XKNV. — *5. Manque dans* V; des mors C^x; (i) aurait un soul C^x. — *6. Manque dans* V; nestront tuit PXKN, uiuront tuit OxC^x; precieuse N. — *7—8. Manquent dans* a; ie ni saï plus (et saichiez bien OxC^x) qui (ke C^x) ne fust amoreus trop (mout OxC^x) fust lauoie et bone ([uoie] bele O) et deliteuse PXKNV,OxC^x; (ml't) par ert R^2; (iert) ahonneur R^2; *dans V est ajouté à la fin:* pour dieu uengier le pere precieus.

(IV, 5)   Tuit li clergié et li home d'eage
          Ki en aumosne et en bien fait manront,
          Partiront tuit a chest pelerinage,
          Et les dames ki castement vivront
          Et loiauté feront a chiaus ki vont;
          Et s'eles font par mal conseil folage,
          A lasches gens et mauvais le feront,
          Car tuit li bon iront en chest voiage.

(IV, 6)   Deus est assis en sen saint iretage;
          Ore i parra com chil le secorront
          Cui il jeta de le prison ombrage,
          Cant il fu mors en le crois ke Turc ont.
          Sachiés: chil sont trop honi ki n'iront,

    Str. V (= str. IV dans T²MR²a, *manque dans* Hy): *1.* Tous T²MR²;x, tout a; clergies T²MR²a;x,Cˣ. — *2.* de bie*n*s (bien x,Cˣ) faiz et daumosnes uiuro*n*t OxCˣ; aumosnes a;P,K,V,(OxCˣ); biens fais T²,a; (O), bien fais M;V,(x,Cˣ); morront T²MR², mauront a. — *3.* (tuit) en Cˣ; pleleri*n*age P. — *4.* chatee tenront PXKNV, chastes se tendront O. — *5. Manque dans* T²MR²a;V; se loiaute font aceus qui iuont PXKN, et leaute portent (loialteis porte Cˣ) ces qui iront OxCˣ. — *6.* se eles V; cellez R², celes PX,Cˣ. — *7.* as T²;PX, aus V; ha les quelx O, halas quex x, elais keilz Cˣ; lasses R²; recreanz (et) M; (gens) mauueses PXKNV,O, mauvese x, menasces Cˣ; (et) amauez R²; les (feront) O, lor Cˣ. — *8.* cuit (li) x; sen vont PXKN; cel Cˣ.

    Str. VI (= str. III dans T²MR²a;Hy, *str. IV dans* PXKNV, *manque dans* x, *où elle aurait dû être, selon toute probabilité, la str. VI):* — *1.* droit V, haut O, senit H, gran y. — *2.* or parra bie*n* (con) O, e raparra H; se (cil) T²M; se il a; sil (le) Cˣ; (cu*m*) li secorreront Hy. — *3.* que R²;XKNV, qi a, qui P; iete T²,a; a ceus quil (iceu qel y) trais Hy; de ombrage H, dombrage y. — *4.* dont (il) Hy; mis (en) PX KNV,OCˣ,Hy; quill (turc) H, qel y; tuit (ont) V,OCˣ. — *5.* bie*n* sont honi tuit cil qui remanront PXKNV, certes tuit cil sont honi q*ui* niuont OCˣ, aunit (hon y) siont tuit cill q*ue* (qi y) remandront Hy; sil (sont)

S'il n'ont poverte o vieilleche o malage;
Et chil ki sain et juene et riche sont,
Ne puent pas demorer sans hontage.

(IV, 7) Las! je m'en vois plorant des eus dou front
La ou Deus veut amender men corage,
Et sachiés bien c'a le meillour dou mont
Penserai plus ke ne fas a voiage.

V.

(Rayn. *1314*).

(V, 1) Bien me dëusse targier
De canchon faire et de mos et de cans,
Cant me covient eslongier
De le meillour de toutes les vaillans,

R². — 6. si (nont) a; se nes retient pouretez (pourete V) (ou malage) PXKNV; si veill non es (nestoit y) paubretes (poblete y) e (o y) Hy; (ou) mellee ou maillege C^x. — 7. mais y; tut li rics que sans e iovne (sont) Hy; (et) qui riches et fort et sain seront V; (qui) ione et sain O; riche et sain et fort seront PXKN; (et) riche et ionne R². — 8. ni PX KNV; porront OC^x,H(?); remaner Hy.

Str. VII (manque dans T²MR²a;PXKNV,Ox,Hy).

Chans. V. Cette chanson est donnée par les mss. K (p. 398, 1—399, 1), M (f. 47 r°2—v°1), N (f. 183 r°2—v°1), O (f. 18 r° 2—v°2), T² (f. 100 v°), U² (f. 96 r°—97 r°) et X (f. 225 v° 2—256 v° 1). Elle est attribuée à *Sire quenes* par M, à *Me sire quenes* par T²; elle est anonyme dans K, N, O, U² et X. La musique est notée dans les mss. K, M, N, O, T² et X.

Str. I: *1.* ataisir U². — *2.* chancons M;XK; et (faire) X; dis (et) U². — *3.* moi T²; ie me doi XKNO, il mestuet U²; aloingnier U².

Si en puis bien faire voire vantanche,
Ke je fas plus, chertes, ke nus amans,
Si en sui mout endroit l'ame joians,
Mais dou cors ai et pitié et pesanche.

(V, 2)   On se doit bien esforchier
De Deu servir, ja n'i soit li talans,
   Et le car fraindre et plaissier,
Ki tous jours est de pechier desirans;
Adont voit Deus le double penitanche.
Hé, las! se nus se doit sauver dolans,
Dont doit par droit me merite estre grans,
Car plus dolens ne se part nus de Franche.

(V, 3)   Vous ki dismés les croisiés,
Ne despendés mie l'avoir ensi;
   Anemi Deu en seriés.
Deus! ke poront faire si anemi,
Cant tuit li saint trenleront de dotanche

— *5.* et sen (poü) U²; *et si* enpuis (faire) XKNO. — *6.* por dieu XK NOU². — *7.* (sui) b*ie*n U²; marme U². — *8.* sen ai acuer U²; (mes) ïai dou cors XKNO.

     Str. II (= str. III dans XKNO): *1.* L'en X; Chascums se doit enforcier U². — *3.* en (la) XKNO; uaintre XKNOU²; plaier T². — *4.* que XKN,U²; ades T²;(XKNO); depechier (depechiez N) est ades XKNO; pechiez (N),U². — *5. et* lour (voit) U²; lenoble U². — *6.* ha-las XKNO. — *7.* (doit) estre lamerite (li merites O) m'l't XKNO, bien estre mameriteit U². — *8.* que (plus) U²; si dolens nus ne se part XK NO; (ne) sen U².

     Str. III (manque dans XKNO): *1.* robeis U². — *3.* en] *manque dans* U². — *4.* las (que) U²; dire U². — *5.* lai ou (li)

Devant chelui ki onkes ne menti!
Adont seront pecheour mal bailli,
Se se pitiés ne cuevre se poissanche.

(V, 4)　　Ne ja por nul desirier
Ne remainrai chi avuec ches tirans,
　　Ki sont croisié a loier
Por dismer clers et borjois et serjans;
Plus en croisa covoitiés ke creanche.
Mais chele crois ne lor iert ja garans,
A nul croisié, car Deus est si poissans
Ke il se venge a peu de demoranche.

(V, 5)　　Li keus s'en est ja vengiés,
Des haus barons ki or li sont failli.
　　C'or les voussist empirier
Ki sont plus vil ke onkes mais ne vi.
Dehait li ber ki est de tel sanlanche

U²; torbleront U². — *7.* aicel ior seront tuit (mal) U². — *8.* pesance U².

　　Str. IV (= str. V dans T²M, *str. II dans* XKNO): *2.* remainrat U²; (remaindrai) auecques XKNO. — *3.* aloignies U². — *4.* doner (clers) XKNO, daimmier U²; clers borgois T²;N; *(et)* ch'rs *(et)* U². — *5.* por ancreuxe anuie cancreance U²; (plus) encroit sa XKNO; *et* (cr.) N. — *6. et* quant la crois nen puet estre XKNO, pues que la croiz anpeut estre U²; gardans X. — *7.* atex (asous U²) croisiez sera dex ml't (trop U²) soufrans XKNOU²; ke (diex) T². — *8.* se ne sen (uenge) XKNOU²; (poi) sanz N.

　　Str. V (manque dans T²M, *les vv. 1—4 manquent aussi dans* XKNO): *4.* quonques U². — *5.* si mal dehait bers desi faite U²; fiance

Com li oisiaus ki conchie sen ni!
Peu en i a n'ait sen regne honi,
Por tant k'il ait sor ses homes poissanche.

(V, 6)   Ki ches barons empiriés
Sert sans ëur, ja n'avra tant servi
   K'il lor en prende pitiés;
Por chou fait bon Deu servir, ke je di
K'en lui servir n'a ëur ne cheanche:
Ki bien le sert, et bien li est meri.
Plëust a Deu c'Amours fesist aussi
Envers tous chiaus ki en li ont fïanche!

(V, 7)   Ore ai jou dit des barons me sanlanche;
Se lor en poise, de chou ke jel di,
   Si s'en prendent a men maistre d'Oisi,
Ki m'a apris a canter des enfanche.

N. — *6.* nif K. — *7.* (po) ia ceus na(son) U². — *8.* puis qu*i*l iait fors U².

Str. VI (= *str.* IV *dans* T²M;XKNO): *1.* les XKNO; si ait baron anpiriet U². — *2.* cest (sans) T²M; (ia) nen ara (serui) T², tant naura ior X,N, tant naura K,O. — *3.* que N,U²; vous T²M, ior N; pitiet U². — *4.* doit on XKNO, vaut mues U²; seruit U²; (seruir) et amer XKNO; ke je di] *manque dans* K; (ke) le T². — *5.* quil ni couient ne XKNO, qu*e*.. lui nafiert ne U²; (na) enslui ne (eur) T². — *6.* mes qui melz (sert) XKNOU²; melz XKNOU². — *7.* car pleust dieu XKNO; ansi U². — *8.* qu*e*nli ont safiance U²; (en) lui K.

Str. VII (= *str.* VI *dans* O, *manque dans* T²M;XKN): *1.* Or uos ai dit debarons lasanblance U². — *2.* (que) ie le (di) O; iu aidit U². — *3.* sanprai*n*gne U². — *4.* tres ma*n*fance U².

VI.

(Rayn. *1128*).

(VI, 1)
    Se rage et derverie
    Et destreche d'amer
    M'a fait dire folie
    Et d'amour mesparler,
    Nus ne m'en doit blasmer.
    S'ele a tort m'i fausnie,
    Amours, cui j'ai servie,
    Ne me sai ou fier.

(VI, 2)
    Amours, de felonie
    Vos vourai esprover;
    Tolu m'avés le vie
    Et mort sans desfier.
    La m'avés fait penser
    Ou me joie est perie;
    Chele cui jou en prie
    Me fait d'autre esperer.

Chans. VI. Cette chanson est donnée par les mss. M (f. 46 v⁰ 1—v⁰2), T² (f. 99 v⁰—100 r⁰) et e (f. 2 r⁰). Elle est attribuée à *Me sire Quenes de betune* par M, à *Me sire quenes* par T²; elle est anonyme dans e. La musique est notée dans les mss. M et T².

    Str. I: *1.* Cest T²e, Se .. M. — *6.* se (a) M, seele e; fausnie M. — *7.* qe (iai) e.
    Str. II: *3.* tolue mas e. — *5.* kil.. mas e.

(VI, 3)
  Plus est bele k'image
  Chele ke je vos di,
  Mais tant a vil corage,
  Anoious et failli,
  K'ele fait tout aussi
  Com le louve sauvage,
  Ki des lous d'un boscage
  Trait le poiour a li.

(VI, 4)
  N'a pas grant vasselage
  Fait, s'ele m'a traï;
  Nus ne l'en tient por sage,
  Ki sen estre ait oï;
  Mais puis k'il est ensi
  K'ele a tort m'i desgage,
  Je li rent sen homage
  Et si me part de li.

(VI, 5)
  Mout est le tere dure,
  Sans eue et sans humour,
  Ou j'ai mise me cure,
  Mais n'i keurai nul jour
  Fruit ne fueille ne flour,

Str. III: *1.* kimagene e. — *2.* dont (ie) e. — *3.* (mais) molt (?) e. — *5.* ansi e.
Str. IV: *4.* oï] *illisible dans* e. — *6.* dechasce T².
Str. V: *2.* seue e; amor e. — *3.* (ou) ai e; gure (?) e.

S'est bien tens et mesure
Et raisons et droiture
Ke li rende s'amour.

VII.

(Rayn. *1325*).

(VII, 1)
    Bele, douche dame chiere,
Vostre grans biautés entiere
  M'a si sorpris
Ke se j'ere en Paradis,
Si revenroie je ariere,
Por covent ke me proiere
  M'ëust la mis
Ou je fusse vostre amis,
N'a moi vos ne fussiés fiere;
Car ainc en nule maniere
  Tant ne forfis
Ke vos fussiés me gueriere.

Chans. VII. Cette chanson est donnée par les mss. M (f. 46 r⁰ 1—r⁰ 2) et T² (f. 99 v⁰). Elle est attribuée à *Me sire Quenes de biethune* par M et à *Me sire quenes* par T². La musique est notée dans les deux mss.

    Str. I. 5. sen reuenroie (arriere) T². — *8.* ke fuisse T²M. — *9.* vos] *manque dans* T²M; fuissies T²M; frere T². — *11.* Tant] *manque dans* T²M. — *12.* vos] *manque dans* T²M; fuissies T²M.

(VII, 2)   Por une k'en ai haïe
           Ai dite as autres folie
              Com hom irous.
           Mal ait vos cuers covoitous,
           Ki m'envoia en Surie!
           Fausse estes, voir, plus ke pie,
              Ne mais por vous
           N'averai mes eus plorous.

           ———————————

           Vos estes de l'Abeïe
              As Sofraitous,
           Si ne vos nomerai mie.

VIII.

(Rayn. *1420*).

(VIII, 1) Tant ai amé c'or me covient haïr,
           Et si ne kier mais amer,
           S'en tel leu n'est c'on ne sache mentir
           Ne dechevoir ne fausser.

Str. II: 2. dit T²M. — 3. come (irous) T², *com* M.

Chans. VIII. Cette chanson est donnée par les mss. C (f. 237 v°—238 r°), M (f. 45 v° 2—46 r° 1) et T² (f. 99 r°—v°). Elle est attribuée à *Me sire Quenes* par M, à *Me sire quenes* par T²; elle est anonyme dans C. La musique est notée dans les mss. M et T².

Str. I: 2. (et) se ne (ne) C. — 3. non (con) C; trair T²M. — 5. al souffert C. — 6. fait T²M;C. — 7. maix nonpocant loiaus amors C. — 8. poroie C.

Trop longuement m'a duré cheste paine,
C'Amours m'a faite endurer;
Et non por cant loial amour chertaine
Vourai encor recovrer.

(VIII, 2) Ki vouroit or loial amour trover,
Si viegne a moi por coisir;
Mais bien se doit bone dame garder
K'ele ne m'aint por traïr,
K'ele feroit ke fole et ke vilaine,
Si l'en poroit maus venir,
Aussi com fist le fausse capelaine,
Cui tous li mons doit haïr.

(VIII, 3) Assés i a de cheles et de chiaus
Ke dient ke j'ai mespris
De chou ke fis covretures de saus
(Mais mout a bon droit le fis),
Et de l'anel, ki fu mis en traïne,
Dont li miens cors fu traïs;
Car par chelui fu faite le saisine,
Dont je sui si mal baillis.

Str. II (= str. IV dans C): *1.* (Ki) or uoldroit C; amin C. — 2. (a) mon loz (choisir) C. — *3.* (maix) belle dame se doit bien C. — 4. ke (ne) C; pais (por) C. — *5.* com (fole) C; com C. — *6.* sen poroit bien mal oir C. — *7.* ensi *(com)* C.
Str. III (= str. II dans C): *1.* de ceus et de celles C. — 2. ie (mespris) M. — *3.* a ceus kai fait couerture desans C; couuerttures M. — *4.* Mais] *manque dans* M; aml't boin T²; li pluxor ont mespris C. — *5.* de son anel ke ie mix en terainne C. — *6.* car a boen droit i fut mis C. — *7.* (par) lanel C. — *8.* donc M; sui mal T²; mors et trais C.

(VIII, 4) A mout bon droit en fis chou ke j'en fis,
　　Si Deus me doint bons chevaus!
Et chil ki dient ke i ai mespris,
　　Sont parjuré et tuit faus.
Pour chou dechiet bone amours et descline,
　　Car on lor suefre les maus,
Et chil ki choilent le fausse covine,
　　Font les pluisours deloiaus.

IX.

(Rayn. *1623*).

(IX, 1) 　L'autrier, un jour après le Saint-Denise,
　　Fui a Betune, ou j'ai esté sovent;
　La me sovint de gent de male guise,
　　Ki m'ont mis sus menchonge a escïent:
　Ke j'ai canté des dames laidement;
　　Mais il n'ont pas me canchon bien aprise:

Str. IV (= str. III dans C, manque dans T²M): 2. boen cheual C. — *4.* periur C. — *7.* les fauls couines C.

Chans. IX. Cette chanson est donnée par les mss. C (f. 123 r⁰—v⁰), M (f. 47 v⁰ 1—v⁰ 2), T² (f. 100 v⁰—101 r⁰), U² (f. 97 v⁰—98 r⁰) et e (f. 2 r⁰). Elle est attribuée à *Cunes de betunes* par C, à *Me sire Quenes* par M, à *Me sire quenes* par T²; elle est anonyme dans U² et e. La musique est notée dans les mss. M et T².

Str. I: 2. eire U², iere C; betunes U², butunes C. — *3.* gi (?) fui rep[ris] e, ramanbre (remenbrait C) moi U²C; des U²C; gens T²; U²C. — *4.* sus mis U²C. — *5.* (ke) ia T²; folement C. — *6.* n'ont

              Je n'en cantai fors d'une soulement,
              Ki bien forfist ke venjanche en fust prise.

(IX, 2)   Si n'est pas drois ke on me desconfise,
              Et vos dirai bien par raison coment:
              Car se on fait d'un fort laron justise,
              Doit il desplaire as loiaus de nient?
              Nenil, par Deu! ki raison i entent;
              Mais le raisons est si ariere mise
              Ke chou c'on doit loer blasment le gent,
              Et loent chou ke nus autre ne prise.

(IX, 3)   Dame, lonc tens ai fait vostre servise,
              Le merchi Deu! c'or n'en ai mais talent;
              Ke m'est ou cuer une autre amours assise,
              Ki me rekiert et alume et esprent
              Et me semont d'amer si hautement,
              K'en li n'en a ne orgueil ne faintise;

pas] *illisible dans* e. — *7.* cains U²C; ne e;U²; ke (dune) T²M. — *8.* mais tant U²; (ke) me fist tant C; fut C.

    Str. II: *1.* Ce e, Il U²C; dune (dun C) home a *(manque dans* C) desconfire U²C; on me] *illisible dans* e. — *2.* si (vos) e; (et) se U²C; (bien) la U²C; (bien) raison *et* e. — *3.* por ce sen (fait) e; son prant par droit dun laron la U²C. — *4.* ken afiert il C; (doit) ce (?) e, *manque dans* U²; a(leals) U²; aloiaul C; mellors e; de la gent U². — *5.* niant C; certes U²; (qi) adroit ce (?) (entent) e. — *7.* (cou) ke T²; blasmer loent T²M; blame U². — *8.* si (loent) M; chou ke] *manque dans* e *à cause d'un trou;* (que) li saige desprisent (moins prisent C) U²C; autres T²Me; mesprise (?) e.

    Str. III (manque dans T²Me): *2.* (deu) or C. — *3.* cune autre amor mest el cuer si C; (ou) cors U². — *4.* ke tous li cors men (alume)

Et jel ferai, ne puet estre autrement,
Si me metrai dou tout en se franchise.

(IX, 4) A le meillour dou roiaume de Franche,
Voire dou mont, ai men cuer atorné,
Et non por cant paour ai et dotanche
Ke se valours ne me tiegne en viuté,
Car tant redout orgoillouse biauté;
Et Deus m'en doint trover bone esperanche,
K'en tout le mont n'a orgueil ne fierté
C'Amours ne puist plaissier par se poissanche.

X.

(Rayn. *1574*).

(X, 1) L'autrier avint en chel autre païs
C'uns chevaliers ot une dame amée.

C. — 6. (ken) moy ne truis (ne) C. — 7. (et) iamerai C. — 8. se] manque dans C. — *Les vers 6—7 sont intervertis dans* U²C.

Str. IV (= str. III dans T²Me): *1*. En C. — *2*. (d)ou mont] manque dans e à cause d'une déchirure; ai mis (metrai) tout mon panser U²C. — *3*. mais ce me fait souant estre en U²C; ne (por) e. — *5*. quant trop M; maix ceu men ait mainte fois conforteit C; lorg. U². — *6. Le vers manque dans* C; or mi doint diex M; mais ce me fait auoir U²; vraie T²M. — *7*. quel monde nait nulle si grant U²C. — *8*. pust U²; plaier T².

Chans. X. Cette chanson est donnée par les mss. C (f. 98 r⁰—v⁰), H (f. 229 r⁰ 2—v⁰ 1), I (I, n⁰ 14), K (p. 226, 1—2), M (f. 45 r⁰ 1—v⁰ 1), N (f. 109 v⁰ 1—110 r⁰ 1), O (f. 74 v⁰ 2—75 r⁰ 2), P (f. 152 r⁰ 1—v⁰ 2), T² (f. 98 v⁰—99 r⁰) et U³ (f. 136 v⁰—137 r⁰). Elle est attribuée à *Messirez cunes de betunes* par C, à *[M]e sire que*nes par T²,

Tant com le dame fu en sen bon pris,
Li a s'amour escondite et veée.
Puis fu uns jours k'ele li dist: „Amis,
Mené vos ai par parole mains dis;
Ore est l'amours conëue et mostrée;
D'ore en avant serai a vo devis".

(X, 2)   Li chevaliers le resgarda ou vis,
Si le vit mout pale et descolorée.
„Dame", fait il, „chertes mal sui baillis,
Ke n'ëustes piecha cheste pensée.
Vostre clers vis, ki sanloit flours de lis,
Est si alés, dame, de mal en pis

à *Richart de Forniual* par K, à *Mestre Richars de forniual* par N; elle est anonyme dans H, I, O, P et U³; dans M le nom de l'auteur (d'après l'index de M: *Me sire quenes*) manque à cause d'une déchirure. La musique est notée dans les mss. K, M, N, O, P et T².

Str. I: *1*. Il auint iai C; Ce fu lautrier en *un* PKN; au (cel) U³. — *3. et* la dame toz iors (en) O,IU³. — *4.* (li) out H; escondit U³; vee T²;PKN,U³C,H. — *5.* jus q*ua un* ior PKN, tant ka un ior C; quant uint ap*res* sili (ce li I, se li U³) a dit O,IU³. — *6.* ame (uos) O, moneit C; par parolles vos ait (ai U³) meneit IU³; n*os* (ai) N; mauez K; parolles C,H; main N,H, maint O, tous I, tot U³; iors I. — *7.* conue I; *(et)* gree T², donee PKN, prouee OC,H, esprouee IU³. — *8.* tres (des KN) or mes sui tot auostre PKN, si ferai mais dou tout u*ostre* O; des ore mais (desormais U³) suis a (au U³) vostre plaisir IU³C, des ore mais soiez li miens amis H.

Str. II: *1.* lai (r.) I; lesgardait ens (el) C. — *2.* mout la uit paule tainte *(et)* O; (uit) tinte (pale) U³; (ml't) tainte T². — *3.* par dieu dame fait il (mal) H; par dieu dame mort mort *(une fois dans* KN) sui *et* entrepris PKN; dit O; (il) bien sui morz *et* trahiz O, mort mauez et trait IU³C. — *4.* quant O; quant des lautrier ne soi PKN, cant de (des C) lautre an ne sai (ne soi U³, nostes C); lautrier O; vostre IU³. — *5.* li uostre (uis) PKN; ke vostre vis me IU³; biauls C. — *6.* mest

K'il m'est avis ke me soiés emblée.
A tart avés, dame, chest conseil pris!"

(X, 3) Cant le dame s'oï si ramponer,
Grant honte en ot, si dist par se folie:
„Par Deu, vassaus, jel dis por vous gaber.
Cuidiés vos dont c'a chertes le vos die?
Onkes nul jour ne me vint en penser.
Savriés vos dont dame de pris amer?
Nenil, par Deu! ains vos prendroit envie
D'un bel varlet baisier et acoler".

(X, 4) „Dame", fait il, „j'ai bien oï parler
De vostre pris, mais che n'est ore mie;
Et de Troie rai jou oï conter

si tornez du tot (de) PKNO,C, qui or est si (ci U^3) aleis IU^3. — 7. ce (mest) PKN,IU^3; (auis) vos (me) IU^3, kil C; vos mestes H. — 8. (aues amoi M, vers moi O,H; quis H.

Str. III: 1. si soi T^2; ramprosner T^{2}M. — 2. vergoingne (an) IU^{3}C; honte en ot grant O; duel PKN; et au (a U^{3}C) cuer lan prist ire IU^{3}C; (si) respondi marrie O; (par) felonie PKN,H. — 3. danz ch'rs PKN; ge di H; ou (lan I) uos doit bien PKN,IU^{3}C, ie uos sai bien O; vous dis pour M; ameir IU^{3}C. — 4. ne cuidiez pas H; dons I, donkes U^3; (lou) deisse IU^{3}C. — 5. conques H; nenil certes PKN, nenil par deu O,IU^{3}C; on (onc KN, ainz O) ne loi PKNO. — 6. volez PKN; conques nuns (nul U^{3}C) iour ie vos dignaisse (amer) IU^{3}C; dont] manque dans O,H. — 7. ke vos aueis par deu (souent C) grignour IU^{3}C; (ne nil) certes certes T^2, certes PKNO; plus avez grant H; (ainz) auriez PKNO. — 8. du PN; garcon O,H; escoleir I.

Str. IV: 1. Certes dame (iai) O, Par deu dame IU^{3}C; ia (bien) N,U^3; conter H. — 2. (de) vos biautei IU^{3}C; ores I; mies I, miez U^3. — 3. troies T^2;IU^{3}C; ai PKN,IU^3(?)C; roi .. ia (conter) H; (ieu) oir

K'ele fu ja de mout grant seignorie;
Or n'i puet on fors les plaches trover,
Et si vos lo ensi a escuser
Ke chil soient reté de l'iresie
Ki des or mais ne vos vouront amer".

(X, 5) „Par Deu, vassaus, mout avés fol pensé,
Cant vos m'avés reprové men eage.
Se j'avoie men jovent tout usé,
Si sui jou riche et de si grant parage
C'on m'ameroit a petit de biauté.
Encor n'a pas un mois entier passé
Ke li Marchis m'envoia sen message,
Et li Barrois a por m'amour josté".

U³. — *4.* qui fu iadis O; grant] *manque dans* N. — *5.* (puet) len M; H; que IU³; la place O,IU³C. — *6.* par tel raison uos lo (a) PKN, ensi dame uos lo O, pour ceu vos loz (loi U³, lo C) dame IU³C, si vos lo bien par tant H. — *7.* kil (cil) U³; (ke) tuit (cil) I; repris O,H; arresteit I, aratteit U³, roteit C; dazerie I, deresie U³; iresie T², larecie P, tricherie C. — *8.* ke (des) IU³C; (ne) voldroient H.

Str. V: *1.* Danz ch'rs PKN; trop T²; mar uos (nos C) uint en O,IU³C,H; mar iaues garde PKN; penser T²;IU³C. — *2.* que O,IU³C, H; uos auez PKN. — *3.* car (se) H; (se) ie auoie I,C; ieusse ia O; tot mon iouuent (tens O) PKNO,IU³C,H. — *4.* (ie) tant (si H) bele (riche O,H) *et* de haut PKNO,H; mout haut IU³C. — *5.* lon I, on U³C; ml't pou (de) PKNO; dauantage O. — *6.* quen cor PKN; na pas ancor H; ne il na pas encor O, certes nait pas ancor (ancor nait pas U³C) IU³C; (pas) ce cuit *(un; manque dans* N) PKN; *deus* (mois) IU³ C; entier] *manque dans* PKNO,IU³C. — *8.* baruois P, bauiers O, boriois I, bretons C; alait por moi iosteir C; (por) moi ml't U³; plore PKNO,IU³.

(X, 6) „Dame", fait il, „che vos a mout grevé,
Ke vos fiés en vostre seignorage;
Mais tel set ont ja por vous sospiré,
Se vos estiés fille au roi de Cartage,
Ki ja mais jour n'en avront volenté.
On n'aime pas dame por parenté,
Mais cant ele est bele et cortoise et sage.
Vos en savrés par tens le verité!".

Str. VI (manque dans PKNO): *1.* Par deu dame IU³C, Certes dame H; (vos) puet mout (bien C) greueir IU³C. — *2.* gardeis IU³C, siez H; tous iors a (en C,H) (s.) IU³C,H. — *3.* car teilz sant (cent U³C) ont por vostre amor ploreit (iosteit C) IU³C; (tel) XIIII ont por nos H. — *4.* sor (estiez) H; ke sestieiz (sastiez U³, cesties C) IU³C; (fille) a IU³C. — *5.* nan auront (nauront U³) il (aueroient C) iamais lour (la C) IU³C. — *6.* out (naimet) U³, len H; (por) signoraige C. — *7.* ainz (an U³) lainmet on (lou U³, lom C) cant elle est prous (belle C) (et saige) IU³C; (est) cortoise et prox H. — *8.* sauriez I, saueis C; (par) tenson la uerteit C. — *Dans* IU³C *les vers se trouvent dans l'ordre suivant:* 1. 2. 6. 7. 8. 3. 4. 5.

Notes.

I.

6, 2—3: *se biautés m'est garans, De me dame, et le sanlanche.* *De me dame* est une espèce d'apposition explicative à l'adjectif possessif *se*.

7, 1: *Noblés.* V., concernant ce nom, p. 104.

II.

3, 8: *se set escoure de mater.* Pour le sens passif de l'infinitif *(mater)*, v. Diez, Gramm.⁵ 913—4.

III.

1, 6: *oiant les Campenois.* V., pour cette construction, Diez, Gramm.⁵ 958.

1, 7: *le Contesse.* Pour ce personnage, v. pp. 5 et 106—7.

2, 1: *Le Roïne.* Adèle de Champagne, veuve de Louis VII; v. p. 106.

2, 1: *n'a pas fait ke cortoise.* V. pour l'explication de cette expression *(ke cortoise)*, Tobler, Verm. Beitr. 11 sq.

2, 2: *ses fius, li Rois.* Philippe-Auguste; v. p. 106.

2, 7: *je ne fui pas noris a Pontoise.* M. P. Paris (Romancero 84) retrouve dans ces mots une preuve de l'ancienneté des locutions: les „Anes de Pontoise", „venir de Pontoise", etc. A tort, croyons-nous; la ville de Pontoise, bien que située en Beauvaisis, est souvent citée comme l'endroit où l'on parle le français le plus correct (v. Schwan, Rom. St. IV, 362—3). Les locutions mentionnées, avec leur sens tout différent, datent probablement d'un temps plus rapproché du nôtre; v. l'explication que donne Larousse (Dict. + Suppl. s. v. *Pontoise)* de l'expression: *revenir de Pontoise.*

Les str. 1—2 sont d'une certaine importance pour l'histoire de la langue française, parce que nous y trouvons la *mention expresse* de différences dialectales, existant dans le domaine du français vers l'année 1181. On peut y voir aussi les premiers signes de l'influence absorbante qu'allait exercer plus tard le dialecte de l'Ile-de-France sur les autres dialectes.

IV.

„Chanson de croisade", composée vers 1188 (v. p. 170). M. Mätzner, dans ses *Altfranzösische Lieder* 130—7, l'a minutieusement commentée.

2, 1: *Surie* = La Terre-Sainte.

2, 2: *ne doi faillir men creatour*. Pour l'emploi du cas-régime simple au lieu de la prép. *a* + le cas-régime, v. Diez, Gramm.⁵ 855; Tobler, Verm. Beitr. 174 et note; cf. Mätzner, l. c. 133.

3, 5: *li sains leus* = Jérusalem.

6, 1: *sen saint iretage* = Jérusalem.

6, 3: *le prison ombrage* = l'Enfer.

6, 4: *Turc*. Les Sarrasins sont désignés par ce nom dans les poésies du moyen-âge; v. Fauchet, Recueil de l'orig. de la langue et poésie franç. 130.

V.

"Chanson de croisade", composée peu de temps avant la 3:ième croisade (v. pp. 170—1); c'est en même temps une satire violente contre les "barons", qui abusaient de l'empressement religieux des croisés.

1, 2: *canchon faire et de mos et de cans*. Ce passage atteste que Conon de Béthune, comme en général les troubadours et les trouveurs, composait lui-même la musique de ses chansons; cf. P. Paris, Romancero 95.

3, 1: *Vous ki dismés les croisiés*. Allusion évidente à la "dîme saladine", qui fut imposée par le légat du pape et les princes à tous ceux qui, clercs ou laïques, ne s'armaient pas pour reconquérir Jérusalem. Il paraît, d'après ce passage, qu'on frappait d'impôts les croisés eux-mêmes. Cf. Scheler, Trouv. belges 273.

3, 3: *Anemi Deu en seriés*. Le conditionnel *seriés* (au lieu du futur *serés*) a choqué M. Bartsch (ZfrP. II,

478), qui va jusqu'à déclarer fausse toute la strophe. Le conditionnel s'explique pourtant, si l'on admet l'ellipse d'une proposition comme: *se vos le despendiés ensi*, signalée par l'adverbe *en*.

4, 3: *Ki sont croisié*. V., pour l'omission du pronom réfléchi, Tobler, Aniel[2] 31.

4, 4: *Por dismer clers et borjois et serjans*. Concernant *dismer*, v. ci-dessus 3, 1.

5, 1—2: *Li keus s'en est ja vengiés, Des haus barons ki or li sont failli*. Allusion à quelque désastre récent, arrivé aux barons.

5, 3: *C'or les voussist empirier*. Nous n'avons pu corriger d'une manière satisfaisante ce vers, dont la fausseté est indiquée par la rime. Cf. p. 125.

5, 5: *Dehait li ber*. V. l'explication étymologique du mot *dehait*, donnée par M. G. Paris, Rom. XVIII, 469 sqq.

5, 7: *Peu en i a n'ait sen regne honi*. Pour l'ellipse du pronom relatif, v. Diez, Gramm.[5] 1033.

6, 6: *bien li est meri*. Est à remarquer la conservation de la forme neutre *meri* (*merītum).

7, 3: *men maistre d'Oisi*. V. ce que nous avons dit de Huon d'Oisy pp. 4 et 101, note 3. M. P. Paris a consacré un court article à ce poète dans l'Hist. litt. XXIII, 623—5.

Dans le ms U[2], nous avons à la fin de la chanson une petite strophe de quatre vers, laquelle nous croyons interpolée (cf. pp. 93 et 119, n. 2). Nous la donnons ici, avec quelques corrections:

> Par Deu, *com*pains, adès ai ramanbrance
> C'onq*ue*s el mont n'äust meillour ami,
> Ne tous li mons ne vadroit riens sans li;
> Maugré Gilon, adès croist sa vaillance.

[*2*. el mont n' + meillour *manque dans le ms.* — amin. — 4. magrei. — croif].

La restitution du v. 2 est naturellement tout arbitraire; ce qui est certain, c'est que le vers doit se terminer par *ami (:li)*, et non pas, comme le veut M. P. Meyer (Rom. IX, 146), par *mons (:Gilon)*. L'interpolateur a, sans aucun doute, employé la forme ordinaire des „envois", c'est-à-dire qu'il a répété, dans son quatrain, les rîmes de la dernière partie de la dernière strophe.

VI.

2, 3—4: *Tolu m'avés le vie Et mort sans desfier.* *Sans desfier* fait allusion à la règle chevaleresque du moyen-âge (qui existe, d'ailleurs, aussi de nos jours) de n'attaquer personne qu'après provocation antérieure.

VII.

Les corrections, faites aux vers 1, 8. 11. 12 et 2, 3, sont celles qu'a proposées M. Paul Meyer, Rom. IX, 144—5.

2, 5: *Surie* = La Terre-Sainte. Cf. IV, 2, 1.

2, 10—11: *Vos estes de l'Abeïe As Sofraitous.* M. Paulin Paris (Romancero 89) a cru devoir interpréter *So-*

fraitous par „s'offre-à-tous", où il y aurait une allusion impertinente aux aventures amoureuses de la dame en question. Cette interprétation hardie ne peut pas être correcte; les mss. (T²M) donnent *soffraitous* (*suffractosum), qui va très bien à est endroit, quoiqu'il nous soit impossible de comprendre au juste à quoi fait allusion le poète.

VIII.

2, 5: *ke fole et ke vilaine.* Cf. ci-dessus III, 2, 1.

2, 7: *com fist le fausse capelaine.* Allusion qui nous échappe.

3, 2—3: *j'ai mespris De chou ke fis covretures de saus.* Que veut dire *covretures de saus*? *Saus* pourrait être le pluriel de *sauch* (salicem), et toute l'expression signifierait donc: je fis des couvertures de verges (à ma dame), je (la) battis de verges (probablement dans un sens figuré).

3, 5—6: *l'anel, ki fu mis en traïne, Dont li miens cors fu traïs.* Allusion peu claire. M. Scheler (Trouv. belges 282) propose d'interpréter *metre en traïne* par „aliéner ou s'approprier traîtreusement" *(traïne* de *traïr).* Cette interprétation, tout acceptable qu'elle est, ne rend pas le passage plus compréhensible.

3, 6: *li miens cors = je;* v. Tobler, Verm. Beitr. 27 sq.

IX.

1, 1: *le Saint-Denise.* Probablement la fête du 9 octobre, célébrée en l'honneur de Saint-Denis, apôtre des

Gaules et évêque de Paris au 3:ième siècle (v. L'art de vér. les dates I, 66 a).

3, 3: *m'est ou cuer une autre amours assise.* V. pour l'omission du pronom réfléchi, Tobler, Aniel² 31. Cf. ci-dessus V, 4, 3.

X.

5, 7: *li Marchis.* Boniface II de Monferrat; v. pp. 105 et 174.

5, 8: *li Barrois.* Guillaume de Barres; v. p. 105. Il a été décrit dans ces termes par Guillaume le Breton, l'historiographe de Philippe-Auguste:

„— — — — — — Barrarum nobilis heres,
Armipotentis eques animi, Guillelmus, equestris
Ordinis exemplar, fame decus, inclyta gentis
Gloria Francigene, speciosus corpore, prestans
Viribus, omnimoda morum bonitate repletus".

(Delaborde, Œuvres de Rigord et de Guill. le Breton, II, 81 [l. III, vv. 431—5]).

6, 4: *fille au roi de Cartage.* Cette expression veut dire: une fille pourvue d'une grande dot (cf. Brakelmann, Archiv f. das Studium der neueren Sprachen u. Lit. XLII, 331).

Glossaire.

Nota. Pour simplifier, nous supposons une étymologie *latine* directe aussi dans les cas où il y a plutôt lieu de songer à une formation *française;* ex. **demant** (*demandum).

A (ad), prép. (ensemble avec l'art.: **au, as**) *à, vers, pendant, avec,* etc.: (mouvement vers) II, 2, 8; etc.; (repos dans un lieu) III, 2, 7; IX, 1, 2; (circonstance de lieu) II, 3, 5; etc.; (circonstance de temps) I, 4, 5; etc.; (manière) IV, 1, 5; etc.; (rég. indir.) I, 1, 7; etc.; (possession) X, 6, 4; (dépendant d'un subst.) V, 4, 7 (**garant**); (dépendant d'un adj.) VII, 1, 9 (**fier**); (dépendant d'un verbe) III, 3, 6 (**irer**); IV, 5, 3 (**partir**); 7, 3. 4 (**penser**); V, 6, 7 (**plaire**); IX, 2, 4 (**desplaire**); (suivi d'un inf.) I, 1, 1 (après **legier**); II, 1, 8 (après **desirer**); 5, 6; etc. (après **aprendre**); 5, 7 (après **venir**); X, 4, 6 (après **loer**). V. encore les mots **Chertes, Droit, Escïent, Tart, Tort.**

Abeïe (abbatiam), s. f. *abbaye:* s. rég. VII, 2, 10.

Acoler (ad-*collare), v. tr. *embrasser:* inf. X, 3, 8.

Adont (ad-donique + infl. de **dont** < de-unde [?]), adv. *alors* V, 2, 5; 3, 7.

Ahi, interj. *ah! aïe!* IV, 1, 1.

Aïe (*aditam pour adjutam), s. f. *aide:* s. rég. I, 4. 1; IV, 2, 3.

Aillours (*aliorus pour aliorsus), adv. *ailleurs* II, 4, 6.

Aine (unquam + infl. de **ains** < *antius), adv. *jamais* VII, 1, 10.

Ains (* antius), adv. *plutôt, au contraire* IV, 4, 6; X, 3, 7; — **ains ke,** *avant que* II, 3, 1.

Aler (* allare?), v. intr. *aller:* prés. ind. 3 p. s. **vait** (vadit + infl. de **fait** < facit) IV, 1, 7; 3 p. pl. **vont** (vadunt + infl. de **font** < *facunt) IV, 5, 5; prés. subj. 3 p. s. **voist** (d'après le prés. ind. **vois** < vado + infl. de **conois** < cognosco?) IV, 4, 2; fut. 1 p. s. **irai** (ire-habeo) III, 3, 2; 1 p. pl. **irons** IV, 3,

3; 3 p. pl. **iront** IV, 5, 8; 6, 5; pt. p. m. s. suj. **alés** X, 2, 6; — v. réfl. (avec **en**) *s'en aller:* prés. ind. 1 p. s. **vois** IV, 2, 1; 7, 1; — v. impers. *aller:* prés. ind. **vait** II, 5, 5.

Alumer (ad-luminare), v. tr. *enflammer:* prés. ind. 3 p. s. **alume** IX, 3, 4.

Amant (amantem), s. m. *amant:* s. suj. **amans** I, 5, 4; 7, 1; V, 1, 6.

Ame (animam), s. f. *âme:* s. rég. V, 1, 7.

Amender (*admendare pour emendare), v. tr. *rendre meilleur:* inf. IV, 7, 2.

Amer (amare), v. tr. *aimer:* inf. X, 3, 6; 4, 8; prés. ind. 1 p. s. **aim** I, 7, 2; II, 1, 3; 3 p. s. **aime** X, 6, 6; prés. subj. 3 p. s. **aint** VIII, 2, 4; cond. 3 p. s. **ameroit** X, 5, 5; pt. p. f. s. rég. **amée** X, 1, 2; suj. **amée** IV, 1, 3; — v. intr. *aimer:* inf. **amer** II, 2, 6; etc.; pt. p. m. s. rég. **amé** VIII, 1, 1.

Ami (amicum) s. m. *ami:* s. suj. **amis** VII, 1, 8; X, 1, 5.

Amie (amicam), s. f. *amie:* s. rég. IV, 2, 8.

Amour (amorem). s. f. *amour:* s. rég. II, 1, 4; etc.; s. suj. **amours** VIII, 4, 5; etc.; — *l'Amour:* s. rég. **Amour** III, 3, 7; s. suj. **Amours** I, 3, 5; etc.

Anel (anellum), s. m. *anneau:* s. rég. VIII, 3, 5.

Anemi (*inamicum), s. m. *ennemi:* pl. rég. **anemis** IV, 3, 7; pl. suj. **anemi** V, 3, 3. 4.

Angoissous (*angustiosum), adj. *plein d'angoisse:* f. s. rég. **angoisseuse** IV, 3, 6.

Anoious (in-odiosum), adj. *désagréable:* m. s. rég. VI, 3, 4; f. s. rég. **anoieuse** IV, 4, 1.

Anui (in-odio), s. m. *désagrement, chagrin:* s. rég. II, 4, 8; 5, 2.

Aorer (adorare), v. tr. *adorer:* prés. ind. 1 p. s. **aour** II, 5, 3.

Aprendre (apprendere), v. tr. *apprendre:* inf. I, 1, 3; prés. ind. 3 p. s. **aprent** II, 5, 6; pt. p. m. s. rég. **apris** (*apprisum) V, 7, 4; f. s. rég. **aprise** IX, 1, 6; — *instruire, élever:* pt. p. m. pl. suj. **apris** III, 2. 5.

Après (ad-pressum), prép. *après* IV, 2, 6.

Ariere (ad-retro), adv. *en arrière* VII, 1, 5; IX, 2, 6.

Artois (*Artensem?), n. pr. m. *l'Artois:* rég. III, 2, 6.

Asseoir (ad-sedere), v. tr. *assiéger:* pt. p. m. s. suj. **assis** (ad-*sisus) IV, 6, 1; — v. réfl. *s'asseoir:* pt. p. f. s. suj. **assise** IX, 3, 3.

Assés (ad-satis), adv. *beaucoup* VIII, 3, 1.

Atendre (attendere), v. tr. *attendre:* inf. I, 2, 6.

Atorner (ad-*tōrnare), v. tr. *tourner:* pt. p. m. s. rég. **atorné** IX, 4, 2.

Aucun (*alicunum), adj. indéf. *quelque:* f. s. suj. **aucune** I, 4, 4.

Aumosne (*almosinam; gr. ἐλεημοσυνη), s. f. *aumône; bienfaisance:* s. rég. IV, 5, 2.

Aussi (alid-sic), adv. *de même* V, 6, 7; VI, 3, 5; — **aussi com,** *ainsi que* VIII, 2, 7.

Autre (alterum), pron. indéf. *autre:* m. s. suj. **autre** IX, 2, 8; f. s. rég. **autre** VI. 2, 8; rég. **autrui** (*alterui), *autrui, les autres* II, 3, 3; 4, 6; — adj. indéf. *autre:* m. s. rég. **autre** X, 1, 1; f. s. rég. **autre** II, 3, 2; f. s. suj. **autre** IX, 3, 3; m. pl. rég. **autres** I, 1, 5; f. pl. rég. **autres** II, 3, 6.

Autrement (altera-mente), adv. *autrement* IX, 3, 7.

Autrier (alterum-heri), s. m. (avec l'art) *l'autre jour:* s. rég. IX, 1, 1; X, 1, 1.

Avanchier (*abantiare), v. tr. *faire avancer:* prés. ind. 3 p. s. **avanche** I, 5, 6.

Avant (ab-ante), adv. *avant:* **d'ore en avant**, *dorénavant* X, 1, 8.

Avenir (advenire), v. impers. *arriver:* p. déf. **avint** (*advinit) X, 1, 1.

Avis (ad-visum), s. m. *opinion:* **m'est avis ke**, *il me semble que* X, 2, 7.

Avoir (habere), v. tr. *avoir, posséder:* inf. II, 1, 8; IV, 4, 1; prés. ind. 1 p. s. **ai** I, 4, 1; IX, 4, 3; 3 p. s. **a** II, 2, 4; VI, 3, 3; 2 p. pl. **avés** (*habatis) X, 5, 1; 3 p. pl. **ont** (*habunt) IV, 6, 4. 6; V, 6, 8; prés. subj. 3 p. s. **ait** V, 5, 8; VII, 2, 4; p. déf. 3 p. s. **ot** X, 3, 2; impf. subj. 2 p. pl. **ëustes** (*habūstis) X, 2, 4; fut. 1 p. s. **averai** VII, 2, 8; 3 p. pl. **avront** X, 6, 5; — v. aux. *avoir:* prés. ind. 1 p. s. **ai** I, 3, 1; etc ; 3 p. s. **a** III, 2, 1; etc.; 1 p. pl. **avons** (*habumus) IV, 3, 1; 2 p. pl. **avés** VI, 2, 3; etc.; 3 p. pl. **ont** III, 1, 5; etc.; impf. ind. 1 p. s. **avoie** X, 5, 3; prés. subj. 3 p. s. **ait** V, 5, 7; VI, 4, 4; p. déf. 3 p. s. **ot** X, 1, 2; impf. subj. 3 p. s. **ëust** VII, 1, 7; fut. 3 p. s. **avra** V, 6, 2; — v. impers. *il y a:* prés. ind. **a** V, 6, 5; etc. (avec **i** V, 5, 7; VIII, 3, 1); cond. **avroit** II, 2, 6.

Avoir (habere), s. m. *avoir, argent:* s. rég. V, 3, 2.

Avuec (apud-hoc), prép. *avec* V, 4, 2.

Baillie (*bajuliam), s. f. *pouvoir, possession:* s. rég. IV, 1, 8.

Baillir (*bajulire), v. tr. *traiter* (avec **mal**): pt. p. m. s. suj. **baillis** VIII, 3, 8; X, 2, 3; m. pl. suj. **bailli** V, 3, 7.

Baisier (basiare), v. tr. *baiser:* inf. X, 3, 8.

Barrois (*Barrensem), s. m. *qui appartient à la famille de Barres, Barrois:* s. suj. X, 5, 8.

Baston (*bastonem), s. m. *bâton; lance:* s. rég. II, 5, 8.

Bel (bellum), adj. *beau:* m. s. rég. X, 3, 8; f. s. suj. **bele** VI, 3, 1; etc.

Ber (baro), s. m. *baron, haut seigneur:* s. suj. V, 5, 5; pl. rég. **barons** (barones) V, 5, 2; 6, 1; 7, 1.

Besoing (bis-*sonium), s. m. *besoin:* s. rég. IV, 2, 3; s. suj. **besoings** I, 2, 5.

Betune (*Bettunam), n. pr. f. *Béthune:* rég. IX, 1, 2.

Biauté (*bellitatem), s. f. *beauté:*

s. rég. II, 2, 3; etc.; s. suj. **biautés** I, 6, 2; VII, 1, 2.

Bien (bene), adv. *bien* I, 1, 2; etc. V. le mot **Fait**.

Bien (bene), s. m. *bonne action:* s. rég. I, 4, 3.

Blasmer (blasphemare), v. tr. *blâmer:* inf. VI, 1, 5; prés. ind. 3 p. pl. **blasment** IX, 2, 7; pt. p. m. s. rég. **blasmé** III, 1, 5.

Bon (bonum), adj. *bon:* m. s. rég. VIII, 3, 4; etc.; f. s. rég. **bone** IX, 4, 6; f. s. suj. **bone** VIII, 2, 3; 4, 5; m. pl. rég. **bons** VIII, 4, 2; m. pl. suj. **bon** IV, 5, 8; f. pl. suj. **bones** II, 1, 2; — **fait bon** (avec un inf.), *il est bon de* V, 6, 4.

Borjois (*borgensem), s. m. *bourgeois:* pl. rég. **borjois** V, 4, 4.

Boscage (*boscaticum; germ. *bosk*), s. m. *bocage:* s. rég. VI, 3, 7

Camp (campum), s. m. *champ (de bataille):* s. rég. II, 5, 7.

Campenois (*campanensem). s. m. *Champenois:* pl. rég. **Campenois** III, 1, 6.

Campïon (*campionem), s. m *champion:* s. rég. II, 5, 5.

Canchon (cantionem), s. f. *chanson:* s. rég. I, 1, 1; etc.; s. suj. **canchons** I, 7, 3; pl. rég. **canchons** III, 1, 6.

Cankes (quantum-quod + *s* parag.), conj. *autant que* I, 5, 6.

Cant (cantum), s. m. *mélodie:* pl. rég. **cans** V, 1, 2.

Cant (quando), conj. *quand, lorsque* II, 3, 7; etc.

Cant (quantum), pron. interr. *combien:* **por cant,** *cependant* I, 4,

1; — **ne por cant,** *néanmoins* I, 3, 6; — **non por cant,** *néanmoins* II, 2, 7; etc.

Canter (cantare), v. tr. *chanter:* prés. subj. 3 p. s. **cant** I, 1, 4; — v. intr. *chanter:* inf. **canter** II, 4, 1; etc.; prés. ind. 1 p. s. **cant** II, 1, 1; p. déf. 1 p. s. **cantai** IX, 1, 7; pt. p. m. s. rég. **canté** II, 2, 2; IX, 1, 5.

Canter (cantare), s. m. *chant:* s. rég. III, 1, 4.

Capelaine (*cappellanam), s. f. *chapelaine:* s. suj. VIII, 2, 7.

Car (carnem), s. f. *chair:* s. rég. V, 2, 3.

Car (quare), conj. *car* I, 1, 2; etc.

Cartage (Carthaginen), n. pr. f. *Carthage:* rég. X, 6, 4.

Cascun (*quiscunum + infl. de cata), pron. indéf. *chacun:* m. s. suj. **cascuns** I, 1, 3; IV, 3, 4.

Castement (casta-mente), adv. *chastement* IV, 5, 4.

Cheanche (*cadantiam), s. f. *chance:* s. rég. V, 6, 5.

Chel (ecce-illum), pron. dém. *celui-là:* m. rég. **chelui** (ecce-*illui) VIII, 3, 7; m. pl. suj. **chil** III, 2, 5; — pron. déterm. *celui:* m. s. suj. **chil** (ecce-*illi); m. rég. **chelui** V, 3, 6; f. s. suj. **chele** II, 1, 1; etc.; f. rég. **cheli** (ecce-illi) II, 2, 2; m. pl. rég. **chiaus** IV, 5, 5; etc.; m. pl. suj. **chil** IV, 6, 2; etc.; f. pl. rég. **cheles** VIII, 3, 1; — adj. dém. *ce:* m. s. rég. **chel** X, 1, 1; f. s. suj. **chele** V, 4, 6; — adj. déterm. *ce:* f. s. suj. **chele** IV, 4, 3.

Cheler (celare), v. tr. *celer, cacher:* prés. ind. 3. p. pl. **choilent** VIII, 4, 7; pt. p. m. s. rég. **chelé** I, 3, 1.

Chertain (*certanum), adj. *certain:* f. s. rég. **chertaine** VIII, 1, 7.

Chertes (certas), adv. *certainement* V, 1, 6; X, 2, 3; — **a chertes,** *sérieusement* IV, 3, 2; X, 3, 4.

Chest (ecce-istum), adj. dém. *ce:* m. s. rég. IV, 2, 3; etc.; f. s. rég. **cheste** II, 3, 1; X, 2, 4; f. s. suj. **cheste** I, 6, 7; VIII, 1, 5; m. pl. rég. **ches** V, 4, 2; 6, 1.

Cheval (caballum), s. m. *cheval:* pl. rég. **chevaus** VIII, 4, 2.

Chevalerie (*caballarīam), s. f. *exploits chevaleresques:* s. rég. IV, 2, 6.

Chevalier (caballarium), s. m. *chevalier:* s. rég. II, 2, 7; s. suj. **chevaliers** X, 1, 2; 2, 1.

Chi (ecce-hic), adv. *ici* IV, 4, 1; V, 4, 2.

Chier (carum), adj. *cher:* f. s. suj. **chiere** VII, 1, 1.

Chou, che (ecce-hoc) pron. dém. *cela:* (tonique) V, 6, 4; VIII, 4, 5; (atone) X, 4, 2; 6, 1; — pron. déterm. *ce* I, 2, 6; etc.

Cler (clarum), adj. *clair, pur:* m. s. suj. **clers** X, 2, 5; — **veoir cler,** *voir clair* II, 3, 5.

Clerc (clericum), s. m. *clerc:* pl. rég. **clers** V, 4, 4.

Clergié (clericatum), s. m. *clerc, prêtre:* pl. suj. **clergié** IV, 5, 1.

Coi (*quetum) adj. *tranquille:* m. s. suj. **cois** III, 1, 2.

Coisier (*quetiare), v. réfl. *rester tranquille:* prés. subj. 1. p. s. **coise** (avec *e* anal.) III, 1, 3.

Coisir (*kausiire; germ. *kausjan*), v. intr. *faire son choix:* inf. VIII, 2, 2.

Com (quomodo), adv. *comment* IV, 6, 2; — *quel* (déterminant un adj. dans une prop. exclam.) IV, 1, 1; — conj. comp. *comme* II, 1, 7; etc. V. encore les mots **Aussi, Si, Tant.**

Coment (quomodo-mente), adv. *comment* II, 5, 1; IX, 2, 2.

Conchiier (concacare), v. tr. *souiller:* prés. ind. 3. p. s. **conchie** V, 5, 6.

Conkerre (con-quærere pour conquirere), v. tr. *conquérir, acquérir:* prés. ind. 3. p. s. **conkiert** IV, 2, 7; 4, 4.

Conoistre (cognoscere), v. tr. *connaître:* pt. p. f. s. suj. **conëue** (*cognovuta) X, 1, 7.

Conseil (consilium), s. m. *décision:* s. rég. IV, 5, 6; X, 2, 8.

Conseillier (*consiliare pour consiliari), v. tr. *conseiller:* inf. II, 3, 2.

Conter (computare), v. intr. *raconter:* inf. X, 4, 3.

Contesse (*comitissam), s. f. *comtesse:* s. rég. III, 1, 7.

Corage (*coraticum), s. m. *désir, intention:* s. rég. III, 3, 1; etc.

Cors (corpus), s. m. *corps:* s. rég. V, 1, 8; s. suj. IV, 1, 7; VIII, 3, 6.

Cortois (*cortensem), adj. *courtois:* f. s. suj. **cortoise** (*cortensa) III, 2, 1; X, 6, 7; m. pl. suj. **cortois** III, 2, 5.

Cortoisie (*cortensīam), s. f. *acte de courtoisie:* s. rég. I, 4, 3.

Coup (col(a)p(h)um), s. m. *coup:* pl. rég. **cous** II, 5, 7.

Covenir (convenire), v. impers. *falloir:* prés. ind. **covient** V, 1, 3; VIII, 1, 1; fut. **covenra** IV, 1, 2.

Covent (conventum), s. m. *convention:* **por covent ke**, *à condition que* VII, 1, 6.

Covine (*convinam pour *conveniam), s. f. *manière d'être:* s. rég. VIII, 4, 7.

Covoitié (*cupidietatem), s. f. *convoitise:* s. suj. **covoitiés** V, 4, 5.

Covoitous (*cupidietosum), adj. *convoiteux, avide:* m. s. suj. VII, 2, 4.

Covreture (*coperturam), s. f. *couverture:* pl. rég. **covretures** VIII, 3, 3.

Covrir (coperire), v. tr. *couvrir; dépasser:* prés. ind. 3 p. s. **cuevre** V. 3, 8.

Creanche (*credantiam), s. f. *croyance, foi:* s. suj. V, 4, 5.

Creatour (mot sav.: creatorem,) s. m. *créateur:* s. rég. IV, 2, 2.

Crois (crucem), s. f. *croix:* s. rég. IV, 6, 4.

Croisié (cruciatum), s. m. *croisé:* s. rég. V, 4, 7; pl. rég. **croisiés** V, 3, 1.

Croisier (cruciare), v. tr. *faire prendre la croix:* p. déf. 3. p. s. **croisa** V, 4, 5; — v. réfl. *prendre la croix:* pt. p. m. pl. suj. **croisié** V, 4, 3.

Cuer (*corem pour cor), s. m. *cœur:* s. rég. IX, 3, 3; 4, 2; s. suj. **cuers** II, 2, 8; etc.

Cuidier (*cŏgitare pour cōgitare), v. tr. *croire:* prés. ind. 2. p. pl. **cuidiés** X, 3, 4.

Cure (curam), s. f. *soin:* s. rég. VI, 5, 3.

Dame (dominam), s. f. *dame:* s. rég. I, 3, 4; etc.; s. suj. II, 4, 2; etc.; pl. rég. **dames** IX, 1, 5; pl. suj. IV, 5, 4.

De, d' (de), prép. (avec l'art.: **dou, des**) *de, à cause de, depuis, par rapport à,* etc.: (éloignement) IV, 6, 3; X, 2, 6; (provenance) I, 4, 2; III, 2, 6; etc.; (possession) I, 6, 3; etc.; (cause) VIII, 3, 3. 5; (distance dans le temps) II, 5, 6; X, 1, 8; (rapport général) II, 2, 6; 5, 5; etc.; (apposition) IX, 4, 1; (l'objet qui agit) II, 3, 1; (totalité) II, 2, 4; etc.; (qualité) IV, 5, 1; etc.; (dépendant d'un subst.) IV, 2, 3 **(besoing)**; VI, 1, 2 **(destreche)**; X, 3, 8 **(envie)**; (dépendant d'un adj.) V, 2, 4 **(desirant)**; (dépendant d'un verbe) II, 2, 2; etc. **(canter)**; X, 4, 3 **(conter)**; V, 1, 4 **(soi eslongier)**; VI, 2, 8 **(esperer)**; VI, 2, 1 **(esprover)**; VI, 1, 4 **(mesparler)**; IV, 4, 5 **(morir)**; X, 4, 2 **(parler)**; X, 4, 7 **(reter)**; IX, 1, 3 **(sovenir)**; (suivi d'un inf.) II, 3, 8 (après **soi escoure)**; V, 2, 2 (après **soi esforchier)**; I, 4, 6 (après **soi garder)**; IX, 3, 5 (après **semondre)**; V, 1, 2 (après **soi targier)**. V. encore les mots **Nïent, Ore, Tout.**

Decheoir (de-*cadēre pour decadĕre), v. intr. *déchoir:* prés.

ind. 3. p. s. **dechiet** VIII, 4, 5.

Dechevoir (*decipĕre pour decipĕre), v. intr. *dècevoir:* inf. II, 1, 4; VIII, 1, 4.

Deduire (deducere), v. réfl. *se réjouir:* prés. ind. 1. p. s. **dedui** II, 4, 7.

Deduit (*deductum pour deductum), s. m. *plaisir:* s. suj. **deduis** II, 4, 8.

Defois (defensum), s. m. *défense:* **metre en defois**, *renoncer à, s'abstenir de* III, 1, 4.

Dehait (Deum-*hatum-habeat), loc. comp. servant d'interj. *malheur à* V, 5, 5.

Deloial (de-legalem), adj. *déloyal:* m. pl. rég. **deloiaus** VIII, 4, 8.

Deloitier (delectare), v. tr. *réjouir:* prés. ind. 3. p. s. **delite** I, 6, 7.

Demander (demandare), v. tr. *demander:* inf. III, 3, 2.

Demant (*demandum), s. m. *demande:* s. rég. III, 3, 4.

Demoranche (*demorantiam), s. f. *délai:* s. rég. V, 4, 8.

Demorer (*demorare pour demorari), v. intr. *rester:* inf. IV, 6, 8.

Denise (Dionysium + *e* fém.), n. pr. m. *Denis:* s. rég. (gén.) IX, 1, 1.

Departie (*departitam), s. f. *séparation:* s. rég. IV, 1, 1.

Derverie (de-ex-*variam, venant de de-ex-*vare pour de-ex-vadere?), s. f. *folie:* s. suj. VI, 1, 1.

Des (de-ex?), prép. *dès* V, 7, 4;
— **des or mais,** *désormais* X, 4, 8.

Descliner (de-ex-clinare), v. intr. *décliner, déchoir:* prés. ind. 3. p. s. **descline** VIII, 4, 5.

Descoloré (dis-coloratum), adj. *sans couleur:* f. s. rég. **descolorée** X, 2, 2.

Desconfire (dis-*conficere pour dis-conficere), v. tr. *détruire; maltraiter:* prés. subj. 3. p. s. **desconfise** (dis-*conficiat, infl. par les formes à désinence accentuée) IX, 2, 1.

Descovrir (dis-coperire), v. tr. *découvrir:* inf. I, 4, 5 (subst.); II, 5, 4; cond. 1. p. s. **descovroie** I, 2, 4.

Desfier (*disfidare), v. intr. *faire un défi:* inf. VI, 2, 4.

Desgagier (dis-*wadiare pour dis-*vadiare; germ. *wadjan), v. tr. *dégager:* prés. ind. 3. p. s. **desgage** VI, 4, 6.

Desir (subst. verb. de **desirer**), s. m. *désir:* s. rég. II, 1, 5.

Desirant (desiderantem), adj. *désireux:* m. s. suj. **desirans** V, 2, 4.

Desirer (desiderare), v. tr. *désirer:* prés. ind. 1. p. s. **desir** I, 6, 6; etc.; 3. p. s. **desire** II, 1, 7.

Desirier (*desiderarium), s. m. *désir:* s. rég. V, 4, 1; s. suj. **desiriers** I, 2, 5.

Despendre (dispendere), v. tr. *dépenser:* impér. 2. p. pl. **despendés** (dispendatis) V, 3, 2.

Desplaire (dis-*placēre pour dis-placēre), v. intr. *déplaire:* inf. IX, 2, 4.

Destreche (*destrictiam), s. f. *désir violent:* s. suj. VI, 1, 2.
Deu (deum). s. m. *Dieu:* s. rég. III, 3, 3; etc. (pour le gén. V, 3, 3; IX, 3, 2); s. suj. **Deus** II, 1, 4; etc.
Devant (de-ab-ante), prép. *devant* II, 4, 5; etc.
Devis (divisum), s. m. *désir;* s. rég. X, 1, 8.
Deviser (*divisare), v. intr. *méditer:* prés. ind. 1. p. s. **devis** II, 5, 1.
Devoir (debere) v. aux. *devoir:* prés. ind. 1. p. s. **doi** II, 2, 5; etc.; 3. p. s. **doit** III, 3, 6; etc.; impf. subj. 1. p. s. **dëusse** V, 1, 1; 3. p. s. **dëust** I, 5, 3; cond. 1. p. s. **devroie** I, 3, 3.
Di (*dīem pour dĭem), s. m. *jour:* pl. rég. **dis** X, 1, 6.
Dire (dicere), v. tr. *dire:* inf. I, 3, 3; etc.; prés. ind. 1. p. s. **di** V, 6, 4; etc.; 3. p. s. **dit** I, 3, 5; 3. p. pl. **dient** VIII, 3, 2; 4, 3; prés. subj. 1. p. s. **die** X, 3, 4; p. déf. 1. p. s. **dis** X, 3, 3; 3. p. s. **dist** X, 1, 5; 3, 2; fut. 1. p. s. **dirai** II, 5, 1; etc.; pt. p. m. s. rég. **dit** (*dīctum pour dĭctum) III, 2, 6; etc.; f. s. rég. **dite** I, 5, 1; VII, 2, 2; f. s. suj. **dite** I, 7, 3.
Dismer (decimare), v. tr. *frapper d'impôts:* inf. V, 4, 4; prés. ind. 2. p. pl. **dismés** V, 3, 1.
Dobler (duplare), v. tr. *redoubler:* pt. p. f. s. suj. **doblée** I, 2, 1.
Dolent (dolentem), adj. *triste:* m. s. suj. **dolens** II, 4, 1; V, 2, 8.
Doloir (dolere), v. intr. *souffrir:* pt. pr. m. s. suj. **dolans** (*dolantem + *s)* V, 2, 6.
Dolorous (dolorosum), adj. *douloureux:* f. s. rég. **doloreuse** IV, 3, 3.
Dolour (dolorem), s. f. *peine d'amour:* s. rég. I, 5, 2; II, 5, 2; s. suj. **dolours** I, 1, 6; — *a dolour*, *avec chagrin* IV, 1, 5.
Doner (donare), v. tr. *donner:* prés. subj. 3. p. s. **doint** (*doniet) II, 1, 4; VIII, 4, 2; — (avec un inf.) *accorder de:* prés. subj. 3. p. s. **doint** IX, 4, 6.
Dont (de-unde), adv. rel. *dont* I, 7, 3; etc.; — *par lequel, laquelle* IV, 4, 4; etc.; — *ce dont* III, 1, 7.
Dont (donique + infl. de **dont** < de-unde?), adv. *donc* III, 3, 2; etc.; — *alors* V, 2, 7.
Dotanche (*dubitantiam), s. f. *crainte:* s. rég. V, 3, 5; IX, 4, 3.
Double (duplum), adj. *double:* f. s. rég. V, 2, 5.
Douch (*dulcium), adj. *doux:* f. s. suj. **douche** IV, 4, 3; VII, 1, 1.
Douchour (*dulciorem), s. f. *douceur, clémence:* s. rég. IV, 1, 4.
Droit (directum), s. m. *droit, justice:* s. suj. **drois** I, 5, 6; IX, 2, 1; — **par droit**, *à bon droit* I, 5, 4; V, 2, 7; — **a bon droit**, *à bon droit* VIII, 3, 4; 4, 1.
Droiture (*directuram), s. f. *droit, justice:* s. suj. VI, 5, 7.
Dur (durum), adj. *dur:* f. s. rég. **dure** IV, 1, 1; s. suj. VI, 5, 1.
Durer (durare), v. intr. *durer:* pt. p. m. s. rég. **duré** VIII, 1, 5

Eage (*ætaticum), s. m. *âge* X, 5, 2; — **d'eage**, *âgé* IV, 5, 1.
Ele, v. **Il**.
Embler (involare), v. tr. *enlever:* pt. p. f. s. suj. **emblée** X, 2, 7.
Empirier (*impejorare), v. tr. *rendre pire:* inf. V, 5, 3 (?); — v. intr. *aller de mal en pis:* pt. p. m. pl. rég. **empiriés** V, 6, 1.
Emprendre (*imprendere), v. tr. *entreprendre:* inf. I, 2, 7.
En (in), prép. (avec l'art.: **ou**) *en, dans, à, sur*, etc.: (repos) I, 6, 1; etc.; (mouvement) II, 5, 7; etc.; (avec un inf. = gér.) V, 6, 5; (dépendant d'un subst.) V, 6, 8 (**fïanche**); (dépendant d'un verbe) X, 6, 2 (**fïer**); IV, 5, 2 (**manoir**); IX, 4, 4 (**tenir**). V. aussi le mot **Maniere**.
En (inde), adv. *en:* (indiquant des choses) II, 1, 5; etc.; (indiquant des personnes) II, 5, 2; etc.; (= de moi) I, 4, 4; (= de vous) X, 6, 5; — **soi en aler**, *s'en aller* IV, 2, 1; 7, 1.
Encor (hinc-*ha-hora?), adv. *encore* II, 4, 3; etc.; — conj. *bien que* III, 2, 3.
Endroit (in-directum), prép. *quant à* V, 1, 7.
Endurer (indurare) v. tr. *endurer, souffrir* VIII, 1, 6.
Enfanche (infantiam), s. f. *enfance:* s. rég. V, 7, 4.
Enseignier (*insignare), v. tr. *donner des conseils pour:* inf. II, 3, 3; — *enseigner:* prés. ind. 3. p. s. **ensaigne** II, 3, 6.
Ensi (in-sic?), adv. *ainsi* V, 3, 2; VI, 4, 5; — *donc* X, 4, 6.
Entendre (intendere), v. tr. *comprendre:* inf. I, 1, 1; III, 2, 4; prés. ind. 3. p. s. **entent** IX, 2, 5.
Entier (integrum + infl. des mots en **-ier**), adj. *entier, complet:* m. s. rég. X, 5, 6; f. s. suj. **entiere** VII, 1, 2.
Envers (in-versum), prép. *envers* V, 6, 8.
Envie (*invĭdiam pour invĭdiam), s. f. *envie, désir:* s. suj. X, 3, 7. Cf. **Prendre**.
Envoier (*inviare), v. tr. *envoyer:* p. déf. 3. p. s. **envoia** VII, 2, 5; X, 5, 7.
Envoisier (*invitiare), v. réfl. *se divertir:* prés. subj. 1. p. s. **envoise** (*invitiem + -e anal.) III, 1, 1.
Escac (*scaccum; pers. *schâh*), s. m.: pl. rég. **escas**, *échecs* II, 3, 5.
Escïent (mot sav.: scientem), s. m. *connaissance:* **a escïent**, *à dessein* IX, 1, 4.
Escondire (ex-condicere), v. tr. *refuser:* inf. I, 4, 6; pt. p. f. s. rég. **escondite** (ex-*condĭctam) X, 1, 4.
Escoure (excutere), v. réfl. *se préserver:* inf. II, 3, 8.
Escremir (*skirmire; vha. *skirmjan*), v. intr. *s'exercer à l'escrime:* inf. II, 5, 6.
Escu (scutum), s. m. *bouclier:* s. rég. II, 5, 8.
Escuser (excusare) v. tr. *excuser:* inf. X, 4, 6.
Esforchier (*exfortiare), v. réfl. *s'efforcer:* inf. V, 2, 1.
Eslire (ex-legere), v. tr. *élire, choisir (comme):* pt. p. f. s. rég. **eslite** I, 7, 2.

Eslongier (*exlongicare), v. réfl. *s'éloigner:* inf. V, 1, 3.

Esperanche (*sperantiam), s. f. *espérance:* s. rég. IX, 4, 6.

Esperer (sperare), v. intr. (avec de) *attendre:* inf. VI, 2, 8.

Espeuse (sponsam), s. f. *épouse:* s. suj. IV, 4, 8.

Esprendre (ex-prendere), v. tr. *enflammer:* prés. ind. 3. p. s. **esprent** IX, 3, 4.

Esprover (ex-probare), v. tr. *convaincre:* inf. VI, 2, 2.

Estre (*essere), v. intr. *être, exister:* prés. ind. 3. p. s. **est** X, 4, 2; 3. p. pl. **sont** II, 1, 2; prés. subj. 3. p. s. **soit** (*sīt) II, 1, 3; p. déf. 3. p. s. **fu** X, 1, 5; — *se trouver (à un endroit):* prés. ind. 1. p. s. **sui** (*sūio?) II, 4, 6; 5, 3; 3. p. s. **est** VIII, 1, 3; prés. subj. 3. p. s. **soit** V, 2, 2; impf. ind. 1. p. s. **ere** VII, 1, 4; p. déf. 1. p. s. **fui** IX, 1, 2; 3. p. s. **fu** X, 1, 3; pt. p. m. s. rég. **esté** (*estatum) IX, 1, 2; — v. cop. *être:* inf. **estre** I, 5, 3; etc.; prés. ind. 1. p. s. **sui** I, 5, 1; etc.; 3. p. s. **est** I, 1, 2; etc.; 2. p. pl. **estes** VII, 2, 6. 10; 3. p. pl. **sont** III, 2, 5; etc.; impf. ind. 2. p. pl. **estiés** (*estebatis) X, 6, 4; prés. subj. 3. p. s. **soit** III, 2, 3; p. déf. 3. p. s. **fu** X, 4, 4; impf. subj. 1. p. s. **fusse** VII, 1, 8; 2. p. pl. **fussiés** VII, 1, 9. 12; fut. 1. p. s. **serai** (*essere-habeo) X, 1, 8; 3. p. s. **sera** IV, 4, 7; **iert** IV, 3, 2; etc.; cond. 3. p. s. **seroit** I, 2, 3; 2. p. pl. **seriés** V, 3, 3; pt. p. m. rég. **esté** IV, 3, 1; — v. aux. *être:* prés. ind. 1. p. s. **sui** VIII, 3, 8; X, 2, 3; 3. p. s. **est** I, 2, 1; etc.; 3. p. pl. **sont** IV, 6, 5; etc.; prés. subj. 3. p. s. **soit** I, 1, 7; 2. p. pl. **soiés** (*sīatis) X, 2, 7; 3. p. pl. **soient** X, 4, 7; p. déf. 1. p. s. **fui** III, 2, 7; 3. p. s. **fu** IV, 6, 4; etc.; impf. subj. 1. p. s. **fusse** II, 3, 1; 3. p. s. **fust** I, 7, 3; etc.; fut. 3. p. s. **iert** I, 1, 6; 3. p. pl. **seront** V, 3, 7; — v. impers. *en être:* inf. **estre** IX, 3, 7; prés. ind. **est** VI, 4, 5.

Estre (*essere), s. m. *manière d'être:* s. rég. VI, 4, 4.

Et (et), conj. *et* I, 1, 4; etc.; (**et** — **et,** *et* — *et* II, 2, 3; etc.) — adv. *aussi* V, 6, 6.

Eue (aquam), s. f. *eau:* s. rég. VI, 5, 2.

Ëur (*augūrum pour augŭrium) s. m. *chance, bonheur:* s. rég. V, 6, 2. 5.

Ëureus (*augurosum), adj. *heureux:* m. s. suj. IV, 4, 7.

Eus, v. **Oeil.**

Faillir (*fallire + infl. du rad. ton. *falli+voy.), v. intr. (avec **a**) *manquer à, abandonner:* inf. IV, 2, 2; fut. 3. p. s. **faura** IV, 2, 3. 4; pt. p. m. pl. suj. **failli** V, 5, 2; — pt. p. employé comme adj.: m. s. rég. **failli,** *trompeur, méchant* VI, 3, 4.

Faintise (*finctītiam + infl. de **faint** < *finctum), s. f. *dissimulation:* s. rég. IX, 3, 6.

Faire (facere), v. tr. *faire:* inf. II, 2, 5; etc.; prés. ind. 1. p. s. **fas** V, 1, 6; 3. p. s. **fait** IX, 2,

3; etc.; 3. p. pl. **font** (*facunt) IV, 5, 6; p. déf. 1. p. s. **fis** (feci + anal. de **mis** < misi?) VIII, 3, 3; etc.; fut. 1. p. s. **ferai** (sous l'infl. du rad. atone **fe-**) I, 1, 2; etc.; 3. p. s. **fera** I, 4, 3; 3. p. pl. **feront** IV, 5, 5. 7; cond. 3. p. s. **feroit** VIII, 2, 5; pt. p. m. s. rég. **fait** III, 2, 1; etc.; f. s. suj. **faite** VIII, 3, 7; — (avec un inf.) prés. ind. 3. p. s. **fait** I, 2, 7; etc.; pt. p. m. s. rég. VI, 1, 3; 2, 5; f. s. rég. **faite** VIII, 1, 6; — *rendre* (avec un adj.): prés. ind. 3. p. s. **fait** I, 6, 4; 3. p. pl. **font** VIII, 4, 8; — v. intr. *agir:* prés. ind. 3. p. s. **fait** VI, 3, 8; p. déf. 3. p. s. **fist** VIII, 2, 7; impf. subj. 3. p. s. **fesist** (fecisset + anal. de **mesist** < misisset?) V, 6, 7; — *dire:* prés. ind. 3. p. s. **fait** X, 2, 3; etc.; — v. vic.: prés. ind. 1. p. s. **fas** IV, 7, 4; 3. p. s. **fait** II, 5, 5. V. encore le mot **Bon.**

Fait (factum), s. m. *fait:* **bien fait,** *bienfaisance:* s. rég. IV, 5, 2.

Faus (falsum), adj. *faux:* f. s. rég. **fausse** VIII, 4, 7; s. suj. VII, 2, 6; VIII, 2, 7; m. pl. suj. **faus** VIII, 4, 4.

Fausnoier (*falsonicare?), v. tr. *tromper:* prés. ind. 3. p. s. **fausnie** VI, 1, 6.

Fausser (*falsare), v. intr. *agir faussement:* inf. VIII, 1, 4.

Felonie (*filloniam; vha. *fillan,* écorcher), s. f. *perfidie:* s. rég. VI, 2, 1.

Ferir (ferire), v. tr. *frapper:* inf. II, 5, 7.

Fïance (*fidantiam), s. f. *confiance:* s. rég. V, 6, 8.

Fïer (*fidare), v. réfl. *se fier:* inf. VI, 1, 8; prés. ind. 2. p. pl. **fïes** X, 6, 2.

Fier (ferum), adj. *fier:* m. s. suj. **fiers** I, 2, 2; f. s. suj. **fiere** VII, 1, 9.

Fierté (feritatem), s. f. *fierté:* s. rég. IX, 4, 7.

Fil (filium), s. m. *fils:* s. suj. **fius** III, 2, 2.

Fille (filiam), s. f. *fille:* s. suj. X, 6, 4.

Fin (*finum), adj. *parfait:* m. s. suj. **fins** I, 5, 4; 7, 1.

Flour (florem), s. f. *fleur:* s. rég. VI, 5, 5; s. suj. **flours** X, 2, 5.

Fol (follem), adj. *fou:* m. s. rég. X, 5, 1; m. s. suj. **fous** I, 5, 1; f. s. suj. **fole** (*folla) VIII, 2, 5.

Folage (*follaticum), s. m. *folie:* s. rég. IV, 5, 6.

Folie (*folliam), s. f. *folie:* s. rég. VI, 1, 3; etc.

Folour (*follorem), s. f. *folie, action insensée:* s. rég. II, 2, 5.

Forfaire (foris-facere), v. intr. *faire du mal:* p. déf. 1. p. s. **forfis** VII, 1, 11; 3. p. s. **forfist** IX, 1, 8.

Fors (foris), prép. *excepté* IX, 1, 7; X, 4, 5.

Fort (fortem), adj. *fort:* m. s. rég. IX, 2, 3.

Fraindre (frangere) v. tr. *briser:* inf. V, 2, 3.

Franche (Franciam), n. pr. f. *France:* rég. V, 2, 8; IX, 4, 1.

Franchise (*frankitiam), s. f. *générosité:* s. rég. IX, 3, 8.

Franchois (*francensem), adj.

français: f. s. suj. **franchoise** (*francensa; cf. p. 157, n. 2) III, 2, 3.

Franchois (*francensem), s. m. *langue française:* s. rég. III, 2, 4.

Franchois (*francensem), s. m. *Français:* pl. suj. III, 1, 5.

Front (frontem), s. m. *front, visage:* s. rég. IV, 7, 1.

Fruit (fructum), s. m. *fruit:* s. rég. VI, 5, 5.

Fueille (*foliam), s. f. *feuille:* s. rég. VI, 5, 5.

Gaber (*gabbare; vnord. *gabb*, moquerie), v. tr. *se moquer de:* inf. X, 3, 3.

Garant (*warantem; vsax. *warôn*, prendre en considération), s. m. *garantie:* s. suj. **garans** I, 6, 2; V, 4, 6.

Garder (*wardare; vsax. *wardôn*), v. réfl. *se garder:* inf. VIII, 2, 3; prés. subj. 3. p. s. **gart** I, 4, 6.

Gent (gentem), s. f. *gens:* s. rég. I, 3, 2; etc.; s. suj. **gent** IX, 2, 7; pl. rég. **gens** II, 3, 6.

Glorïous (gloriosum), adj. *glorieux:* f. s. rég. **glorïeuse** IV, 4, 6.

Graignour (grandiorem), adj. *plus grand:* m. s. rég. IV, 2, 4.

Grant (grandem), adj. *grand:* m. s. rég. III, 1, 3; etc.; m. s. suj. **grans** II, 4, 3; f. s. rég. **grant** II, 5, 2; etc.; f. s. suj. **grans** I, 5, 2; etc.; m. pl. suj. **grant** IV, 2, 5.

Grever (*grevare), v. intr. *affliger:* pt. p. m. s. rég. **grevé** X, 6, 1.

Gueriere (*werrariam; germ. *wĕrra*), s. f. *ennemie:* s. suj. VII, 1, 12.

Guise (*wisam; germ. *wisa*), s. f. *conduite:* s. rég. IX, 1, 3.

Haïr (*hatire; vfr. *hatjan*), v. tr. *haïr:* inf. VIII, 2, 8; pt. p. f. s. rég. **haïe** VII, 2, 1; — v. intr. *haïr:* inf. **haïr** VIII, 1, 1.

Hardement (mot sav.: *hardimentum; goth. *hardus*, dur), s. m. *hardiesse:* s. rég. I, 2, 7; s. suj. **hardemens** I, 2, 2; II, 4, 3.

Haut (altum+infl. du germ. *hauh*), adj. *haut:* f. s. rég. **haute** II, 2, 8; m. pl. rég. **haus** V, 5, 2.

Haut (alto; cf. le mot préc.), adv. *haut:* **amer haut,** *aimer une personne haut placée* II, 2, 6.

Hautement (alta-mente; cf. Haut), adv. *haut:* **amer hautement,** *aimer une personne haut placée* IX, 3, 5.

Hé, interj. (exprimant la douleur): **hé, las!,** *hélas* II, 4, 1; V, 2, 6.

Hom (homo), s. m. *homme:* s. suj. VII, 2, 3; pl. rég. **hommes** (homines) V, 5, 8; **homme** (*homini) IV, 5, 1.

Homage (*hominaticum), s. m. *hommage:* s. rég. VI, 4, 7.

Honir (*haunire; germ. *haunjan*), v. tr. *déshonorer:* pt. p. m. s. rég. **honi** V, 5, 7; m. pl. suj. **honi** IV, 6, 5.

Honour (honorem), s. f. *honneur:* s. rég. II, 2, 8; IV, 2, 7; s. suj. **honours** IV, 4, 8.

Hontage (*hauntaticum; germ *haunitha*), s. m. *honte:* s. rég. IV, 6, 8.

Honte (*hauntam; germ. *haunitha*), s. f. *honte:* s. rég. IV, 3, 3; X, 3, 1.

Honteus (*hauntosum; germ. *haunitha*), adj. *honteux:* m. s. suj. IV, 3, 4; f. s. suj. **honteuse** IV, 3, 8.

Humour (humorem), s. f. *humidité:* s. rég. VI, 5, 2.

I (ibi), adv. *y* I, 5, 6; etc.; (avec **avoir**) V, 5, 7; VIII, 3, 1; (avec **paroir**) IV, 3, 2; 6, 2.

Il (*illī, sous l'infl. de qui), pron. pers. *il:* m. s. suj. II, 3, 7; etc.; m. s. rég. **le, l'** (illum) I, 3, 3; 4, 6; etc.; m. s. dat. **li** (illi) IV, 2, 3; etc.; m. s. abs. **lui** (*illui) V, 6, 5; f. s. suj. **ele** (illa) I, 3, 6; etc.; f. s. rég. **le, l'** (illam) I, 1, 3; 3, 7; etc. ([je]l V, 7, 2); f. s. dat. **li, l'** (illi) I, 2, 4; 4, 4; etc.; f. s. abs. **li** (illi) I, 4, 2; etc.; n. s. suj. **il** (*illum + infl. du msc. il) V, 6, 3; etc.; n. s. rég. **le** (*illum) X, 3, 4 ([je]l IX, 3, 7; X, 3, 3); m. pl. suj. **il** (illi) III, 2, 6; etc.; m. pl. dat. **lor** (illorum) V, 4, 6; etc.; f. pl. suj. **eles** (*illas) IV, 5, 6.

Image (imaginem), s. f. *image:* s. suj. VI, 3, 1.

Irai, v. **Aler**.

Irer (*irare), v. intr. *se mettre en colère:* inf. III, 3, 6.

Iresie (mot sav.: *hæresīam), s. f. *immoralité:* s. rég. X, 4, 7.

Iretage (*hereditaticum), s. m. *héritage:* s. rég. IV, 6, 1.

Irié (*iriatum), adj. *en colère:* m. s. suj. **iriés** IV, 3, 4.

Irous (*irosum), adj. *en colère:* m. s. suj. VII, 2, 3.

Ja (jam), adv. *déjà* V, 5, 1; X, 6, 3; —*jadis* X, 4, 4; — (dans une prop. nég.) *jamais* I, 1, 6; etc. (+ **mais** X, 6, 5); — conj. *quoique* V, 2, 2.

Jeter (*jettare pour ejectare), v. tr. *jeter; délivrer* (avec **de**): p. déf. 3. p. s. **jeta** IV, 6, 3.

Jeu (jocum), s. m. *jeu:* s. rég. II, 3, 3.

Joiant (*gaudiantem), adj. *joyeux:* m. s. suj. **joians** I, 6, 5; V, 1, 7.

Joie (*gaudiam pour gaudium), s. f. *joie:* s. suj. VI, 2, 6.

Joieus (*gaudiosum), adj. *joyeux:* m. s. suj. IV, 4, 2.

Joster (*juxtare), v. intr. *jouter, rompre une lance:* pt. p. m. s. rég. **josté** X, 5, 8.

Jou, je, j' (ego), pron. pers. *je:* I, 2, 3; 3, 7; II, 2, 2; etc. (je[l] V, 7, 2; etc.); rég. dir. **me, m'** (me) I, 3, 6; 4, 7; etc.; rég. indir. **me, m'** (mihi) I, 1, 2; II, 1, 4; etc.; abs. **moi** (me) II, 5, 5; etc.

Jour (diurnum), s. m. *jour:* s. rég. VI, 5, 4; etc.; s. suj. **jours** X, 1, 5; pl. rég. **jours** I, 3, 2; etc.

Jovent (*juventum), s. m. *jeunesse:* s. rég. X, 5, 3.

Juene (juvenem), adj. *jeune:* m. pl. suj. **juene** (*juveni) IV, 6, 7.

Juer (jocare; cf. p. 195), v. tr. *jouer:* inf. II, 3, 4; — v. intr. *jouer:* prés. ind. 3. p. s. **jue** II, 3, 7.

Justise (*justĭtiam pour justītiam), s. f. *justice:* s. rég. IX, 2, 3.

Ke (quam), conj. comp. *que* II, 1, 2; etc.

Ke, k', c' (quod), conj. caus. *car* I, 3, 5; 6, 6; VIII, 2, 5; etc.

Ke, k', c' (quod), conj. expl. *que* I, 1, 3. 4; II, 3, 8; etc. (dans une prop. opt. avec **or** V, 5, 3).

Ke, k' (quod), adv. rel. *que* (= *depuis que*) X, 5, 7; (= *lorsque*) X, 1, 5.

Ke, c' (quid), pron. int. *que:* rég. III, 3, 1; IV, 1, 6; V, 3, 4.

Kel (qualem), (avec l'art.) pron. rel. *qui, lequel:* m. s. suj. **keus** V, 5, 1.

Kerre (quærere), v. tr. *désirer:* prés. ind. 1. p. s. **kier** VIII, 1, 2.

Keure (*colgere pour colligere), v. tr. *cueillir:* fut. 1. p. s. **keurai** VI, 5, 4.

Ki (qui), pron. rel. *qui:* suj. I, 1, 7; etc.; rég. **ke, k', c'** (quem), *que* I, 2, 6; II, 4, 4; VII, 2, 1; etc.; rég. **cui** (cui) *que* IV, 6, 3; etc.; abs. **cui** (cui), *qui* II, 2, 2; — *si quelqu'un:* suj. **ki** IV, 2, 3; etc.

La (illac), adv. *là* IV, 2, 6; etc.

Laidement (*laida-mente; germ. *laidh*), adv. *d'une manière inconvenable* IX, 1, 5.

Laissier (laxare), v. tr. *laisser:* prés. ind. 1. p. pl. **laissons** (*laxumus) IV, 3, 7.

Langage (*linguaticum), s. m. *langage:* s. rég. III, 1, 5.

Laron (latronem), s. m. *larron, brigand:* s. rég. IX, 2, 3.

Las (lassum), adv. *malheureux:* m. s. suj. IV, 1, 6; 7, 1; etc. V. aussi le mot **Hé.**

Lasche (dér. de **laschier** < *laskare; vha. *lask, vnord. *löskr?*), adj. *lâche:* f. pl. rég. **lasches** IV, 5, 7.

Legier (*leviarium), adj. *facile:* f. s. rég. **legiere** I, 1, 1.

Leu (locum), s. m. *lieu:* s. rég. VIII, 1, 3; s. suj. **leus** IV, 3, 5.

Li (*illi, sous l'infl. de qui), art. *le:* m. s. suj. II, 4, 8; etc.; m. s. rég. **le, l'** (illum) II, 3, 4; V, 3, 2; etc.; avec **a** (ad): **au** I, 4, 5; X, 6, 4; avec **de** (de): **dou** II, 5, 5; etc.; avec **en** (in): **ou** II, 1, 3; etc.; f. s. suj. **le, l'** (illa) I, 6, 3; X, 1, 7; etc.; f. s. rég. **le, l'** (illam) I, 1, 7; IV, 2, 8; etc.; m. pl. suj. **li** (illi) III, 1, 5; etc.; m. pl. rég. **les** (illos) II, 4, 4; etc.; avec **a: as** II, 3, 5; etc.; avec **de: des** IV, 7, 1; etc.; f. pl. suj. **les** (*illas) II, 1, 2; IV, 5, 4; f. pl. rég. **les** (illas) V, 1, 4; X, 4, 5; avec **a: as** VII, 2, 2; avec **de: des** IX, 1, 5.

Lié (lætum), adj. *gai:* m. s. suj. **liés** IV, 4, 2.

Lis (*lisium pour lilium), s. m. *lis:* s. rég. X, 2, 5.

Loer (laudare), v. tr. *louer:* inf. IX, 2, 7; prés. ind. 3. p. pl. **loent** IX, 2, 8; — *conseiller:* prés. ind. 1. p. s. **lo** X, 4, 6.

Loial (legalem), adj. *loyal:* f. s. rég. VIII, 1, 7; 2, 1; m. pl. rég. **loiaus** IX, 2, 3 (subst.).

Loiauté (*legalitatem), s. f. *loyauté:* **faire loiauté**, *agir loyalement* IV, 5, 5.

Loier (*locarium), s. m. *salaire:* a loïer, *par intérêt* V, 4, 3.
Lonc (longum), adj. *long:* m. s. rég. II, 5, 6; IX, 3, 1.
Longuement (longa[+ infl. du msc.] = mente), adv. *longtemps* VIII, 1, 5.
Lors (illa-hora + s adv.), *alors* II, 4, 7.
Los (pl. laudes), s. m. *louange:* s. rég. IV, 2, 8.
Lou (lupum), s. m. *loup:* pl. rég. **lous** VI, 3, 7.
Louve (lupam), s. f. *louve:* s. suj. VI, 3, 6.

Maint (*manctum; celt. *manti, grand nombre), adj. *maint:* m. s. rég. I, 2, 7; II, 2, 7; m. pl. rég. **mains** X, 1, 6.
Mais (magis), adv. *désormais* IV, 3, 8; etc.; — *plus* III, 3, 4; IX, 3, 2; — **onkes mais,** *jamais* V, 5, 4; — **des or mais,** *désormais* X, 4, 8; — **ja mais** *jamais* X, 6, 5; — conj. advers. *mais* I, 2, 5; etc.
Maistre (magistrum), s. m. *maître:* s. rég. V, 7, 3.
Mal (male), adv. *mal* V, 3, 7; etc.
Mal (malum'), adj. *mauvais:* m. s. rég. IV, 5, 6; f. s. rég. **male** IX, 1, 3.
Mal (malum), s. m. *mal, malheur:* s. rég. VII, 2, 4; s. suj. **maus** VIII, 2, 6; pl. rég. **maus** I, 6, 4; II, 4, 4; — *mauvaise action:* pl. rég. **maus** VIII, 4, 6.
Malade (male-habitum), adj. *malade:* m. s. suj. **malades** II, 1, 7 (subst.).
Malage (*malehab'ticum), s. m. *maladie:* s. rég. IV, 6, 6.
Maniere (*manariam pour manuariam) s. f. *manière:* **en nule maniere,** *en aucune façon* VII, 1, 10.
Manoir (manere), v. intr. *rester* (en = en s'occupant de): fut. 3. p. pl. **manront** IV, 5, 2.
Marchis (*markensem), s. m. *marquis:* s. suj. X, 5, 7.
Martire (mot sav.: martyrium), s. m. *martyre, peine:* I, 3, 1.
Mater (*mattare; pers. *mat,* mort), v. tr. *faire mat:* inf. II, 3, 8 (avec un sens passif).
Mauvais (male-vatium), adj. *mauvais:* m. pl. rég. IV, 5, 7.
Meillour (meliorem), adj. *meilleur:* f. s. rég. I, 1, 7; etc.
Menchonge (*mentitioniam), s. f. *mensonge:* s. rég. IX, 1, 4.
Mener (minare), v. tr. *mener:* pt. p. m. s. rég. **mené** X, 1, 6.
Menour (minorem), adj. *plus petit:* m. pl. suj. **menour** IV, 2, 5 (subst.).
Mentir (mentire), v. intr. *mentir:* inf. VIII, 1, 3; p. déf. 3. p. s. **menti** V, 3, 6.
Merchi (mercedem), s. f. *grâce:* **le merchi Deu!,** *selon la grâce de Dieu* IX, 3, 2.
Merir (*merire), v. tr. *récompenser de:* pt. p. n. s. suj. **meri** (*merītum) V, 6, 6 (la personne au datif).
Merite (*merītam), s. f. *récompense:* s. rég. I, 6, 6; s. suj. V, 2, 7.
Mes (meus), adj. poss. *mon:* m. s. suj. II, 4, 3; m. s. rég. **men** I,

3, 1; etc. f. s. rég. **me, m'** I, 2, 3; X, 5, 8; etc.; f. s. suj. **me** I, 1, 6; etc.; m. pl. rég. **mes** I, 6, 4; etc.; f. pl. rég. **mes** III, 1, 6.

Mescheance (minus-*cadantiam), s. f. *mauvaise chance:* s. suj. I, 5, 7.

Mescheant (minus-*cadantem), adj. *malheureux:* m. s. suj. **mescheans** I, 5, 5.

Mesparler (minus-*parabolare), v. intr. *médire:* inf. VI, 1, 4.

Mesprendre (minus-prendere), v. intr. *commettre une faute:* pt. p. m. s. rég. **mespris** (minus-*prisum) VIII, 4, 3.

Mespris (minus-pretium), s. m. *mépris, blâme:* s. rég. VIII, 3, 2.

Message (*missaticum), s. m. *message:* s. rég. X, 5, 7.

Messagier (*missaticarium), s. m. *messager:* pl. rég. **messagiers** I, 1, 5.

Mestier (ministerium), s. m. *besoin:* **m'a mestier,** *j'ai besoin* II, 2, 6; **m'est mestiers,** *j'ai besoin* I, 1, 2.

Mesure (mensuram), s. f. *occasion favorable:* s. suj. VI, 5, 6.

Metre (mittere), v. tr. *mettre, placer:* pt. p. m. s. rég. **mis** (*misum) VII, 1, 7; f. s. rég. **mise** VI, 5, 3; — **metre ariere,** *négliger:* pt. p. f. s. suj. **mise** IX, 2, 6; — **metre en defois,** *renoncer à:* pt. p. m. s. rég. **mis** III, 1, 4; — **metre en traïne,** *s'approprier traîtreusement* (?): pt. p. m. s. suj. **mis** VIII, 3, 5; — **metre sus,** *accuser de:* pt. p. m. s. rég. **mis** IX, 1, 4; —

v. réfl. *s'en remettre* (**en,** *à)* : fut. 1. p. s. **metrai** IX, 3, 8.

Mie (micam), s. f. *mie:* **ne — mie,** *ne — point* I, 3, 7; etc.

Mien (meum), pron. poss. *mien:* m. s. rég. II, 3, 4; m. s. suj. **miens** VIII, 3, 6 (adj.).

Mius (melius), adv. *mieux* II, 1, 2.

Mois (mensem), s. m. *mois:* s. rég. X, 5, 6.

Mont (mundum), s. m. *monde:* s. rég. II, 1, 3; etc.; s. suj. **mons** VIII, 2, 8

Morir (*morire), v. intr. *mourir:* inf. IV, 4, 2; — prés. ind. 1. p. s. **muir** I, 6, 5; fut. 1. p. s. **morrai** I, 6, 1; 3. p. s. **morra** IV, 4, 5; — v. tr. *faire mourir, tuer:* pt. p. m. s. rég. **mort** (*mortum) VI, 2, 4; m. s. suj. **mors** IV, 6, 4.

Mort (mortem), s. f. *mort:* s. rég. IV, 3, 6; 4, 5; s. suj. **mors** I, 6, 7; IV, 4, 3.

Mortel (mortalem), adj. *mortel:* m. pl. rég. **morteus** IV, 3, 7.

Mostrer (monstrare), v. tr. *montrer:* pt. p. f. s. suj. **mostrée** I, 1, 6; X, 1, 7.

Mot (*mottum), s. m. *mot, parole:* pl. rég. **mos** III, 2, 6; V, 1, 2.

Mout (multum), adv. *beaucoup* III, 1, 1; X, 6, 1; — *très* (dét. un adj.) IV, 4, 7; etc.

Naistre (*nascere), v. intr. *naître:* fut. 3. p. pl. **naisteront** IV, 4, 6; pt. p. f. s. suj. **née** (nata) I, 1, 7.

Ne, n' (nec), conj. *et* (dans une prop. nég.) I, 1, 5; II, 4, 3; etc.

— *ni* II, 4, 5; etc.; — **ne** — **ne, ni** — *ni* IX, 3, 6.
Ne, n' (non), adv. *ne* I, 1, 6; 2, 6; etc.
Nenil (non-*illi), adv. *nenni* IX, 2, 5; X, 3, 7.
Ni (nidum), s. m. *nid:* s. rég. V, 5, 6.
Nïent (nec-*entem), pron. ind. *rien* I, 3, 5; — **de nïent**, *en aucune façon* IX, 2, 4.
Noblet (*Nobilittum), n. pr. m.: suj. **Noblés** I, 7, 1.
Nomer (nominare), v. tr. *nommer:* fut. 1. p. s. **nomerai** VII, 2, 12.
Non (non), adv. *pas*: **non por cant,** *néanmoins* II, 2, 7; etc.
Norir (nutrire), v. tr. *nourrir, élever:* pt. p. m. s. suj. **noris** III, 2, 7.
Nostre (nostrum), adj. poss. *nôtre:* m. s. rég. IV, 1, 7; **no** IV, 3, 5; f. s. suj. **no** IV, 3, 8; m. pl. rég. **nos** IV, 3, 7.
Nous (nos), pron. pers. abs. *nous* IV, 3, 6.
Nul (nullum), pron. ind. *quelqu'un* (dans une prop. cond.): m. s. suj. **nus** V, 2, 6; — *personne* (dans une prop. nég.): m. s. suj. **nus** V, 2, 8; etc.; — adj. ind. *nul, aucun:* m. s. rég. **nul** V, 4, 1; etc.; m. s. suj. **nus** V, 1, 6; f. s. rég. **nule** VII, 1, 10.

O (aut), conj. *ou* IV, 6, 6; — **o** — **o, ou** — *ou* II, 1, 6.
Oblïer (*oblitare), v. tr. *oublier:* prés. ind. 3. p. s. **oblie** I, 3, 6; fut. 1. p. s. **oblïerai** I, 3, 7.

Ochire (occidere), v. tr. *tuer:* inf. I, 4, 7.
Oeil (oculum), s. m. *œil:* pl. rég. **eus** IV, 7, 1; VII, 2, 8.
Oïl (hoc-*illi), adv. *oui* III, 3, 3.
Oïr (audire), v. tr. *ouïr, entendre:* p. déf. 3. p. s. **oï** X, 3, 1; gér. **oiant** (*audiando) III, 1, 6; pt. p. m. s. rég. **oï** VI, 4, 4; etc.
Oisel (aucellum), s. m. *oiseau:* s. suj. **oisiaus** V, 5, 6.
Oiseuse (otiosam), s. f. *oisiveté:* **par oiseuse,** *tout en étant oisif* IV, 3, 1.
Oisi (Esiaco), n. pr. *Oisy:* rég. V, 7, 3.
Ombrage (*umbraticum), adj. *obscur:* f. s. rég. IV, 6, 3.
On (homo), pron. ind. *on* I, 1, 4; etc.
Onkes (umquam + *s* adv.), adv. *jamais* I, 7, 3; etc.
Ore, or (*ha-hora), adv. *maintenant* II, 2, 1. 3; etc. V. aussi les mots **Avant, Mais.**
Orgoillous (*orgoliosum; v. **Orgueil**), adj. *orgueilleux:* f. s. rég. **orgoillouse** IX, 4, 5.
Orgueil (*orgŏlium; germ. *urgôli*), s. m. *orgueil:* s. rég. IX, 3, 6; 4, 7; s. suj. **orgueus** I, 2, 2.
Oser (*ausare), v. tr. *oser:* prés. ind. 1. p. s. **os** II, 4, 4; etc.
Ou (ubi), adv. rel. *où* IV, 2, 7; etc.
Outrage (*ŭltraticum), s. m. *outrage:* s. rég. II, 2, 5; III, 3, 7.
Outrajous (*ŭltraticosum), adj. *téméraire:* m. s. suj. III, 3, 5.

267

Paine (pœnam), s. f. *peine:* s. suj. VIII, 1, 5.

Païs (pagensem), s. m. *pays:* s. rég. X, 1, 1.

Pale (pallidum), adj. *pâle:* f. s. rég. X, 2, 2.

Paour (pavorem), s. f. *peur:* s. rég. IX, 4, 3.

Par (per), prép. *par* (moyen) I, 1, 5; etc.; (cause) IV, 1, 4; etc.; (en serment) III, 3, 3; etc. V. aussi les mots **Droit, Oiseuse, Raison, Tens.**

Paradis (paradisum), s. m. *Paradis:* s. rég. IV, 2, 7; VII, 1, 4.

Parage (*paraticum), s. m. *famille, parenté:* s. rég. X, 5, 4.

Parenté (*parentatem), s. f. *parenté:* s. rég. X, 6, 6.

Parjuré (perjuratum), adj. *parjure:* m. pl. suj. VIII, 4, 4.

Parler (*parabolare), v. intr. *parler:* inf. II, 4, 5; X, 4, 1; prés. ind. 1. p. s. **parol** II, 4, 7.

Paroir (parere), v. impers. *paraître:* fut. **parra** IV, 3, 2; 6, 2.

Parole (parabolam), s. f. *langage:* s. suj. III, 2, 3; — *(vaine) parole:* s. rég. X, 1, 6.

Partir (partire), v. intr. *prendre part* (**a,** *à*)*:* fut. 3. p. pl. **partiront** IV, 5, 3; — v. réfl. *se séparer de, quitter* (**de**): prés. ind. 1. p. s. **part** (*parto) IV, 1, 5; etc.; 3. p. s. **part** V, 2, 8.

Pas (passum), s. m. *pas:* **ne — pas,** *ne — pas* II, 4, 3; etc.

Passer (*passare), v. intr. *passer, s'écouler:* pt. p. m. s. rég. **passé** X, 5 6.

Pecheour (peccatorem), s. m. *pécheur:* pl. suj. V, 3, 7.

Pechier (peccare), v. intr. *pécher:* inf. V, 2, 4.

Pelerinage (*peregrinaticum), s. m. *pèlerinage, croisade:* s. rég. IV, 5, 3.

Penitanche (*pœnitantiam; v. p. 141), s. f. *pénitence:* s. rég. V, 2, 5.

Pensé (pensatum), s. m. *pensée:* s. rég. X, 5, 1.

Pensée (pensatam), s. f. *pensée:* s. rég. I, 2, 3; X, 2, 4.

Penser (pensare), v. intr. *penser:* inf. VI, 2, 5; fut. 1. p. s. **penserai** IV, 7, 2.

Penser (pensare), s. m. *pensée:* s. rég. X, 3, 5.

Perchoivre (percipere), v. tr. *apercevoir:* prés. subj. 3. p. s. **perchoive** II, 4, 2.

Perdre (perdere), v. tr. *perdre:* prés. ind. 3. p. s. **pert** II, 3, 7; pt. p. m. s. suj. **perdus** (*perdutus) IV, 3, 5.

Perir (perire), v. intr. *périr:* pt. p. f. s. suj. **perie** (*perīta) VI, 2, 6.

Pesanche (*pensantiam), s. f. *peine, chagrin:* s. rég. V, 1, 8.

Peser (pensare), v. impers. *causer du chagrin:* prés. ind. **poise** III, 1, 7; V, 7, 2.

Petit (*pettīttum; rad. celt *pett-*), adj. *petit:* f. s. suj. **petite** I, 5, 3.

Petit (v. le mot préc.), adv. *peu* X, 5, 5.

Peu (paucum), adv. *peu* II, 4, 7; etc.

Pie (picam), s. f. *pie:* s. suj. VII, 2, 6.
Piecha (*peciam-habet), adv. *naguère* X, 2, 4.
Pis (*pĕjus pour pējus), adv. *pis* X, 2, 6.
Pitié (pietatem), s. f. *pitié:* s. rég. V, 1, 8; s. suj. **pitiés** I, 4, 4; etc. Cf. **Prendre**.
Plache (*platteam pour plateam), s. f. *place, endroit:* pl. rég. **plaches** X, 4, 5.
Plaire (*placĕre pour placēre), v. impers. *plaire:* impf. subj. **plĕust** (*placūsset) V, 6, 7.
Plaisant (placentem, + l'infl. des part. en **-ant**), adj. *agréable:* m. pl. rég. **plaisans** I, 6, 4.
Plaissier (*plaxare), v. tr. *ployer, dompter:* inf. V, 2, 3; IX, 4, 8.
Plorer (plorare), v. intr. *pleurer:* gér. **plorant** IV, 7, 1.
Plorous (*plorosum), adj. *en larmes:* m. pl. rég. VII, 2, 8.
Pluisours (*plusiores), pron. indéf. *plusieurs, la plupart:* rég. VIII, 4, 8.
Plus (plus), adv. *plus* (avec un verbe) II, 1, 3; etc.; (avec un adj.) III, 1, 3; etc.; (employé comme subst.) II, 1, 6; etc.; — *plutôt* III, 1, 2.
Poiour (*pĕjorem pour pējorem), adj. *pire, plus mauvais:* m. s. rég. VI, 3, 8 (subst.).
Poissanche (*possiantiam), s. f. *puissance:* s. rég. V, 3, 8; etc.
Poissant (*possiantem), adj. *puissant:* m. s. suj. **poissans** V, 4, 7.

Pontoise (Pontem-Isarae), n. pr. *Pontoise:* rég. III, 2, 7.
Pooir (*potere), v. aux. *pouvoir:* prés. ind. 1. p. s. **puis** (*possio) V, 1, 5; 3. p. s. **puet** (*potet) I, 2, 6; etc.; 3. p. pl. **puent** (*potent) IV, 6, 8; prés. subj. 3. p. s. **puist** (*possiet) I, 1, 3; IX, 4, 8; fut. 3. p. pl. **poront** V, 3, 4; cond. 3. p. s. **poroit** VIII, 2, 6.
Por (*por pour pro), prép. *pour:* (avec un inf. = *afin de*) V, 4, 4; etc.; (avec un subst. ou un pronom. = *à cause de*) III, 1, 4; IV, 4, 2; etc.; (après **tenir**) VI, 4, 3. V. encore les mots **Cant, Covent, Tant**.
Poverte (*paupertam), s. f. *pauvreté:* s. rég. IV, 6, 6.
Povre (pauperem), adj. *pauvre:* m. s. rég. II, 2, 7.
Prechïeus (mot sav.: pretiosum), adj. *précieux:* m. s. rég. IV, 4, 4.
Premier (primarium), adj. *premier:* m. s. suj. **premiers** I, 2, 4.
Prendre (prendere), v. tr. *prendre:* pt. p. m. s. rég. **pris** (*prisum) X, 2, 8; f. s. suj. **prise** IX, 1, 8; — v. intr. (avec un subst. exprimant une émotion comme sujet, et avec la personne que cette émotion saisit au datif; v. p. 126) *saisir, s'emparer de, prendre:* (**pitiés**) prés. ind. **prent** I, 4, 4; prés. subj. **prende** V, 6, 3; (**envie**) cond. **prendroit** X, 3, 7; — v. réfl. *rejeter la responsabilité* (**a, sur**),

prés. subj. 3. p. pl. **prendent** V, 7, 3.

Pris (pretium), s. m. *prix, valeur :* s. rég. IV, 2, 8; etc.

Prison (*prensionem + l'infl. de **pris**, pt. p. de **prendre**), s. f. *prison :* s. rég. IV, 6, 3.

Proier (precare), v. tr. *prier :* prés. ind. 1. p. s. **prie** (preco + -e anal.) VI, 2, 7.

Proiere (precariam), s. f. *prière :* s. suj. VII, 1, 6.

Proisier (*pretiare), v. tr. *louer :* prés. ind. 3. p. s. **prise** IX, 2, 8.

Prou (prodem), adj. *preux, vaillant :* m. s. suj. **preus** IV, 3, 2; m. pl. suj. **prou** IV, 3, 1.

Puis (*postius), adv. *puis* X, 1, 5; — **puis ke,** conj. caus. *puisque* VI, 4, 5.

Rage (*rabia), s. f. *rage, passion violente :* s. suj. VI, 1, 1.

Raison (rationem), s. f. *raison :* s. rég. IX, 2, 5; s. suj. **raisons** VI, 5, 7; IX, 2, 6; — *pensée :* s. rég. **raison** II, 5, 4; — **par raison,** *en donnant des raisons :* IX, 2, 2.

Ramener (re-ad-minare), v. tr. *ramener :* prés. subj. 3. p. s. **ramaint** IV, 1, 4.

Ramponer (*ramponare(?); bourg. *ramp*, courbure), v. tr. *railler, insulter :* inf. X, 3, 1.

Ravoir (re-habere), v. aux. *avoir de même :* prés. ind. 1. p. s. **rai** X, 4, 3.

Recovrer (recuperare), v. tr. *recouvrer :* inf. VIII, 1, 8.

Redoter (re-dubitare), v. tr. *redouter :* prés. ind. 1. p. s. **redout** IX, 4, 5.

Regne (mot sav.: regnum), s. m. *règne :* s. rég. IV, 4, 4; V, 5, 7.

Rekerre (re-qærere), v. tr. *requérir :* prés. ind. 3. p. s. **rekiert** IX, 3, 4.

Remanoir (remanere), v. intr. *rester :* prés. ind. 3. p. s. **remaint** IV, 1, 8; fut. 1. p. s. **remanrai** V, 4, 2.

Rendre (*rendere pour reddere), v. tr. *rendre :* prés. ind. 1. p. s. **rent** VI, 4, 7; prés. subj. 1. p. s. **rende** VI, 5, 8.

Reprendre (reprendere), v. tr. *reprendre, blâmer :* p. déf. 3. p. s. **reprist** (*reprisit) III, 2, 2; pt. p. m. s. rég. **repris** (*reprisum) III, 2, 6.

Reprover (reprobare), v. tr. *reprocher :* pt. p. m. s. rég. **reprové** X, 5, 2.

Resgarder (re-ex-*wardare; vsax. *wardôn*), v. tr. *regarder :* p. déf. 3. p. s. **resgarda** X, 2, 1.

Retenement (mot sav.: *retenimentum), s. m. *soulagement :* s. rég. I, 4, 2.

Reter (reputare), v. tr. *accuser :* pt. p. m. pl. suj. **reté** X, 4, 7.

Retolir (re-*tollire pour retollĕre), v. tr. *tirer en arrière :* prés. ind. 3. p. s. **retout** I, 5, 7.

Revenir (revenire), v. intr. *revenir :* fut. 3. p. s. **revenra** IV, 4, 7; cond. 1. p. s. **revenroie** VII, 1, 5.

Riche (* rikkum; germ. *rikja*), adj. *riche:* m. pl. suj. IV, 6, 7; f. s. suj. **riche** X, 5, 4; — *noble:* m. s. suj. **riches** II, 2, 8.

Rien (rem), pron. indéf. *aucune chose, rien:* rég. II, 1, 3; etc.; suj. **riens** II, 2, 1.

Roi (regem), s. m. *roi:* s. rég. X, 6, 4; s. suj. **rois** III, 2, 2.

Roiaume (* regalimen), s. m. *royaume:* s. rég. IX, 4, 1.

Roïne (reginam), s. f. *reine:* s. suj. III, 2, 1.

Sage (* sabium), adj. *sage:* f. s. rég. VI, 4, 3; f. s. suj. X, 6, 7.

Sain (sanum), adj. *sain:* m. pl. suj. IV, 6, 7.

Saint (sanctum), adj. *saint:* m. s. rég. IV, 6, 1; IX, 1, 1; m. s. suj. **sains** IV, 3, 5; m. pl. suj. **saint** V, 3, 5.

Saisine (*satiinam; goth. *satjan*, placer), s. f. *saisine, prise de possession:* s. suj. VIII, 3, 7.

Sanlanche (*similantiam), s. f. *mine, caractère:* s. rég. V, 5, 5; s. suj. I, 6, 3; — *opinion:* s. rég. V, 7, 1.

Sanler (similare), v. cop. *ressembler à:* impf. ind. 3. p. s. **sanloit** (*similebat) X, 2, 5.

Sans (* sine + *s* parag.), prép. *sans* II, 1, 4; etc.

Santé (sanitatem), s. f. *santé:* s. rég. II, 1, 7.

Sauch (salicem), s. m. *saule, verge:* pl. rég. **saus** VIII, 3, 3.

Sauvage (silvaticum), adj. *sauvage:* f. s. suj. VI, 3, 6.

Sauver (salvare), v. réfl. *se sauver:* inf. V, 2, 6.

Savoir (* sapēre pour sapĕre), v. tr. *savoir:* prés. ind. 1. p. s. **sai** II, 2, 1; etc.; 3. p. s. **set** II, 1, 6; etc.; impf. ind. 1. p. s. **savoie** II, 3, 2; prés. subj. 3. p. s. **sache** VIII, 1, 3; 2. p. pl. **sachiés** IV, 2, 4; etc.; 3. p. pl. **sachent** IV, 2, 5; fut. 2. p. pl. **savrés** X, 6, 8; cond. 2. p. pl. **savriés** X, 3, 6.

Savorous (* saporosum), adj. *agréable:* f. s. suj. **savoreuse** IV, 3, 6; 4, 3.

Se, s' (se), pron. réfl. *se:* rég. dir. I, 4, 6; V, 5, 1; etc.

Se, s' (si), conj. cond. *si* I, 2, 3; 3, 6; etc.

Secourre (succurrere), v. tr. *secourir:* fut. 3. p. pl. **secorront** IV, 6, 2.

Seignorage (*senioraticum), s. m. *seigneurie, puissance:* s. rég. X, 6, 2.

Seignorie (* seniorīam), s. f. *seigneurie, puissance:* s. rég. X, 4, 4.

Seignour (seniorem), s. m. *seigneur:* s. rég. IV, 1, 7.

Semondre (* submonēre pour submonēre) v. tr. *exhorter:* prés. ind. 3. p. s. **semont** III, 1, 1; IX, 3, 5.

Sens (sensum), s. m. *sens, présence d'esprit:* s. rég. II, 3, 7.

Serjant (*serviantem pour servientem), s. m. *serviteur:* pl. rég. **serjans** V, 4, 4.

Servir (servire), v. tr. *servir:* inf. IV, 1, 7; etc.; prés. ind. 3. p. s. **sert** V, 6, 2. 6; pt. p. f. s. rég. **servie** VI, 1, 7; f. s. suj.

servie IV, 1, 3; — v. intr. *servir:* pt. p. m. s. rég. **servi** V, 6, 2.

Servise (*servītium [pour servȳtium] + *-e* anal.[?]), s. m. *service:* s. rég. IX, 3, 1.

Ses (suus), adj. poss. *son:* m. s. suj. III, 2, 2; m. s. rég. **sen** II, 3, 7; etc.; f. s. rég. **se, s'** I, 6, 6; II, 1, 4; etc.; f. s. suj. **se, s'** I, 2, 1; IV, 4, 8; etc.; m. pl. suj. **si** V, 3, 4; m. pl. rég. **ses** V, 5, 8.

Set (septem), adj. num. *sept:* suj. X, 6, 3.

Si (sic), adv. *si, tellement* I, 5, 2; etc.; (suivi de **ke**) I, 5, 5; etc.; — (en tête d'une prop. opt. renfermant un serment) II, 1, 4; VIII, 4, 2; — (donnant plus d'énergie à l'expression) II, 2, 4; etc. (**s'** III, 1, 4); — *pourtant* (après une prop. cond. ou conc.) III, 2, 4; 3, 6; etc.; — conj. cop. *et* I, 7, 2; etc. (**s'** IV, 3, 3); — **si — com,** *aussi — que* II, 1, 1; — **si — ke,** *aussi — que* IV, 1, 5; — **si com,** *de même que* II, 1, 7; — **si ke,** *de sorte que* I, 6, 5.

Sofraitous (*suffractosum), adj. *indigent, misérable:* m. pl. rég. VII, 2, 11.

Sofranche (*sufferantiam), s. f. *souffrance:* s. rég. I, 6, 1.

Sofrir (*sufferire pour sufferre), v. tr. *tolérer:* prés. ind. 3. p. s. **suefre** VIII, 4, 6; — *souffrir:* p. déf. 3. p. s. **sofri** IV, 3, 6.

Sor (super), prép. *sur* V, 5, 8.

Sorprendre (super-prendere), v. tr. *surprendre:* pt. p. m. s. rég. **sorpris** (super-*prisum VII, 1, 3; m. s. suj. **sorpris** II, 3, 1.

Sospirer (sub-spirare), v. intr. *soupirer:* pt. p. m. s. rég. **sospiré** X, 6, 3; gér. **sospirant** IV, 2, 1.

Soul (solum), adj. indéf. *seul:* m. s. suj. **seus** IV, 4, 5.

Soulement (sola-mente), adv. *seulement* I, 3, 4; IX, 1, 7.

Sovenir (subvenire), v. impers. *revenir à la mémoire:* p. déf. **sovint** (*subvinit) IX, 1, 3.

Sovent (subinde), adv. *souvent* IX, 1, 2.

Surie (*Surīam pour Syrīam), n. pr. f. *Syrie, Palestine:* rég. IV, 2, 1; VII, 2, 5.

Sus (susum), adv. *sus:* **metre sus,** *accuser de* IX, 1, 4.

Talent (talentum), s. m. *désir:* s. rég. I, 4, 5; etc.; s. suj. **talans** (*talantus; v. p. 141) V, 2, 2.

Tant (tantum), adv. *tant, tellement* I, 5, 4; etc. (suivi de **ke**) I, 2, 1; etc.; — (employé subst.) II, 2, 4; — *autant* (subst.) II, 1, 6; — **tant com,** *tant que* II, 2, 2; X, 1, 3; — **por tant ke,** *pourvu que* V, 5, 8.

Targier (*tardicare), v. réfl. *tarder:* inf. V, 1, 1.

Tart (tarde), adv. *tard:* **a tart,** *tardivement* X, 2, 8.

Tel (talem), adj. indéf. *tel:* m. s. rég. II, 1, 5; etc.; f. s. rég. **tel** V, 5, 5; m. pl. suj. **tel** III, 3, 3; X, 6, 3.

Tenir (*tenire pour tenere), v. tr. *tenir* (**por, *pour*)*.* prés. ind. 3. p. s. **tient** VI, 4, 3; — **t. en viuté,** *mépriser, dédaigner :* prés. subj. 3. p. s. **tiegne** IX, 4, 4.

Tens (tempus), s. m. *temps :* s. rég. II, 5, 6; etc.; s. suj. VI, 5, 6; — **par tens,** *bientôt* X, 6, 8.

Tere (terram), s. f. *terre :* s. suj. VI, 5, 1.

Tirant (*tyrantem pour tyrannum), s. m. *tyran :* pl. rég. **tirans** V, 4, 2.

Tolir (*tollire pour tollĕre), v. tr. *ôter, enlever :* pt. p. m. s. rég. **tolu** (*tollutum) VI, 2, 3.

Torment (tormentum), s. m. *tourment :* pl. rég. **tormens** II, 4, 2.

Tort (tortum), s. m. *tort :* **a tort,** *à tort* VI, 1, 6; 4, 6.

Tont (*tōttum pour totum), adj. indéf. *tout :* m. s. rég. IX, 4, 7; m. s. suj. **tous** VIII, 2, 8; f. s. rég. **toute** I, 3, 2; m. pl. rég. **tous** I, 3, 2; etc.; m. pl. suj. **tuit** (*tōttī?) IV, 5, 1; etc.; f. pl. rég. **toutes** V, 1, 4; f. pl. suj. **toutes** II, 1, 2; — (employé adverbialement) *tout à fait :* m. s. suj. **tous** I, 6, 1. 5; m. pl. suj. **tuit** VIII, 4, 4; — adv. *tout à fait* VI, 3, 5; X, 5, 3; — **dou tout,** *entièrement* IV, 1, 8; IX, 3, 8.

Traïne (*tradinam?), s. f. *trahison*(?): **metre en traïne,** *s'approprier traîtreusement* (?) VIII, 3, 5.

Traïr (*tradire pour tradĕre), v. tr. *trahir :* inf. VIII, 2, 4; pt. p. m. s. rég. **traï** VI, 4, 2; m. s. suj. **traïs** VIII, 3, 6.

Traire (*tragere pour trahere), v. tr. *tirer, attirer :* prés. ind. 3. p. s. **trait** VI, 3, 8; — *souffrir :* prés. ind. 1. p. s. **trai: (maus)** II, 4, 4; **(dolour)** II, 5, 2.

Trenler (*tremulare), v. intr. *trembler :* fut. 3. p. pl. **trenleront** V, 4, 5.

Tres (trans), adv. *très* II, 3, 6.

Troie (Trojam), n. pr. f. *Troie :* rég. X, 4, 3.

Trop (*troppum; germ. *thorp?*), adv. *très* IV, 6, 5; VIII, 1, 5.

Trover (*trŏpare), v. tr. *trouver :* inf. III, 3, 4; etc. — *composer des chansons :* inf. III, 3, 5 (subst.).

Turc, s. m. *Turc, Sarrasin :* pl. suj. IV, 6, 4.

Un (unum), art. indéf. *un :* m. s. rég. II, 4, 8; etc.; m. s. suj. **uns** IV, 4, 5; etc.; f. s. rég. **une** VII, 2, 1 (abs.); X, 1, 2; f. s. suj. **une** IX, 3, 3.

Usage (*usaticum), s. m. *usage :* pl. suj. III, 3, 3.

User (usare), v. tr. *user :* pt. p. m. s. rég. **usé** X, 5, 3.

Vaillant (*valeantem pour valentem), adj. *vaillant, excellent :* f. pl. rég. **vaillans** V, 1, 4.

Valoir (valere), v. intr. *valoir :* inf. II, 2, 1; prés. ind. 3. p. s. **vaut** II, 1, 2; — v. tr. *équivaloir à :* prés. ind. 3. p. s. **vaut** II, 4, 8.

Valour (valorem), s. f. *valeur:* s. rég. II, 2, 4; s. suj. **valours** I, 2, 1; IX, 4, 4.

Vantanche (*vanitantiam), s. f. *ostentation:* s. rég. V, 1, 5.

Varlet (*vassalittum; v. **Vassal**), s. m. *garçon:* s. rég. X, 3, 8.

Vassal (*vassallum; cymr. *gwas*, garçon), s. m. *chevalier:* s. suj. **vassaus** X, 3, 3; 5, 1.

Vasselage (*vassallaticum), s. m. *prouesse:* s. rég. VI, 4, 1.

Veer (vetare), v. tr. *refuser:* pt. p. f. s. rég. **veée** X, 1, 4.

Vengier (vindicare), v. tr. *venger:* inf. IV, 3, 3; — v. réfl. *se venger:* prés. ind. 3. p. s. **venge** V, 4; 8; pt. p. m. s. suj. **vengiés** V, 5, 1.

Venir (venire), v. intr. *venir:* inf. II, 2, 8; VIII, 2, 6; prés. ind. 3. p. s. **vient** II, 5, 7; prés. subj. 3. p. s. **viegne** VIII, 2, 2; p. déf. 3. p. s. **vint** (*vīnit) X, 3, 5.

Venjanche (*vindicantiam), s. f. *vengeance:* s. suj. IX, 1, 8.

Veoir (videre), v. tr. *voir:* prés. ind. 3. p. s. **voit** V, 2, 5; p. déf. 1. p. s. **vi** V, 5, 4; 3. p. s. **vit** X, 2, 2; pt. p. m. s. rég. **vëu** (*vidutum) II, 2, 3; — v. intr. *voir:* prés. ind. 3. p. s. **voit** II, 3, 5.

Verité (mot sav.: veritatem), s. f. *vérité:* s. rég. X, 6, 8. Cf. **Vreté**.

Vers (versus), prép. *vers, envers* III, 3, 7.

Vie (vitam), s. f. *vie:* s. rég. IV, 4, 1; etc.; s. suj. IV, 3, 8.

Vieilleche (*veculīciam + infl de **vieil** < *veculum) s. f. *vieillesse:* s. rég. IV, 6, 6.

Vil (vilem), adj. *vil, vilain:* m. s. rég. VI, 3, 3; m. pl. suj. V, 5, 4.

Vilain (*villanum), adj. *vilain:* f. s. suj. **vilaine** VIII, 2, 5.

Vis (visum), s. m. *visage:* s. rég. X, 2, 1; s. suj. X, 2, 5.

Viuté (vilitatem), s. f. *vileté:* s. rég. IX, 4, 4. Cf. **Tenir**.

Vivre (vivere), v. intr. *vivre:* fut. 3. p. pl. **vivront** IV, 5, 4.

Voiage (viaticum), s. m. *voyage:* s. rég. IV, 5, 8; 7, 4.

Voir (verum), adj. *vrai:* f. s. rég. **voire** V, 1, 5.

Voir (vero), adv. *en vérité* VII, 2, 6.

Voire (vera), adv. *même* IX, 4, 2.

Voirement (vera-mente), adv. *avec certitude* II, 1, 1; IV, 1, 5.

Vois, v. **Aler**.

Volenté (*volentatem pour voluntatem), s. f. *désir:* s. rég. X, 6, 5.

Volentiers (*volentario + *s* adv.), adv. *volontiers* I, 1, 4.

Voloir (*volere), v. tr. *vouloir:* prés. ind. 3. p. s. **veut** I, 4, 7; etc.; impf. subj. 3. p. s. **voussist** (*volsisset) V, 5, 3; fut. 1. p. s. **vourai** VI, 2, 2; VIII, 1, 8; 3. p. pl. **vouront** X, 4, 8; cond. 3. p. s. **vouroit** VIII, 2, 1.

Voloir (*volere), s. m. *désir, envie:* s. rég. II, 1, 5.

Vostre (vostrum), adj. poss. *votre:* m. s. rég. IX, 3, 1; etc.;

vo X, 1, 8; m. s. suj. **vostre** VII, 1, 8; X, 2, 5; **vos** VII, 2, 4; f. s. suj. **vostre** VII, 1, 2.

Vous (vos), pron. pers. *vous:* suj. ton. V, 3, 1; suj. at. **vos** VII, 1, 9; etc.; rég. dir. **vos** VI, 2, 2; etc.; rég. indir. **vos** VI, 3, 2; etc.; abs. **vous** (après une prép.) VII, 2, 7; X, 6, 3; (avant un inf.) X, 3, 3.

Vreté (veritatem), s. f. *vérité:* s. rég. II, 1, 6. Cf. **Verité**.

Appendice Ier.

Nota. Nous donnons les chansons avec l'orthographe du ms. T; où ce ms. faut défaut, nous reconstruisons de notre mieux son orthographe.

Rayn. *15.*

(15, 1) Chanter m'estuet, car pris m'en est coraige,
       Non pas por çou ke d'amer me soit rien,
       Car je n'i voi mon preu ne mon damaige,
       Ne n'i conois ne mon mal ne mon bien;
       Et se je cant, li deduit en sont mien,
       Si chanterai sans amor par usaige.

Chans. 15. Cette chanson est donnée par les mss. K (p. 255, 2—256, 2), M (f. 80 r⁰ 2—80 v⁰ 1), N (f. 125 r⁰ 2—125 v⁰ 2), P (f. 82 r⁰ 2—83 r⁰ 1), R¹ (f. 11 r⁰—v⁰), T² (f. 124 r⁰—v⁰), U² (f. 105 v⁰ - 106 r⁰) et X (f. 172 v⁰ 1—173 r⁰ 1). Elle est attribuée à *Mesire quesnes chl'r* par R¹, à *M'. s'. Giles de vies maisons* par M, à *Me sire gilles des vies maisons* par T², à *Me sire rob's de marberoles* par K, à *Mes sires robert de marberoles* par N, à *Me sire robert de marberoles* par P, à *Mesire robert de marberoles* par X; elle est anonyme dans U². La musique est notée dans les mss. M, N, P, R¹, T² et X.

Str. I: *1.* ki me nest pris U²x. — *2.* damours M,U²x; mi X,K; riens] *tous les mss.* — *4.* (ne) i U²x; mes maux R¹; mes biens R¹. — *5.* mais (se) U²x; le (deduit) R¹; deduis en est (ert N) PXKN; soit miens R¹. — *6.* non pas pour cou ke iaie cuer volaige T²M; (chantere)

Je ne di pas k'Amors ne faice bien
Au chief del tor foloier le plus saige.

(15, 2) Fous est *et* gars ki a dame se torne,
K'en leur amor n'a point d'afiement.
Quant la dame se tient cointe *et* atorne,
C'est pour faire son povre ami dolent,
Et la joie est au riche faus ki ment,
Et au povre se tient eskieue *et* morne.
Pour çou di jou k'Amors vient de noient:
De noient vient *et* a noient retorne.

15, 3) Teus blasme Amor ki ainc jor de sa vie
Loial amor ne boine ne counut,
Et tel i a qui quide avoir amie
Boine *et* loial ki onques ne la fu;

chant damors P; amors U²x;(P)XKN. — 7. que amours R¹; me (face) U²x; facent M. — 8. a (chief) U²x; tout R¹,P,K; les U²x, li PXKN; saiges U²x.

Str. II (= str. V dans U²x, str. III dans PXKN): *1.* Faus T²; en (dame) K,N; (a)deme M; sadoune M, saiourne R¹; done T²,U²x. — *2.* que en R¹; dafaitement T²M. — *3.* (se) vest bien M, cointoie R¹U²x. — *4.* ce U²x; amin U²x. — *5.* et] *manque dans* U²x; (ioie) en ait li U²x; fol R¹. — *6.* Et au] vers le R¹; a (poure) U²x; fait R¹U²x; *et* chiche *(et)* PXKN. — *7.* ne vaut (niant) U²x. — *8. et* anoient auderrain retorne R¹.

Str. III (= str. II dans U²x;PXKN): *1.* Tel R¹;PXKN; plaint damors PXKN; ameroit tos les iors (de) T²; amours M,R¹U²x; ains R¹, onc PXKN; autoute (sa) U²x. — *2.* leaus U²x; *et* (bonne) R¹; (ne) uit ne (ne) PXKN. — *4.* de cuer (loial) M; leaus U²x; conques X; le M,

Por moi le di, k'Amors a dechëu,
Quant j'en quidai avoir la signorie.
Au chief del tor ne seuc queus beste fu;
Ja mais d'amor ne me prendra envie.

(15, 4) Ja fu teus jors ke ces dames amoient
De cuer loial, sans faindre et sans fausser,
Ces chevaliers larges, ki tot donoient
Por los et pris avoir de bien amer;
Mais or sont il escar, chiche et aver,
Et ces dames, ki cortoises estoient,
Ont tot laissié por aprendre a borser;
Morte est Amors, mort sont cil ki amoient.

(R¹: 5) *Or est Amors et remese et faillie;*
Li faus amant l'ont fait del tot faillir

R¹, lou U²x. — *5.* ie (di) R¹; cui elle (ait) U²x, qune en PXKN; qui bone amours decut M; ont T²,R¹. — *6.* dune an U²x; cuide P. — *7.* a (chief) U²x; tout R¹,K,N; seu M; fot (?) R¹, so U²x, soi PXK, sai N; quel T²M,R¹,PXKN, que U²x. — *8.* damors] *tous les mss.;* (ne) men X; quier avoir U²x.

Str. IV (= str. III dans U²x, *str. V dans* PXKN, *manque dans* T²M): *1.* La U²x; Ia ui un iour R¹, Un ior fu ia (iadis X) PXKN; les U²x, ses X; dame U²x. — *2.* leaul cuer U²x;P; (loial) lamaument (sans) R¹. — *3.* li ch'r loial R¹, *et* ch'r large U²x; amoient N. — *4.* pris *et* lous *et* par amors U²x; (pris) *et* houñour acheter R¹. — *5.* mais] *manque dans* R¹,PXKN; (sont) eschraz *et* (+ *et* N) chiches PXKN; (il) tous *et* eschars *(et)* R¹. — *6.* les U²x; (ces) ch'rs larges qui tot donoient P; pour amour valoient R¹, damer se prenoient (penoient KN) XKN. — *7.* lessier N; apanre U²x; aguillier R¹. — *8.* mors (sont) X, K; *et* mort (cil) U²x, morte N.

Str. V dans R¹ *(= str. IV dans* PXKN, *manque dans* T²M,U²x): *1.* Ere K; et¹] *manque dans* PXN; (amours et) loiautes (f.) R¹. — *2.*

Par leur barat et par leur tricherie,
Par leur faus plaindre et par leur faus sospir.
Quant il vuelent decevoir et traïr,
La plus estrange apelent „douce amie";
Puis font samblant et chiere de morir,
Li traïtour, qui li cors Deu maudie!

(U²x: 4) *Mainte en i a çainte d'une coroie*
Ki son ami ne fait fors deguiler;
Cestui ne velt et a cestui s'otroie;
Cestui retient et cestui laisse aler.
Ki en poroit une loial trover,
Bien en devroit ses cuers avoir grant joie.
J'en sai une; se me voloit amer,
De boine amor assëurés seroie.

Rayn. *1859*.

(1859, 1) Voloirs de faire chançon
Me muet par tel covenant
Que faire me font cest chant

fol R¹; les ont fait defaillir R¹. — *3. leur¹] manque dans R¹. — 4.* soupirs N. — *5.* (il) uouloient R¹. — *6.* douce] il R¹. — *7.* (de) hair K. — *8.* traitours R¹; (qui) le PXN; dame dieus les R¹.

Str. IV *dans* U²x *(manque dans* T²M,R¹;PXKN): *1.* sainte U²x. — *2.* que lor amins nefont U²x. — *3.* (cestui) uuelent U²x; sotroient U²x. — *4.* (cestui) tienent cestui laixent U²x.

Chans. 1859. Cette chanson est donnée par les mss. C (f. 246 v⁰—247 r⁰), M (f. 105 v⁰ 2—106 r⁰ 1), T¹ (f. 26 v⁰—27 r⁰) et a (f. 35 v⁰—36 r⁰). Elle est attribuée à *Cunes de betunez* par C, à *Maistre*

      Cruel mesdisant felon,
      Si chant pour aus sans raison,
      Mais jel faç de cuer dolant;
      Car ne sont tel ne si bon
      C'on doive dire en chantant
      Leur murdre *et* leur traïson:
Miex aferoit *c'on* desist en plorant
      Leur mesdit *et* lor envie.

(1859, 2)   Tant ont fait li mesdisant
      Qu'*il* sont de si haut renon
      Qu'*e*s chans mon segneur Gasson
      Sont ramentu tout avant,
      Et maint autre b*ie*n chantant
      Chantent de leur mesproison,
      Encor soit çou em plaignant:
      Il en sont jai et bordon
      Et plus de mesdire en grant.
Cil lor donent de mesdire ochoison
      Qu*i* plaignent lor trecherie.

willeaumes li viniers par M, à *Maistre Williaumes li uiniers* par T[1] et à *Maistre Vuillaumes* par a. La musique est notée dans les mss. M et T[1].

    Str. *I*: *2.* mesmuet T[1],a; cel a. — *4.* cist C. — *10.* aferist T[1]M, afenroit a, auanroit C. — *11.* medis C.

    Str. *II*: *2.* (kil) resont (de) C. — *3.* ke sens (mon) C. — *4.* ametu T[1], amentu M; tout avant] *manque dans* a. — *5.* bon ont tant C. — *6.* chantent] *manque dans* a, chantei C. — *7.* plorant C. — *8.* ensoit T[1], lai abandon C; bourdant a. — *10.* se C; doune a;C; du a; mal dire C. — *11.* kil C; la C.

(1859, 3)   Peu sevent li mal larron
            Quels joie est de fin amant
            C'Amours tient a son com*m*ant.
            Cil p*ri*se peu maint sermon
            Q*ue* font mesdisant gloton,
            C'adès vainkent li souffrant.
            Ne rit li salvages hom,
            Q*ua*nt il pluet? Q*ue* bel atent
            Qui li taut sa soupeçon.
     Q*ui* soffrir set, ne se voist ja doutant
            C'Amors ne li face aïe.

(1859, 4)   En ce me vois atendant,
            Car tout puis souffrir son bon,
            Si servirai dusk'en som
            Celi q*ui* me vait penant,
            C'Amors dist c'a mon creant
            Fera de mon guerredon,
            E*t* si me revait disant
            Q*ue* saveurs faut en fuison,
            Se desirs nel fait plaisant.
     Plus me fera, ce dist, plaire mo*n* don
            Q*ue* se fust pieça m'amie.

Str. III: *1.* Bien M. — *3.* cui amors trait acomant C; enson T¹. — *4.* sil ploraissent por C; poi T¹. — *5.* felon C. — *7.* dont saibt (? li) C. — *8.* puet a; car (bel) C. — *9.* q*ui*l (li) T¹, ke C; tot C. — *10.* ke C; uoit a.
    Str. IV (manque dans C): *3.* juq*ue* (son) a. — *9.* desir a. — *11.* sel (fust) M.

(1859, 5)   Dieus m'en face vrai pardon:
Un peu le vois mescreant,
Car je n'en vois riens plaignant,
Se la male fuison non;
N'en puis avoir garison
Sans plenté tout mon vivant.
Amours, si vos en semon:
Tenés moi mon couvenant,
Qu'encor tient a *un* cardon
Cele de cui vos m'alés afiant,
Ou trop est fort atachie.

Rayn. *1960.*

(1960, 1)   Au comenchier de ma novelle amor
Ferai cançon, car pris m'en est talens,
Et proierai a cele qui j'aor,

Str. V *(manque dans* a;C): *2.* poi T¹; la M. — *6.* plainte M. — *11.* fort est T¹.

Chans. 1960. Cette chanson est donnée par les mss. K (p. 215, 2—216, 2), M (f. 22 v⁰ 1—v⁰ 2), N (f. 104 r⁰ 2—v⁰ 1), O (f. 11 r⁰ 1—r⁰ 2), P (f. 135 r⁰ 1—v⁰ 1), R¹ (f. 11 v⁰—12 v⁰), T² (f. 98 r⁰—v⁰) et U² (f. 102 v⁰—103 r⁰). Elle est attribuée à *Mesire quesnes chl'r* par R¹, à *Gautier despinais* par N, à *Jaques despinais* par K, à *Chevaliers* par T² (et probablement par M, où le nom manque à cause d'une déchirure); elle est anonyme dans O, P et U². La musique est notée dans les mss. K, M, N, O, P, R¹ et T². — Les lacunes fréquentes dans M proviennent d'une déchirure, causée par l'enlèvement de la miniature qui était à la tête de la chanson.

Str. I: *1.* Manque dans M; (de) la N. — *2.* Ferai — — tal-] manque dans M; que O; kil (qui U²) men est pris T²;U²; talent PKN. *3.* si M;PKNO; wel prier U²; aceli T²;U², madame PKNO; cui M;

Puis ke del tot li sui obediens.
Por Dieu li proi: ne me soit desdaignans;
Ains doit voloir ke par moi soit servie,
Si en serai plus liés tote ma vie.

(1960, 2) Ce ne me doit nus tenir a folour,
Se je desir estre ses biens voillans,
Puis ke beautés fait de li mireor,
Et ens tos biens est ses entendemens.
Diex! com serai envoisiés *et* joiens,
Se ja nul jor vers moi tant s'umelie
Ke par son gré l'os apeller amie!

(1960, 3) Je me delit ens l'espoir ke j'en ai
Si dochement k'il m'est sovent avis
K'ele me doinst s'amor de cuer verai,

O,U², que R¹; qui j'aor] *manque dans* M. — *4.* aqui (acui O) ie sui del tout PKNO; (tout) sui ses R¹; (o)bediens] *manque dans* M, obeissanz O. — *5.* (dieu) quele (ne) M;U²; (pri) quel (que O) ne (soit) PKNO; mi (soit) T²;U²; desdaigna-] *manque dans* M. — *6.* dainst T², daint M, doint O; valoir T², uouloit N; de (moi) PKNO; moi soi-] *manque dans* M. — *7.* tote] *manque dans* M.

Str. *II: 1.* Ie T², *manque dans* M; me] *manque dans* N. — *2.* ce U²; se je] *manque dans* M; ces R¹, son PKN; se U²; bien MR¹; PKNO; vaillens R¹, uoillant K. — *3.* ke] *manque dans* M; fist PKN; delui miroer R¹. — *4.* tos] *manque dans* M; sont si entendement PK NO; chis T², ces R¹. — *5.* (diex) que R¹, tant PKN; serai] *manque dans* M; renuoisiez PK,OU²; ioieus R¹. — *6.* jor] *manque dans* M; enuers moi (sumelie) PKNO. — *7.* son gr-] *manque dans* M; lose T²; P,K, lous U².

Str. *III (= str. IV dans U²): 1.* Je] *manque dans* M, Tant PKNO; delite R¹, delis U²; a U²; quen li (ai) PKNO; (que) ie en R¹. — *2.* si do-] *manque dans* M; qui (mest) U²; toz iorz N. — *3.* K'ele]

Mais tost me rest chis dols espoirs faillis;
Ke de pavor sui mas *et* esbahis.
Tant doç raison, se ele i met s'entente;
Sans estre amés, criem morir en atente.

(1960, 4) Et non por quant adès la servirai
Sans fausseté, come loiaus amis;
Ke mes fins cuers ne doit estre en esmai,
Puis ke il est en haute amor assis,
Ains doit penser coment soit deservis
Li tres grans biens ou il a mis s'entente;
Ne ja nul jour por mal ne s'en repente!

(1960, 5) Il m'est avis — ki a droit velt jugier —,
Ke nus amans ne doit d'amors partir,
K'en poi d'eure rent ele tel loier
Ke nus n'aroit pooir del deservir.

manque dans M; motroit PKNOU²; doit R¹; vrai R¹. — *4.* men est T²MR¹; cist M;N,O, cilz R¹, cil PK, ci U²; pensers N,U²; peris R¹. — *5.* quar M, *manque dans* PKNO; iriez *(et)* PKNO; et esb-] *manque dans* M; mal bailliz O. — *6. et* (dot) PKNO; que celle R¹, sele O; ancui iai mis mantente U²; met] *manque dans* M. — *7.* cuit PKNO; morir] *manque dans* M.

Str. IV (= str. III dans U²): *1.* ne (pour) R¹;PKNO; toz iorz PKNOU²; tout ades (s.) R¹. — *2.* (sans) estre ames T²MR¹; amis] *manque dans* M,R¹. — *3.* car PKNOU²; nus T²M(?);(U²?), nulz R¹; (estre) auoc moi PKNO. — *4.* por tant si U²; sest PKNOU²; (en) si haut lieus (lieu NO) PKNO. — *5.* iert U²; deseruiiz N. — *6.* grant bien R¹;K; (ou) elle U²; sen tente R¹. — *7.* (ia) por mal (moi N) qil ait (ne) PKNO; (ne) se O.

Str. V; *1.* me auis que U². — *2.* nus vrais M; fins U²; amis R¹; (nus) ne doit de bone amor PKNO. — *3.* que en R¹; pou R¹;K,

Por çou li voil boinement obeïr,
Et voil proier a ma dame honorée
K'avoc beauté soit pitiés assamblée.

(1960, 6) Quens de Guelle, riens ne puet avancir,
Tant com amors, celui ki a li bée;
Entendés i, s'iert vostre honors doblée.

manque dans N; (que*n*) mout pou dore O. — *4.* dont (nus) U²; (pooir) de T²;KN. — *5.* çou] *manque dans* U²; la (voil) T²;PKNOU². — *7.* ca v' U², que avec R¹; biautes R¹.

Str. VI (manque dans PKNO): *1.* ghelre M, Guelre U²; auanchier T²MR¹. — *2.* fors bone U²; co*m*me sauours R¹; *et* cil (qui) U²; alui M,R¹. — *3.* i] *manque dans* T²; ici ert R¹, iciert U².

Appendice II.

Rayn. *1176*.

(Cette chanson est donnée uniquement par le ms. a [p. 127 sq.], où elle est attribuée à *Willaumes de Bethune*. Nous la reproduisons ici d'après la copie de la Bibl. de l'Ars. 3101—2 [p. 280]).

(1)   On me reprent d'amours, qi me maistrie,
        S'est a grant tort qant aucuns m'en reprent,
        Car ensi est q*ue* jou voel de ma vie
        A bien amer metre l'entendement,
        Et par vrai cuer canter d'ardant desir
        De la sainte Vierge, dont pot issir
        Une crape, de cui vint l'abondance
        Del vin qi fait l'arme serve estre franke.

(2)   Cele vigne est la tres vierge Marie,
        Si fu plantée es cieus souvrainement,
        Car ele fu d'ame *et* de cuer ficie
        A Dieu amer *et* servir humlement,
        Et par çou pot au Fil Dieu avenir,
        Et il i vint conpaignie tenir,
        Si print en li cors humain *et* sustance,
        Sans li metre de corompre en doutance.

(3) C'est li crape de la vigne nourrie
Ki vin livra pour saner toute gent
De l'enferté dont li ame est perie,
Qi n'a reçut de cel vin le present,
Mais ains se vaut par mëurer furnir
Que se laissast de la viege partir
U (il) print roisins de si tres grant vaillance
Que d'enricier tout mendis ont poissance.

(4) Cil douç roisin, dont la crape est saisie,
Sont li membre Jh'u Crist proprement,
Et li crape est ses cors, q'a grief hatie
Fu traveilliés a l'estake en present.
[Si] tres tous nus c'on le paut desvetir
Fu tant batus k'il n'en remest d'entir
Le quarte part de sa digne car blance
N'ëust de sanc u de plaie sanslance.

(5) De la crape qi fu ensi froisie
Doit cascuns cuers avoir ramenbrement,
Et des roisins, faus est ki les oublie,
Car mis furent en presse estroitement
Entre le fer et le fust par ferir,
Si c'onques blés k'en molin puet qaïr
Ne fu pour maure en plus fort estraignance
Con li car Dieu fu pour no delivrance.

(6)   E[n ce]l pressoir, qi la crois senefie,
       Fist Dieus de lui osfrande entirement,
       Si presenta a humaine lignie
       Cel vin qi fait l'oume estre sauvement.
       Qi il souvient de çou q'il vaut soufrir,
       Si voelle a Dieu son cuer *et* s'ame osfrir;
       Ensi boit on par foi et par creance
       Cel vin dont Dieus fait as vrais cuers pitance.

Additions et corrections.

P. 6, l. 4: sans doute, *lisez:* peut-être

P. 32, l. 16: 272[1], *lisez:* 227[1]

P. 64, l. 9, *effacez:* M

P. 67, *ajoutez* après l. 24: 3, 1: **par** *huiseuse* T²M;O — **por** xCx.

P. 68, l. 18, *lisez:* **as** *las*ques *gens* T²;PX,V — **a** MR²a;KN.

P. 71, *ajoutez* après l. 4: 3, 7: **certes certes** T², **certes** PKNO — **par dieu** M;(IU⁸C),H. La classification parle en faveur de la dernière leçon.

P. 71, *ajoutez* après l. 24: 5, 1: **penser** T²;IU⁸C — **pense** M; O,H (PKN diffèrent). La rime demande la dernière leçon.

5, 2: **quant** T²M;PKN — **que** O,IU⁸C,H.

P. 85, l. 6, *ajoutez* après *amors:* (+ **et** K)

P. 85, l. 10, *effacez:* K

P. 85, l. 13, *ajoutez après* lire: avec K

P. 87, l. 15: *effacez:* 1, 1; — ce cas doit être rangé parmi ceux où H donne avec certitude une fausse leçon (p. 86).

P. 158, l. 9 sq. Nous avons eu tort de considérer à cet endroit l'-*e* de *envoise, coise* comme un *e* de soutien. C'est sans aucun doute (cf. pretium > *pris*) l'-*e* analogique. Cf. v. Hamel, Car. et Mis. I, p. CLIII sq.

P. 166, l. 9, *ajoutez:* m'ont mis sus menchonge *1623*, 1, 4;

P. 172, l. 23: *dient, lisez:* dient

P. 191, l. 12: *agurosus, *lisez:* *augurosus

P. 192, l. 7: hōc?, *lisez:* hōc

P. 192, l. 9: egō, *lisez:* *egō

P. 196, l. 17: *voussist, lisez:* voussist

P. 198, l. 8 sqq. Nous avons eu tort d'attacher une si grande importance à la rime -ancam: -antiam de la chanson *1176*. En effet, cette chanson (qui d'ailleurs n'est pas nécessairement de Guill. le Roux, mais peut-être de son fils Guillaume [† 1243]) présente des traits de langue qui ne se retrouvent pas dans les chansons de Conon de Béthune: *ficie* (*fixicata) 2, 3, *hatie* (*haitata; vnord. *heit*, promesse) 4, 3, *froisie* (*frustiata) 5, 1, *lignie* (lineatam) 6, 3: *-ie* < *-ita* (cf. pp. 145 et 148); *entir* 4, 6: *-ir* (cf. p. 149); *li|ame* 5, 13 (cf. p. 208); *reçut* (pt. p.) 3, 4 (cf. p. 159).

Table des matières.

Préface	I.
Liste des ouvrages cités	III.
Vie de Conon de Béthune	1.

Chansons de Conon de Béthune.
- I. Chapitre Ier. Chansons attribuées à Conon de Béthune, et manuscrits qui les contiennent . . . . 25.
  - Chapitre II. Classification des mss. et choix des leçons 33.
  - Chapitre III. Conon de Béthune est-il l'auteur de toutes les chansons qui lui sont attribuées? . . . . 95.
    - § 1. Les attributions d'auteurs des mss. . . . . 97.
    - § 2. Le contenu des chansons . . . . 101.
    - § 3. La versification des chansons.
      - a) Le vers.
        - α) Le nombre de syllabes . . . . 110.
        - β) La césure . . . . 113.
      - b) La strophe . . . . 116.
      - c) Le nombre des strophes et leur rapport entre elles . . . . 119.
      - d) La rime . . . . 123.
    - § 4. La langue des chansons . . . . . . 133.
      - a) La rime . . . . 136.
      - b) Le nombre de syllabes . . . . . . 159.
    - § 5. Conclusion . . . . 167.
  - Chapitre IV. Groupement chronologique des chansons de Conon de Béthune . . . . 168.
  - Chapitre V. Essai de restitution de la langue originale des chansons . . . . 175.
    - I. Phonologie.
      - § 1. Voyelles . . . . 181.
      - § 2. Consonnes.

	a) Palatales	. . . .	197.
	b) Dentales	. . . .	202.
	c) Labiales	. . . .	204.
	d) Nasales	. . . .	205.
§ 3.	Emploi de consonnes doubles	. . . .	206.
§ 4.	Métathèse	. . . .	206.
§ 5.	Intercalation de consonnes	. . . . .	207.

II. Morphologie.
    § 1. Article . . . . 208.
    § 2. Substantifs . . . . 208.
    § 3. Adjectifs . . . . 210.
    § 4. Pronoms . . . . 210.
    § 5. Verbes . . . . 211.

III. Syntaxe . . . . 215.
IV. Lexique . . . . 215.

II. Texte . . . . 217.
    Notes . . . . 244.
    Glossaire . . . . 251.

Appendice Ier . . . . 276.
Appendice II . . . . 286.
Additions et corrections . . . . 289.
Table des matières . . . . 291.

www.ingramcontent.com/pod-product-compliance
Lightning Source LLC
Chambersburg PA
CBHW071511160426
43196CB00010B/1490